互联网金融

理论与发展研究

曹志鹏◎著

吉林大学出版社

图书在版编目(CIP)数据

互联网金融理论与发展研究/曹志鹏著.--长春：
吉林大学出版社,2017.4(2024.8重印)
　　ISBN 978-7-5677-9765-9

　　Ⅰ.①互…　Ⅱ.①曹…　Ⅲ.①互联网络－应用－金融
－研究　Ⅳ.①F830.49

　　中国版本图书馆 CIP 数据核字(2017)第 114034 号

书　　　名	互联网金融理论与发展研究
	HULIANWANG JINRONG LILUN YU FAZHAN YANJIU
作　　　者	曹志鹏　著
策划编辑	孟亚黎
责任编辑	孟亚黎
责任校对	樊俊恒
装帧设计	崔　蕾
出版发行	吉林大学出版社
社　　　址	长春市朝阳区明德路 501 号
邮政编码	130021
发行电话	0431－89580028/29/21
网　　　址	http://www.jlup.com.cn
电子邮箱	jlup@mail.jlu.edu.cn
印　　　刷	三河市天润建兴印务有限公司
开　　　本	787×1092　1/16
印　　　张	17.5
字　　　数	227 千字
版　　　次	2017 年 11 月　第 1 版
印　　　次	2024 年 8 月　第 3 次
书　　　号	ISBN 978-7-5677-9765-9
定　　　价	62.00 元

前　言

在过去十年中,通信、图书、音乐、商品零售等多个领域在互联网的影响下均发生了天翻地覆的变化。金融作为天然具有数字属性的工具(金融产品可以看作数据的组合,金融活动也可以看作数据的移动),本质上与互联网具有相同的数字基因,必然也在互联网的影响下发生重要的改变。自 2013 年"互联网金融元年"以来,互联网金融发展迅速,正日益成为金融发展与创新的重要元素,并被社会各界广泛关注。

互联网金融具有开放、平等、共享、普惠、去中心化等特点。它在缓解金融信息不对称、提高交易效率、降低交易成本、丰富投融资方式等方面具有明显的优势。它冲破了我国僵硬的金融资源配置严重不公的体制窠臼,使大量融资饥渴的中小微企业获得了再生的机会;它完全诞生于市场机制,没有一点计划经济色彩,从而被业界称为 21 世纪以来中国金融业最伟大的创举。但是,互联网金融的出现也对传统的金融机构造成了巨大的冲击,使其产生严重的危机感和恐惧感。虽然目前阐述互联网金融的理论文章、评论文献并不少见,但多是零敲碎打、就事论事,以应景性的研究和讨论居多。在此情况下,投资者、理论工作者、传统金融工作者、金融人才培养机构、金融监管部门等都急需一部全面、系统阐述互联网金融理论与发展的书籍。《互联网金融理论与发展研究》一书正是在此背景下撰写的,期冀能为我国互联网金融的发展提供一定的指导和借鉴。

本书共八章,从互联网金融的概念出发,对互联网金融的前世今生和未来发展做了详细的介绍。第一章论述了互联网金融的崛起;第二章对互联网支付平台的发展做了研究,并加以实例具体阐述;第三章重点对 P2P 和众筹进行了介绍,旨在使读者对互联网融资有所了解;第四章对保险的新发展阶段——互联网保险进行了探讨;第五章和第六章对互联网理财及互联网金融对传统银行业盈利能力的影响进行了探究;第七章基于互联网金融的风险,对互联网金融的监管做了具体分析;第八章放眼未来,描绘了互联网金融发展的蓝图。

　　总体来看,全书结构完整、逻辑清晰、内容翔实、语言简练、图表和案例丰富。同时,本书以互联网金融理论为基础,对互联网金融的各个组成部分进行了理论阐释及实践分析,提出了一些独到的见解,充分体现了本书的时代性和创新性。

　　在本书的撰写过程中,参阅了部分同行专家、学者的相关著作、论文,吸取了诸多有益的成果、见解,在此谨致以诚挚的谢意。由于作者水平有限,书中难免有不妥之处,敬请同行专家、学者和广大读者批评指正。

作　者

2016 年 12 月

目　录

第一章　应对世事:互联网金融的崛起

互联网,英文名为 Internet,自 20 世纪 60 年代末诞生于美国以来,对人类社会生产的各个方面都产生了相关程度上的深远影响。其中,凭借来自互联网技术的支撑,互联网精神正以"开放、平等、协作、分享"作为基本特征,对人们的价值观与思维方法进行着相应方面的重塑。在传统的金融业与现在的互联网精神进行彼此的相互结合时,便诞生出了互联网金融这个产物。

第一节　互联网金融及其发展历程

当下,互联网金融正在成为一股不可阻挡的潮流,涌入人们的生活之中,并潜移默化地构造出了一个全新的金融格局。例如,一直以来充当传统的金融媒介的银行,如今它的地位却在时刻受到撼动;资金的供需双方现在也可以不通过银行,而是经过一系列的网贷平台、第三方支付等渠道来实现贷款以及支付结算等业务。由于在这种情况下,资金的供需双方可以更好地借助互联网的技术实现最为直接的交流。因此,互联网金融加速了针对传统金融机构的"脱媒"进程,所谓的脱媒,是指脱离媒介的角色。这样一来,就促使金融机构必须不断地进行相应的创新,为客户持续性地带来价值和卓越的体验。

一、互联网金融的概述

近年来,伴随着互联网技术的不断发展以及移动终端的逐步普及,互联网已经渗透到了人们生活的方方面面,具体表现为:从便捷的网络购物到采用手机支付进行消费,从缴纳水电费到购买晚餐食材,进行这些活动,都可以做到足不出户,轻松地在电脑或手机端一键完成。

这些基于互联网技术的各类服务,最开始都是以零散的形式出现在网络的平台上的,由于其抓住了客户的准确需求,便逐渐发展到了势不可挡的地步,甚至可以借助互联网完成任何事。

而互联网金融也是如此,突如其来地出现在了网络的各个地方以及角落。

(一)互联网金融的含义

究竟什么是互联网金融?对于互联网金融的定义,可以说是众说纷纭。互联网金融,是传统金融行业与互联网行业有机结合的新兴领域。

从广义上来说,只要是涉及广义金融的互联网应用,都属于互联网金融,如网络投融资、互联网支付、金融中介、信用收集及评价、风险控制等;从狭义上来说,互联网金融,专指依托互联网实现货币的信用化流通。

目前,互联网金融主要分为两种格局,传统金融机构的互联网化和新兴互联网公司的金融化。传统金融机构的互联网化,主要指传统的金融机构,如银行、保险、证券、基金的互联网产品、服务创新及电商化等;而新兴互联网公司的金融化,主要是指通过使用互联网的技术向金融业进军的公司。

(二)互联网金融兴起的原因

1. 互联网的普及与技术支持

中国互联网络信息中心在 1997 年 11 月发布了第一次《中国

互联网络发展状况统计报告》。当时,中国共有上网计算机29.9万台,上网用户数62万,网站约1500个;截至2016年12月,中国网民规模是7.31亿,其中手机网民占比为95.1％,人数为6.95亿,域名总数为4228万,移动应用数量则达到671万款。

不仅仅是数字的飞跃。20年来,中国互联网发展主题从"数量"向"质量"切换,显现出互联网在经济社会中地位提升、与传统经济结合紧密、各类互联网应用对网民生活形态影响加深等特点。

由于受到移动网络的大范围覆盖以及智能手机持续的价格下降趋势,手机网民数量的增长速度远远大于总的网民数量增长速度,成为目前互联网用户增长的一个主要来源。以移动互联网为首的互联网,普及范围越来越广,为互联网金融的进一步发展奠定了相关的用户基础。

随着互联网的不断普及,互联网的技术也在进行不断的相应发展,社交网络、搜索引擎把人类社会带入了一个新时代,一个由庞大的结构化与非结构数据信息构成的新时代。如图1-1所示:

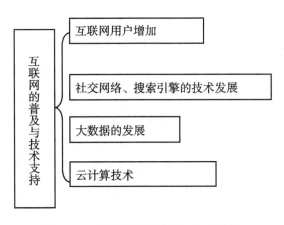

图1-1　互联网的普及与技术支持

互联网数据的产生、发送速度和频率飞速增长,数据源的数目和种类不断地增加,海量的数据资源使得大数据越来越多地受到企业重视。越来越多的企业注意到大数据资产的重要性,大数据也逐步成为互联网金融的重要工具。

2. 新兴商业模式带来互联网金融服务需求

从一开始的简单化信息浏览、发送电子邮件，逐步发展到信息搜索、视频会议、电子银行、影音娱乐、购物、社交等，用户的行为习惯越来越趋向于"互联网化"。生活中，互联网的应用越来越频繁，几乎所有的信息流和资金流都通过这种形式完成。用户习惯的"互联网化"促使互联网及相关技术在一定的程度上必须加快与商业、金融业的紧密结合，从而更好地让用户的需求得到满足。

此外，互联网行业本身的连接功能，顺利地摆脱了时空、地域的束缚，开启了以融合为特征的产业革命，使得产业技术和产品服务之间的交叉渗透对原有的产业界限进行了相关模糊，一种产品往往是来自多个产业成果的彼此结合，最终所生成的金融创新产品。

这些都足以表明，科学技术的发展，对原有的产业格局和商业模式进行了相关的颠覆，为了更好地让消费者的需求得到满足、增强客户体验，新的金融产品和服务应运而生。

同时，面对互联网浪潮所带来的新兴商业模式的冲击，在传统金融体系中没有得到满足的金融需求会在互联网中一并爆发。长期以来，由于政府针对金融领域的管制政策过于严格，导致了严重的金融压抑和金融资源垄断现象出现。

如今，中小微融资需求、个人小额融资及理财需求，在借助互联网的情况下，实现点对点配对，使资金供求平衡进一步得到实现，并逐步摆脱传统金融的中介，成为了互联网金融的主要拥护者。

同时，传统金融企业为了更好地生存，必须进行相应的变革，针对金融产品不断地进行创新。这样以非金融企业的主动涉入与传统金融企业的被迫改变，使得互联网金融的发展不断扩大。

二、互联网金融的发展历程

(一)互联网金融的形态

在过去的两年中,关于互联网金融的讨论,在业界中引起了非常大的影响,讨论热潮也是异常热烈。面对那些传统金融,无论是银行、证券,还是保险公司,都开始朝着互联网的金融业务涉足迈进。

与此同时,在过去一年多的时间里,大量的传统金融机构有关管理者,无论是银行的行长、证券公司的总裁还是基金公司的总经理,都开始对互联网金融产生了一定的兴趣,并从此变成了他们主要谈论的对象。

那么,互联网金融,到底是什么呢?我们认为,大概有两种形态。

如图 1-2 所示:

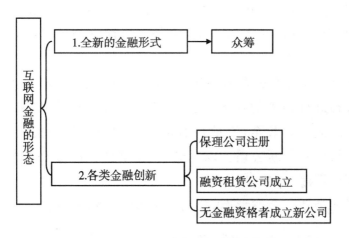

图 1-2 互联网金融的形态

1. 全新的金融形式

全新的金融形式,是由互联网技术的发展与应用衍生出来的一种形式。例如,最典型的众筹。

以前的生活中,我们没有办法去和陌生人进行认识、了解甚至是进行相关的合作,当然包括对很多人的基本信息和信用状况也不能进行十分的了解。而这些都源于不认识、不了解,导致彼此没有足够的信任关系,更不可能会进一步地谈投资与合作之间的关系。

但是,在互联网出现以后,在很大程度上带来了便捷,对大量的数据进行了记录、登记,对于想了解的信息,我们可以轻松掌握并获取一些需要的相关资料,如每个人的信用、消费以及投资的情况等。

众筹,基于互联网技术的合理巧妙运用,在实现信息交互、建立投资合作信任关系方面形成了一定程度上的基础,于是脱颖而出,成了一种新的金融形态。

2. 各类金融创新

所谓的各类互联网金融创新,无关乎互联网,而是由于监管和管制的宽松,而释放出来的。这些金融创新,有可能很早就出现了,甚至一直存在于世界上,但是在以前它属于是被法律法规禁止的一种状态。

2015 年,大概有两万多家的私募管理人进行登记,上千家的保理公司进行相关的注册,与此同时,有超过两千家的融资租赁公司纷纷成立。甚至,以前没有从事金融业务资格的人,在如今也都纷纷成立了新公司。以上这些,相继产生的业态都是由于监管的宽松而逐一出现的。

这两类新的金融形态,我们统称为互联网金融。

(二)互联网金融的发展阶段

当下,各种论坛如果不讨论关于互联网金融的话题,好像就跟不上时髦的潮流步伐。互联网金融的到来是有历史阶段的。根据表 1-1 所示:

表 1-1　互联网金融发展阶段

阶段	备注
第一阶段	2000 年,支付网关出现
第二阶段	2000 年前后,大量电子商务公司出现
第三阶段	2003 年,第一个支付账户在中国产生
第四阶段	2010 年 5 月,证监会将第一张基金支付牌照交给了汇付
第五阶段	2013 年,互联网金融开始红遍中国

1. 第一阶段

2000 年的时候,支付网关(Payment Gateway)出现了,这是一种不同于银行的非金融机构的模式。它通过特定的一套系统,连接各家银行的信用卡系统、借记卡系统以及储蓄系统,最后,把所有的有关银行的支付服务集中起来提供给用户。

支付网关主要处理两件事:

第一,进行掌管连接交易的事项,当用户进行刷卡支付时,网关需要和银行进行相关的连接,通过银行再授权支付;

第二,进行在网上相关结算的事项,把交易过程中的金额,从银行转结到商户。

支付网关的出现,对中国的电子商务产生了重大的意义。

2. 第二阶段

2000 年前后,大量的电子商务公司开始在中国相继出现。由于每家电子商务公司,在联系各家银行的过程中,花费大量的时间与精力,所以,对于电子商务这一部分来说,势必会影响到它的运行效率。

但是,出现了网关这种通用的服务之后,电子商务就可以省下很多的时间,把精力集中致力于自己的商业模式发展之中。只要他们进行一些相应的支付结算、清算相关的事情,支付机构可以全权包揽。

也是在 2000 年前后,北京出现了首信易,上海出现了 ChinaPay。这些专业机构开始经营相应的支付网关,对于当代的金融来说,是一次很大的飞跃。

3. 第三阶段

2003 年,第一个支付账户在中国产生。支付账户的产生,具有非比寻常的意义。

在 2003 年以前,进行相关的提供账户,给大家做资金存管与登记的工作,除了商业银行有权行使,其他的机构,如证券公司曾经开放过资金存管权限外(已被叫停多年),连保险公司或信托公司都不允许行使这个权力。所以,归根结底来说,这些非银行金融机构,在不能存放资金的前提下,只能做一些简单的登记金融资产或者证券份额,资金仍然得回到商业银行的账户中去。

所以,支付账户的出现,很好地缓解了这种情形,它在中国是第一个可以在银行体系之外出现的可以存放、记录资金的账户,这是一件具有里程碑意义的事件。与此同时,需要注意的是,当时没有任何监管机构的牌照,支付账户的经营完全是一种自发的商业行为。

当然,2004 年出现的支付账户,是模仿美国 PayPal 的模式;而 2000 年的支付网关,是模仿美国 CyberCash 的商业模式。但是,这确实在银行体系之外产生了一个非常不同的功能:汇,即转账、支付和结算的功能。

支付网关,长期充当着一个资金的搬运工的角色:从某个银行发卡人的个人账户,到一个商户的结算账户,但这并不属于其真正的金融业务。在中外,支付成为一项金融业务,也需要历经很长的演进历程。

运通,就是美国以前有着大约 100 多年历史的 American Express。在美国的伊利运河修好之后,快递业务主要通过走水路的形式进行。之后,他们发现了帮人运钱是一项很好的快递业务,就接着有了后来的 American Express——现在已经进化为全球最大的信用卡公司之一。

中国也是如此，在 100 多年前有了汇通天下，汇通天下的前身是钱庄，就是进行票据支付。钱庄再往前，大多是镖局，就是带有武装功能的快运公司。今天，支付成了金融领域中的一个新名词。

但是，在 2007 年之后，支付网关的角色发生了相应的改变。汇付，是行业中发生改变的第一个。当时，汇付在为航空行业做支付业务时发现：如果仅仅帮航空公司代理人跟乘客之间做简单地支付结算的话，过程不是特别顺畅。因为，代理商负责从航空公司拿到机票卖给个人，再从个人手中收取相关的费用传递到航空公司，期间会产生较大的时间差。

2007 年的时候，机票基本上实现电子化，一张票从航空公司到代理商平台再转递到个人手上，几乎是立刻到达的。但是，票款的整个收取过程却是存在一些弊端的，因为从个人手中到代理人再到航空公司，这阶段间大概要花 23 天的时间，才能很好地对票款进行一个完整的收取。这意味着航空公司在此期间处于赊销状态，如果航空公司不承担赊销，代理人就得负责垫钱的任务。

所以，汇付在 2007 年的时候，连接了航空公司与代理商所有的系统，把之前的垫款业务很好地做了相关的巧妙处理，通过借助互联网的手段，把垫钱的时间差做了一个整体的调整，具体从原来的 23 天压缩到 3 天。

因此，在这个行业里，只要能够找来资金先垫付，整个行业就能灵活变动，业务也就自然而然地产生了。

这种信用支付的功能，事实上是对赊销或短期放贷的另一种支持手段。因此，支付的功能和作用显而易见，它不再仅仅是帮助别人搬运钱，而是支付公司自己投入了相应的资金，承担了其中的信用风险。当时每笔只收了 6‰ 的手续费（因为支付公司不是银行，不能放贷），年化就是 72%。因此，从 2007 年 12 月开始，支付公司就进入到了金融行业。

4. 第四阶段

2010年5月,证监会将第一张基金支付牌照交给了汇付。在2010年之前,凡是有关于基金、信托等各类金融产品的销售,都是借助商业银行的渠道来得以实现的,这个比例一般都不低于80%。2010年证监会开放授权后,汇付接任这个业务,但在今天看来已经是一件很寻常的事情。也正因为有了这个基础,余额宝才能顺利地诞生。

2011年,在支付公司从事了十几年的业务之后,人民银行颁发了支付牌照,对大家的身份也表示了认同。在2011年之前,这些公司都很紧张,因为当时不能注册叫支付公司,于是为了让专付功能和汇款功能更好地体现在商标里面,汇付天下的名字就由此而得了。

2012年,证监会进一步降低了相应的门槛:规定注册资金达到2500万元,带有支付系统,并通过相关的验收,就可以到证监会获得一张基金的代销牌照。这张牌照,有着巨大的意义,也是中国首次允许非金融机构进行相关的金融产品销售,同时是一件非常具有划时代意义的事情。

之后,很多的金融产品,如信托产品、证券公司的资管产品以及基金子公司的产品,都可以依托这张牌照进行相关的销售。这样一来,各类金融产品的发行方就视同获牌公司获得了一个销售准入证。于是,理财市场进入到空前繁荣的发展。

在今天,东方财富与蚂蚁金服等机构,除了销售基金和余额宝之外,还销售很多其他的产品,而进行这种行为的法律依据就是凭借这张牌照。

5. 第五阶段

2013年,互联网金融开始红遍中国,在美国叫FinTech(Financial Technology)。刚开始是互联网保险与余额理财,然后在2014年,P2P、众筹等金融业态也迅速爆发。这个概念只产生了一年多时间,就被写进了总理 2014 年的政府工作报告,并在 2015 年的报告中继续提及。当大家还没太搞清楚互联网金融是什么的时候,它就已经被列入政府的鼓励支持的范畴。

到了 2015 年,相关政策更是层出不穷。人民银行、保监会、证监会等十部委,接二连三地推出了大量关于鼓励互联网金融和互联网金融健康发展的政策。大家感觉到,互联网金融是一夜之间冒出来的事物。但是,在业界人士看来,他们已经付出了超过 15 年甚至更长时间的努力。所以,互联网金融这部车是厚积薄发,发动起来之后,势不可挡。

第二节 互联网金融的理论基础与特征

一、互联网金融的理论基础

互联网金融可以说是一个谱系概念,它包括了互联网技术以及互联网精神方面的影响,从传统的银行、证券、保险、交易所等金融中介和市场,到瓦尔拉斯一般均衡对应的无金融中介或市场情形之间的所有金融交易和组织形式。

(一)互联网技术发展的基础

以大数据、社交网络、搜索引擎以及云计算等为代表的互联网技术,体现了三个方面的重要趋势。

1. 信息的数字化

由于各种传感设备普及的范围越来越广,人类的大部分活动重心也都逐渐向互联网转移,如进行相关的网上购物、消费和阅读等活动;3D 打印普及后,制造业也会转向线上,互联网上会产生很多复杂的沟通和分工协作的方式。

在这种情况下,全社会的信息中被数字化的比例会越来越高。此外,搜索引擎不但具有网页检索、查询和排序等功能,同时还内嵌了很多智能化的大数据分析工具和 IT 解决方案,逐渐变成信息处理引擎。如果互联网云端上存放着有关个人和企业的大部分信息,那么当有需要对这些个人和企业的信用资质和盈利前景进行相关的评估时,通过网上的相关信息就能准确进行,也是金融交易和风险定价的信息基础。

2. 计算能力不断提升

在集成电路领域中,摩尔定理在今天仍有效,而云计算、量子计算和生物计算等还有助于突破集成电路性能的物理边界,达到超高速计算能力。

3. 通信技术发展

互联网、移动通信网络、有线电话网络和广播电视网络等逐渐进行相互融合,熟为人知的 Wi-Fi 覆盖范围也变得越来越广。

上述三个方面,可称为"颠覆性技术",人类近 80 年才会出现一次。

(二)互联网本身可以定义为金融市场

金融受到来自互联网的影响将是深远而持久的,在金融活动中,不能把互联网看得过于简单,不能简单地把它视为一个仅处于辅助地位的技术平台或工具。互联网会在某些程度上,促使金融交易和组织形式发生根本性的变化。传统的金融中介和市场存在的基础,是信息不对称和交易成本等摩擦性因素。

货币的产生,是为减少由"需求双重巧合"造成的交易成本。银行的基础理论是 Diamond-Dybvig 模型,核心功能是流动性转换和受托监督借款人。资本市场的基础理论主要是 Markowtiz 资产组合理论、Black-Scholes 期权定价公式以及关于市场有效性的研究等。保险的基础理论是大数定理。

然而,互联网能针对交易成本和信息的不对称进行相关的显著性降低,它具有的自动算法速度,是人类计算远远比不过的;提高风险定价和风险管理的效率,拓展交易可能性边界,使资金供需双方可以进行直接交易,在金融交易和组织形式上有所改变。比如,储蓄存款人和借款人可以方便快捷地解决关于金额、期限和风险收益上的匹配问题,通过互联网上的各种应用程序,与此同时,互联网还能进行统计,如每个借款人的评级和违约概率。由于互联网是一个由众多的应用程序共同组成的生态系统,所以,就其本身而言,就可以定义为金融市场。

随着互联网不断地发展,金融系统将对瓦尔拉斯一般均衡对应的无金融中介或市场情形逐渐逼近。这是我们对于定义互联网金融基础的一个认识。

互联网金融是一个谱系概念,如图 1-3 所示,互联网金融谱系的两端,一端是传统银行、证券、保险、交易所等金融中介和市场,另一端是瓦尔拉斯一般均衡对应的无金融中介或市场情形,凡是介于两端之间的所有金融交易和组织形式,都属于互联网金融的范畴。《关于促进互联网金融健康发展的指导意见》把互联网金融分为互联网支付、网络借贷、股权众筹融资、互联网基金销售、互联网保险、互联网信托和互联网消费金融等主要类型,就含有这一思想逻辑。

(三)边际成本递减和网络效应

在与互联网有关的领域中,包括互联网金融在内,普遍存在以下两个特征。

第一,固定的成本相当高,但边际成本却持续递减。

第二,网络效应,也称为网络外部性,即网络参与者从网络中可能获得的效用与网络规模之间存在明显的相关性。在这种情况下,互联网金融的很多模式,要想进行快速地发展,就必须超越一定的"关键规模",只有这样,才能在竞争上取得一定的优势,反之,在竞争上就会处于劣势。

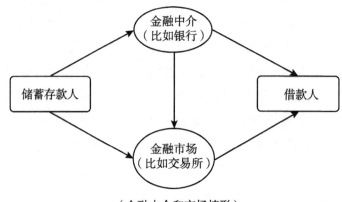

（金融中介和市场情形）

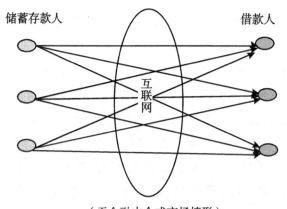

（无金融中介或市场情形）

注：箭头表示资金流向。

图 1-3　互联网金融谱系的两端

这种"先行者优势"对互联网金融行业的竞争产生一定程度上的影响。比如，在我国 P2P 网络贷款行业，"先行者优势"要求 P2P 网络贷款平台必须尽快地扩张规模，行业中大量存在的本金担保、"专业放贷人＋债权转让"和对接理财"资金池"等做法即根源于此，但也容易引发监管风险。

(四)金融功能和金融契约的内涵不变

尽管互联网对金融交易和组织形式有一定的影响，但是却不影响金融的两个关键属性。

首先,金融的核心功能不变。互联网金融在不确定的环境中进行资源的时间和空间配置,为实体经济服务,具体为:

①为商品、服务和资产交易提供支付清算。

②分割股权和筹集大规模资金。

③为在时空上实现经济资源转移提供相关的渠道。

④管理不确定性和控制风险。

⑤提供价格信息和促进不同部门的分散决策。

⑥处理信息不对称和激励问题。

其次,金融契约的内涵不变,具体包括股权、债权、保险和信托等。金融契约的本质是约定在未来不确定情景下缔约各方的权利义务,主要针对未来现金流进行。

在互联网金融中,金融契约的存在形式大多是电子形式,然后在网络中建立有关托管、交易和清算的相关机制。即使金融契约的存在形式多种多样,其内涵都是不变的。

二、互联网金融的核心特征

(一)交易成本降低

第一,通过用互联网替代传统的金融中介和市场中的物理网点和人工服务,能够在一定程度上降低交易的成本。比如,手机银行除了不需要设立相关网点之外,同时也不需要另外的设备与人员等,它与物理网点以及人工柜员等方式相比之下,其交易成本很明显的低于物理网点以及人工柜员等方式。

第二,互联网能够促进运营结构的优化,从而在相关的交易上降低成本。

第三,互联网金融的去中介化趋势缩短了资金融通中的链条,能在相关的交易上降低成本。

(二)信息不对称程度降低

在互联网金融中,由于大数据的功能较多,因而被广泛地应用于各种信息的处理,具体体现为各种算法,自动、高速、网络化运算等,从一定的程度上提高了风险定价和风险管理效率,显著降低了信息的不对称。

大数据直到今天都没有一个明确的定义。不过,一般情况认为大数据具有四个基本特征:数据体量庞大、价值密度低、来源广泛和特征多样、增长速度快。

大数据产生的背景,尤其是社交网络和各种传感设备的发展,使得整个社会开始走向数字化的道路。

大数据有三个主要类型:记录数据、基于图形的数据以及有序数据。云计算和搜索引擎的不断发展,使得高效分析大数据成为了一种可能,当然应该围绕核心问题展开,同时要想获得有用的信息,必须了解如何在种类繁多、数量庞大的数据中进行相关工作,当前形势下,主要有两类任务。

第一类就是有关于预测的任务,通过对一些已知属性值的了解,进行另一些特定属性值的相关预测。

第二类就是有关于描述的任务,这样做的目的是为了把概括数据中潜在联系的模式很好地导出来,这其中包括相关的趋势、聚类、轨迹和异常等。大数据有着一个分析性很明显的特点,就是实用主义的色彩。

大数据分析中,预测占着相当大一部分的比重,而预测效果的最后评估,作为重要内容也是大数据分析过程中不可忽略的一个要点。大数据与超高速计算机结合,使得因果分析比相关性分析还重要,行为分析的重要性将高过财务报表的分析。

(三)交易可能性集合拓展

互联网降低了交易的成本和信息的不对称程度,使得金融交易可能性集合拓展,以前不可能完成的交易现在有了可能性。比如,在 P2P 网络贷款中,不仅仅是熟人,就连陌生人之间也可以进行相关系列的借贷,但是线下个人之间的直接借贷,大多是在亲友间进行的。

关于众筹融资，出资者和筹资者之间的交易很少受到空间距离的约束，传统的 VC 遵循"20 分钟规则"（VC 距被投企业不超过 20 分钟车程）。对于余额宝用户的统计，已经达到了 1.49 亿，根据 2014 年第三季度的统计显示，有很多服务对象都不属于传统理财的范畴。

这里需要特别注意的是，互联网金融所具有的特征，像边际成本递减和网络效应等，对互联网的交易拓展也可能会有帮助。

但是，事物都有双面性，交易可能性集合在相继扩大的同时，也会面临相应的"长尾"风险。

第一，对于接受互联网金融服务的人群来说，他们本身拥有的一些相关知识较为欠缺。

第二，这些人群有一个较为明显的特点，分散性大，容易"搭便车"，对于互联网金融的市场纪律做不到好的遵循，起不到大的作用。

第三，集体非理性和个体非理性问题突出。

第四，互联网金融一旦出现危机，据相关涉及人员统计，对社会可能造成极大的负外部性。

因此，对于互联网金融来说，监管的重要内容就是做好针对金融消费者的保护措施。

(四)交易去中介化

在互联网金融中，对于资金来说，供求的期限、数量以及风险的匹配，完全可以借助互联网进行直接匹配，也就是说，可以脱离银行、证券公司和交易所等传统金融中介和市场进行。

在保险领域，会出现"众保"模式的现象。保险的核心功能是经济补偿，即保险公司基于大数定理为投保人提供针对意外损失的经济补偿。在进行相关的经济补偿过程中，那些因出现意外损失的投保人，他们的保费会通过没有发生意外损失的投保人经过自己缴纳的保费间接地进行相关的补偿。在充分竞争的理想情况下，那些意外损失正好由全体投保人支付的保费覆盖，这个过程就叫作净均衡原理,保险公司的作用就是在中间进行相关的保费转移支付。

"众保"模式体现了有关保险的去中介化。在"众保"模式中,对于风险保障来说,那些需求类似的人通过网络签署相关的协议,同时约定如果有人发生意外,其他人均有义务给予补偿,实行互助。

(五)支付变革与金融产品货币化

在互联网金融中,有两种支付基础,第一种是移动支付,第二种是互联网支付。两种支付形式都能达到降低交易成本的效果。除此之外,可以预想到的情况是,通过互联网,不管是个人还是机构都可在中央银行的超级网银进行相关的开账户的活动。

这样一来,二级银行账户体系就失去了存在的意义,所以针对货币政策的操作方式也会有全新的改变。

在互联网金融中,商业模式要想变得丰富多样,支付与金融产品两者就必须联系起来。余额宝通过"T+0"和移动支付,赋予了货币市场基金四个强大的功能:可以用作投资品,还能用作货币,与此同时实现支付、货币、存款和投资。

未来,在支付形式的不断普及与发展下,在流动性趋向无穷大的情况下,金融产品仍可以有正收益。许多金融产品或投资品,会出现"金融产品货币化"的现象,也就是说,它们能够实现同时具有类似现金的支付功能。例如,可能用某个保险产品或某只股票与商品进行相应的交换。这些举动,不管是对于货币政策来说,还是对于金融监管来说,都是非常严肃的挑战,因此,需要对货币、支付、存款以及投资进行一定程度上的重新定义。

互联网金融中还会出现互联网货币。以比特币为代表,作为流行的互联网货币有力地说明了,点对点、去中心化的私人货币(根据密码学和互联网技术设计),在纯粹竞争环境下有可能超过中央银行的法定货币。现代社会之中,货币与信用很少联系在一起。互联网货币的特点,包括天生的国际性、超主权性,使人们对可兑换性有了更深的认识。

(六)银行、证券和保险的边界模糊

一些互联网金融活动天然就具有混业的特征。比如,在金融产品的网络销售过程中,可以通过同一个网络平台销售关于银行理财产品、证券投资产品、基金、保险产品和信托产品等。

比如,P2P 网络贷款涉及银证保三个领域。从功能上来说,P2P 网络贷款是替代银行集存贷于一体的。P2P 网络贷款还可以视为通过互联网的直接债权融资,美国主要就是通过 SEC 监管 P2P 网络贷款。从保险角度来说,P2P 网络贷款的投资人相当于购买信用保险产品。这就体现了对大数定理的应用。但与此同时,也需要特别指出,互联网金融的混业特征会为监管带来一些相应的难题。

(七)金融和非金融因素融合

互联网金融的创新源于实体经济方面的金融需求,从某个角度来说,它接近于"内生金融"的概念。

很多实体经济企业积累了一定数量的数据和相关风险控制的工具,这样做的好处就是,可以运用在相关的金融活动中,像最具代表的阿里巴巴等电子商务公司。

阿里巴巴的金融创新实践得到了很好的证明,互联网的主要根基就是实体经济,脱离了实体经济,互联网会变得一无是处。

不仅如此,分享经济在欧美国家也逐渐处于兴起状态,我国也随之出现了一些相关的案例。其实,交换活动是普遍存在于社会中的,只要人与人之间有不一样的资源禀赋或者彼此间的分工不一样,交换和匹配就会随时呈现一种存在的状态。

根据互联网的视角进行一定程度上的解读市场、交换以及资源配置等基本概念可以得知,互联网对于交换和匹配的效率,有了相当大的提高,原来很多不可能的交易,都变成了现实,并且通过以交易或共享的方式进行匹配。比如,打车软件的推广以及使用,对于出租车的市场匹配就有了很大的变化,在很大程度上减少了用户排队等车的时间,也减少了出租车"闲逛"空驶的情况。并且,在将来很有可能出现另外一番景象,每辆出租车有几个固定的客户,每个客户也有几个出租车司机为他服务,每个人还可以通过市场自行拼车,这样一来,出租车市场的资源配置效率会明显地提高。

电子商务、分享经济与互联网金融的关系是相辅相成的。它们不仅仅为互联网金融提供了相应的应用场景,同时也为互联网金融提供了相关的数据、打下了客户基础;反过来说,互联网金融对它们也有相关的促进作用,最终形成一个良性循环。未来,在互联网上,实体经济和金融活动两者将会达到高度融合。这就使得互联网金融创新的特点相对于传统金融创新来说会显得更为突出。

传统的金融创新,是相对于金融产品的一种创新,就是说通过采用相关的金融工程技术和法律手段,去设计制造一些新的金融产品。部分新产品的特征,就是具有现金流、风险和收益等,针对新的风险管理和价格发现功能来说,则更容易实现。

总而言之,传统金融创新,强调的重点是流动性和风险收益的相互转换。

互联网金融的创新,体现出了互联网精神下的金融。互联网的精神核心具体表现为:开放、共享、去中心化以及平等、自由选择等。同时也很好地反映出了金融业中关于人人组织和平台模式的兴起,金融产品的简单化、金融的脱媒以及去中介化。

因此,互联网金融新出的很多创新产品都与衣食住行、社交等因素之间有着密不可分的联系,甚至还与应用程序相互内嵌,产品也达到了一定的实用化、软件化,自适应生成等特点,强调行为数据的应用,体现了共享的原则。

目前的典型案例包括:

①余额宝,在相关领域内把支付、货币、存款和投资的一体化都做到了很好的实现。

②京东白条,采用本质是"免息赊购＋商品价格溢价"的方式,为消费者创造一定的信用额度,无利息,通过从商品的价格中得到与之相应的补偿。

③微信红包与传统的红包概念也有了一定程度上的颠覆,很好地体现了互联网金融在社交中的应用性。

类似这样的"跨界"的创新产品,在将来还会源源不断地出现。

第三节 我国互联网金融的发展环境

一、当前互联网金融的发展状况

(一)出现多种模式

互联网金融的发展出现了多种模式,具体涵盖了银行的线上化、券商的线上化、保险公司的线上化、P2P 网络贷款、众筹和第三方支付六种模式,而这六种模式也正是现阶段我国互联网金融发展过程中出现的模式。

1. 银行的线上化

中国银行业的信息化是随着网络技术不断发展而逐步信息化的过程,并为金融服务的电子化创造了一定的条件。伴随着大数据、云计算等技术的兴起,银行业近几年在金融服务电子化的过程中取得了很大发展。自 1997 年招商银行率先推出"一网通",第一次设立网上银行业务,对传统的渠道做了相关有效的补充以来,紧接着各大商业银行也陆续开展了关于网上银行的业务。2011 年,民生银行针对网上银行专门设计收益率高于柜台销售的理财产品并获得可观的收益。自此,互联网逐步成为其一、二级低风险理财产品的主要销售渠道。

网上银行凭借其费用率低、业务办理便捷等优势,随着互联网的普及逐渐得到客户的拥护,网上银行、电话银行、手机银行等产品也逐渐成熟。传统银行的这些举措,只是通过简单地转移业务的方式,采用互联网的手段进行相关活动,并没有什么大变化,所以,面对互联网金融的巨大冲击,传统银行需要做出更多的相应改变,于是,直销银行将成为银行业的一个最新试点。

直销银行是典型的互联网金融产品,银行没有相关营业网点,不需要发放实体银行卡,客户通过电脑、手机等远程渠道即可获取银行产品和服务。2013 年 9 月,北京银行正式推出其与境外战略合作伙伴荷兰 ING 集团合作研发的直销银行服务。2014 年 2 月,中国首家直销银行民生直销银行正式上线。直销银行的不断上线,表明各大银行采取积极的态度应对互联网金融带来的冲击,并不断促进互联网金融的发展。

2014 年 9 月底,民生直销银行目前客户数突破 100 万户,金融资产保有量达 180 亿元;招商银行在小企业 e 家开展的同时,推出首家"微信银行";平安银行打造平安网上商城和网络平台,推动应用客服机器人,推广微信服务。

2. 券商的线上化

国内互联网的普及,使得易于电子化的证券经纪业进行了一场巨大的革命。1990 年,上海证券交易所通过计算机进行了第一笔交易;1992 年,深圳证券交易所复合系统正式启用;1998 年,国内网上证券交易开始起步。2000 年 4 月证监会颁布《网上证券委托暂行管理办法》,对于网上证券委托的相关业务进行了合理地规范。投资者使用证券公司提供的交易终端软件,在足不出户的情况下,运用互联网来实现证券买卖的相关活动。同时,新型网络媒体的兴起,对于投资者获取信息的方式,进行了一个大颠覆。继而,互联网凭借方便快捷、高效安全等特点,使得证券交易完成了从实体场所到虚拟网络的转移。

在互联网金融时代，券商在充分利用互联网的技术支持下，对手头的第一客户，实行相关的买卖金融产品数据，以此探索新的发展方向，为了给客户提供更加便捷、周到的服务。2012年，海通证券自主开发"基于数据挖掘算法的证券客户行为特征分析技术"，采用聚类算法，对客户交易的有关数据采取相应的实时动态分析。通过对海通100多万样本客户半年交易记录的海量分析，建立了客户分类、客户偏好、客户流失概率的模型。同年，国泰君安推出"个人投资者投资景气指数"，数据样本来自券商真实客户的真实交易行为数据。这就表明了，越来越多的券商企业意识到，单纯地满足于证券买卖的虚拟化是远远不够的，面对互联网金融的浪潮，满足客户需求的同时，更要对客户的需求进行一定的挖掘。

3. 保险公司的线上化

1997年，第一份通过互联网促成的保单在新华人寿保险公司诞生，标志着保险业在互联网方面的探索取得了初步成果。早在2002年，中国人保电子商务平台（e-PICC）就正式上线，随着2005年《电子签名法》的颁布，互联网保险步入快速发展渠道。随着太平洋保险电子商务网站的上线，各大保险公司网络平台在2008年至2013年相继上线，建立起了自家的网络销售平台，依托互联网提供保险产品和服务信息，实现网上投保、承保等业务。

2013年，阿里巴巴的马云、中国平安的马明哲、腾讯的马化腾"三马"联手设立众安在线财产保险股份有限公司，突破国内现有的保险营销模式，不设分支机构，完全通过互联网进行销售和理赔，主攻责任险、保证险两大险种。"三马"联手保险业是互联网和保险两大行业在互联网金融的重要尝试，同时也开启了一个全新的互联网保险时代。

4. P2P网络贷款

中国第一家成立的网贷平台是拍拍贷，成立于2007年，效仿美国的 Prosper 模式,但在引入中国之后,没有形成特别大的影响。一直持续到 2009 年 3 月,在红岭创投推出相关的本金保障制度之后,又借助其本身强大的拓展和业务能力,开始进入迅猛的发展阶段。2010 年开始,P2P 公司逐渐快速增多起来,如人人贷、e 速贷等。2011 年,平安投资四个亿成立陆金所,在相关程度上很好地打消了很多创业者和投资者的顾虑,P2P 网贷平台在全国各地迅速扩张。

截至 2013 年 9 月,网贷平台的增长更是以每天 3~4 家的速度上升,网络贷款额达到 1058 亿元,超过 2012 年增长的 4 倍。

2014 年,P2P 仍然吸引了无数的投资人陆续进入,这个平台也同时获得了各大资本的青睐。2014 年 7 月,8 个 P2P 平台获得千万美元的投资,P2P 平台进入一个月内数家平台同时获投的狂热融资阶段。据不完全统计,从 2014 年 1 月到 10 月,已有 30 余家 P2P 平台获得投资,其中也包括许多刚刚成立的平台,如短融网从上线到获得融资仅经历三个月时间。

在 P2P 网贷行业的野蛮生长过程中,屡屡发生的企业跑路及倒闭事件,让人们对于该行业的前景有了一定的担忧。但除了民营企业和风投参与 P2P 外,各地具有国有资产背景的企业也逐渐试水 P2P,众信金融、德众金融、金宝保等平台均获得国资参股。国有资本流入 P2P 行业,表明国家对于该行业的认同及政策的宽松,但由于许多 P2P 平台只是披着 P2P 外衣的金融机构,行业仍然缺乏市场准入机制,政策有待进一步规范和完善。

5. 众筹

国内的众筹大致有两种模式:一类是非股权众筹,主要以产品预售为主;另一类是股权众筹。非股权型众筹目前有十几家,总募集资金规模超过 1000 万元。2011 年开始陆续出现点名时间、积木、JUE. SO、淘梦网等各种侧重不同方向和特色的 10 余家众筹平台。国内目前没有严格意义的股权众筹,但已有一些平台涉及股权融资,主要以红岭创投和天使汇为代表。此外,2013 年

6 月上线的大家投网站也在探索股权众筹的新模式。尽管在我国法律环境和市场环境的影响下,我国的股权众筹和国外的股权众筹有着显著不同,但这是众筹模式在我国资本市场应用的有益尝试。

2014 年,众筹网站的发展进入新阶段。点名时间从众筹网站转型到职能硬件预售平台,追梦网等平台则更偏向于文化、科技、公益等领域,百度及阿里巴巴等互联网巨头开始从影视作品涉入众筹。但非股权众筹平台的项目展示及体验、筛选等方面还存在诸多问题,股权众筹依然徘徊在法律边缘,国内众筹平台还有待完善。

6. 第三方支付

1999 年,随着易趣网、当当网的接连成立,为了满足用户更多在网上进行相关支付的需求,我国第一家第三方支付公司即首易信支付由此诞生,相对而言,它有着较为单一的功能,只能进行相关的指令传递,把用户的支付需求一一转达给银行,从而进一步转接到银行的网上支付页面。

2003 年网络购物处于萌芽阶段,单一的支付形式,导致在进行网络购物的过程中买卖双方出现了严重的不信任问题。为了扩大网络购物人群,2003 年 10 月,淘宝网进行相关改动,设立了处于中介位置的支付宝业务部,"担保交易"开始实施。2004 年 12 月,支付宝正式独立上线运营,这一运营的开始,标志着在阿里巴巴的电子商务圈中,信息流、资金流和物流开始逐渐趋于明晰的状态。

紧接着,腾讯旗下的"财付通"支付公司成立,作为全球最大的支付公司进入到中国的市场,这一举动预示着第三方的支付平台在我国开始逐步发展。2010 年央行颁布《非金融机构支付服务管理办法》,确定了通过申请、审核、发放支付牌照的方式把第三方支付企业正式纳入国家的监管体系下。2011 年 9 月开始,非金融机构如果没有取得第三方支付牌照,将被禁止继续从事支付业务,至 2014 年 7 月,央行已经陆续发放 269 张第三方支付牌照。

从此,我国第三方支付运营模式经历了三个阶段,分别从支付网管模式到第三方担保模式再到行业支付应用阶段,第三方支付行业出现的同时快速进入到了从量变到质变的突破,与此同时,在互联网金融行业的发展中成了一种较为重要的形态存在。

伴随着现代网络技术不断地发展以及企业信息化进程的快速推进,第三方支付已经不再局限于网上购物、航空旅行、网络游戏等传统领域,而是逐步向基金、理财、保险、医疗等行业领域渗透,第三方支付工具变化相对来说比较大,由单纯的网络购物走向范围涉及广泛的领域。特别是通过量身订制行业支付解决方案,第三方支付不断向各个产业链纵深渗透,对于支付服务产业化、市场化和多样化发展都起到了一定的推动作用。

(二)互联网金融模式不断得到创新和丰富

近年来,特别是 2013 年以来,随着人们对互联网技术在向金融领域渗透过程中体现出的降低金融交易的成本、降低金融交易过程中的信息不对称程度和提高金融交易的效率等优势的认识的深入,我国互联网金融发展的模式内容也不断地得到创新和丰富。这些模式内容上的创新和丰富突出表现在以下三大方面。

一是在银行开展网络借贷业务方面;二是在第三方支付方面;三是在 P2P 网络借贷方面。

首先,在银行开展的网络借贷业务方面,银行开展的网络借贷业务已由传统的"网下申请、网下审批、网上发放"内容,经由"银行+电子商务平台"内容,而创新发展出了"银行自建电子商务平台"内容。

其次,在第三方支付方面,也有独立的第三方支付、有担保的第三方支付等内容,而创新发展出了第三方支付工具与基金、保险合作进行理财的内容。

最后,在 P2P 网络借贷方面,则由纯粹提供信息中介服务平台的内容,创新发展出了 P2P 平台跟担保机构合作、线上与线下结合以及债权转让等内容。

(三)交易规模快速并发展壮大

2008 年以来,我国的网络银行、第三方支付及 P2P 网络借贷等互联网金融模式的交易规模得到了快速的发展壮大。其中,网络银行的交易额由 2008 年的 285.4 万亿元迅速增加到了 2014 年的 1549 万亿元。第三方支付的交易额也由 2009 年的 3 万亿元快速增长到了 23 万亿元左右,期间虽由于市场渐趋饱和,增速有所下降,但也达到了 18.6％以上。P2P 网络借贷的交易额则由 1.5 亿元快速增长到了 3292 亿元,期间增速甚至均达到了 200％左右。以第三方支付工具与基金合作形式于 2013 年 6 月 5 日上线的余额宝产品至 2014 年底,其用户则已达到了 1.85 亿户,总规模则达到了 5789.36 亿元。

二、当前互联网金融的发展环境分析

(一)互联网金融行业监管形态

对于互联网金融监管问题来说,应做到时刻坚持鼓励创新和规划未来发展一并进行的理念,这样一来,既能促进一个健康的金融体系的形式,又能针对金融安全和消费者的权益做到很好的保护。所以,对于互联网金融的发展,提出了建立一个环境、四个体系的行业监管形态的倡议。

一个环境,就是对于互联网金融来说,在基于过去传统的概念之上,实行大禹治水宜疏不宜堵,让互联网金融沐浴在阳光下,在制度化、规范化的环境中发展。

四个体系,就是针对行业自律体系、IT 和信用体系、合作监管体系、法律法规体系进行更深层次的完善。

1. 行业自律体系

规划制定科学的规章制度,不断地完善操作规程,对于风控力量加以充实,大力地加强专业化的风险防控力度。与此同时,合理地借鉴、吸收其他国家的经验,填补立法过程中的不足,使得市场秩序正常地运行。

2. IT 和信用体系

扎实互联网金融的基础。从提高国家安全的角度出发,对于相关软硬件自主开发和设计的水平做出相应的努力,有所提高,逐步摆脱和减少来自国外的制约。建立个人信用评估和电子商务身份认证体系,加强对互联网金融消费者的教育,提高其安全意识。

3. 构建有效的合作监管体系

对功能加大力度进行强化,对行为严格进行监管,严厉打击通过互联网进行恶意欺诈的行为,与相关部门协作配合,形成合力,共同促进资源共享,提高监管的透明度和监管效率。

4. 健全相关的法律法规体系

促进互联网金融健康有序地发展。需要从长计议,对待新兴业态,制定明确的监管规则,根据合理的时机,逐步提升立法规格层次,最终构建权责分明,法理明确的金融市场,针对金融业务等一些显而易见的风险特征,确定相应的制度安排,采取相关的举措和应对措施。进行显性和隐性的收益承诺,加强风险监管和风险披露。

(二)互联网金融监管趋势前瞻

有相关的分析人士认为,中国的互联网以及互联网金融之所以能够在短期内获得迅速发展,源于政府监管力度较弱。然而国家的命脉受到金融的影响,普通百姓的财富也与其息息相关,这就说明政府监管起着相当大的作用,因此政府的监管不能缺位。

政府监管,是保护普通金融服务的消费者的权益不受侵害;

更重要的是保证金融系统的稳定,不出现大的波动的必要手段。目前,互联网金融监管领域发展趋势存在两方面的大问题。

一是如何设定监管规则,既可以保持互联网及互联网金融领域的创新顺利发展,同时又可以保证金融形势的稳定、保护金融参与方的各方权益。有关专业人士表示,需要政府进行相关的参与,政府应该认真对待互联网的监管,与此同时,注意监管方式,尽量避免全盘接管的情况出现。

二是互联网金融使得金融服务跨境更加便捷,因此使得国境在金融问题上的存在感降低,但监管仍然是基于主权政府。如何保持跨境业务与主权监管的平衡,这个问题只能通过各国监管机构的协调监管才能实现,各国需要进一步强化跨境协调监管。

第四节　互联网金融平台的运营模式与策略

一、互联网金融的运营模式

(一)互联网金融的模式

尽管当前社会互联网发展速度迅猛,但就目前来看,互联网金融在国内的主要模式分为以下三种。

第一种模式,互联网充当的是渠道作用。传统的金融为大家提供需要的服务通过借助互联网的渠道进行相关的活动,就是所谓的大家熟悉的网银。

第二种模式,互联网发挥的是信用作用。类似于阿里金融,由于它拥有电商的平台,为它提供信贷服务能够创造有利于其他放贷人的条件。

第三种模式,就是大家经常谈到的人人贷、P2P 的模式,这种模式更多地提供并呈现了中介服务特点,这种中介把资金的出借方和需求方相互结合在一起。

(二)互联网金融的运行方式

互联网金融运行方式由三个核心部分组成：支付方式、信息处理和资源配置，详述如下。

1. 支付方式

以移动支付作为基础，个人和机构都有权利在中央银行的支付中心(超级网银)开设账户，如进行相关的存款和证券登记，也就是说不再完全是二级商业银行账户体系；通过移动互联网络进行相关的证券、现金等金融资产方面的支付和转移。

2. 信息处理

社交网络在生成的同时还能进行相关信息的传播，特别是对于个人和机构没有义务进行披露的信息；搜索引擎通过组织、排序和检索信息，缓解信息超载量的问题，有针对性地满足信息需求的条件；云计算可以对海量信息的高速处理能力做到一定的保障。

最后形成的整体效果是，在得到云计算的适当保障下，资金供需双方的信息通过社交网络进行相关揭示和传播，搜索引擎再进一步进行整理组织以及标准化，最终使信息序列形成一定的时间连续、动态变化。

由此，对于任何资金需求者(机构)的风险定价或者是动态违约概率都能做出相应的测算，而且成本极低。这种对于信息的相关处理模式，使得现在的商业银行和证券公司的主要功能正逐步被互联网金融模式所替代。

3. 资源配置

通过在网上对资金供需的信息进行相关发布并适当地匹配，供需双方可以直接联系并进行交易。借助于现代发达的信息技术,个体之间直接进行的金融交易,这一人类最早创造的金融模式会对于传统的安全边界和商业可行性边界有一个新突破,焕发出新的活力。供需信息在几乎接近完全对称、交易成本极低的条件下,互联网金融模式形成了"充分交易可能性集合"。

在采取这种资源配置的方式下,优势就体现出来了。例如,双方或多方可以同时进行相关的交易,而且交易过程中所需要的信息充足并且透明,定价完全竞争,这样来融汇最有效率,社会福利也变得最大化,各种金融产品都可以通过这种方式进行。这样不仅打造了一个公平的市场,供需方的机会也显示出了透明、公平的特点。

二、互联网金融平台运营模式

(一)平台模式

所谓平台,是去中心化的概念。去中心化,可以有效针对集中模式下计算能力不足的问题并予以解决。如何更好地理解这个意思呢?

就以滴滴打车、快的打车为案例,做个简单的分析。在过去,传统的叫车方式是把所有的需求通过出租车公司的呼叫中心汇集起来,然后就近地区的司机会得到后台统一的分配。这种把撮合匹配集结到一起的方式,离不开极大的数据汇集,之后再进行相关的小概率匹配,在实践中存在一个很明显的问题:必须有足够大的供需数据,才能进行有效的匹配;如果供需数据没有足够的大,就不能进行有效的匹配。

也就是说,没有足够数量的司机接单,就算乘客打多少电话,这个叫车问题也不会得到有效的解决,这就说明对供给的最低要求必须是海量;同样,反过来说,如果司机数量过多,都来接单,而顾客的数量却与之相反,那么打电话的频率降低,整体来说,也是没有意义的,所以这个时候,这个平台就显示不出它的价值,由此说明，不仅是供给是海量，需求也必须达到海量。供与需双方都达到海量度了，这种情况下，发生的成交可能性概率才会更大，与此同时，这个平台才会更有价值。

但是，如果海量的供需双方在实现匹配的时候要是必须通过这个中心来进行，一旦数据过多，计算能力不足的情况又会随之浮现。大量的数据集中在匹配中心，这时就需要这个中心具有较强的处理能力，但是，在现实生活中，往往没有能够满足这种匹配需求的中心。

实际上，当中心彼此匹配上的时候，司机对于乘客来说已经不是那么重要了。并且，流量波动性的问题时刻影响着集中匹配，如打车的高峰期，流量需求会突增猛涨，过了高峰期，其他时间则与之相反，需求量明显减少。流量如此的不稳定，也使得集中处理的方式需要大量的冗杂计算能力，从而增加相应的成本。

互联网技术的及时出现，用另一种方法解决了这类问题的难处。这种方式就是搭建一个平台，为所有的需求和供给提供合适的机会，让他们进行相对应的平台搜寻并匹配。

如此一来，原有的集中式匹配变成了分布式的交易状态，在一定的程度上解决了很多问题，像以前集中处理能力不足的问题，总体对于资源匹配效率的问题，都通过互联网很好地解决了，而且去掉中介之后，成本会变得更低，淘宝就是一个实例，就是通过采用压缩大量的中介这样一个典型的平台模式。

但是，这种看上去很好的平台模式，优势明显的同时，也会有相应的弊端。

由于在平台中，寻求匹配是一种自我优化行为，所以个体之间的差异性特征会受到一定的限制，慢慢就会发觉个体的匹配效率是很低的。匹配效率低下，就会产生一些问题，如在叫车的过程中，会发现司机爽约、客户爽约等比较不好的情况发生。在淘宝里，情况更多，因为很多人的自我辨别能力往往有限，导致买到假货的频率相对较高，或者是买了东西，没有用处，但是实际的购物成本却是一直持续增加的状态。

我们也发现大量的非平台模式的电商也都在兴起。例如京东、唯品会，它的模式是集中式，通过统一的筛选，把流程统一，以此来满足个体的高效率需求，但是这种模式，是无法把规模做到像淘宝一样的。

所谓的平台模式，最终的性质，是舍小为大，也就是通过牺牲个体的效率使整体的效率得到提高。世界必然是如此的，完美模式是不存在于世界之中的，只不过都是在特定的技术条件下，特定的阶段里看谁更合适当下的发展的问题。

以上这些情况，放到金融领域里面来看，就会发现，有些事情是不能接受牺牲个体的效率来换取整体的高效率的，需要在一定程度上降低整体的效率来换取个体的高效率。例如，在司法体系、货币体系、金融体系中等等，即使整体效率再低，也必须坚持这个原则。这种情况下，分布式计算明显就不如集中式计算。

所以，这也可能是为什么全球范围内的 P2P 模式，不能如预期一般地取代传统金融地位的原因。

(二)平台模式的两个基本条件

在金融领域，平台模式中最具典型的要数 P2P 模式了。P2P 其实是典型的互联网平台模式在金融领域内的一个应用。理论上，它是改变过去储户需要通过中介机构，如银行、证券公司等来集中、再放贷给借款人的模式，而不是让大量的贷款方和借款方进行分布式的自我计算、自我匹配。

但在前面说过，个体的效率在平台模式中很难得到保证去实现，而当涉及金融领域时，个体效率的要求更是极为苛刻、严格，所以，事实上 P2P 的纯平台模式，在全球来说，为数不是很多，中国所有的 P2P 模式，拍拍贷例外，都不是平台模式的运用，而被称为平台模式鼻祖的美国的 LENDING CLUB，贷款俱乐部，也在逐渐地进一步脱离平台模式，它的核心其实是供给方提供大量的资金，也就是说，投资人没有办法进行有效识别风险，因此，风险识别和定价的工作只能委托给中介交由他们一并开展，这样一来，就很可能演化为网络化的证券交易市场。

或许会让人产生疑问,为什么互联网金融很难获取一定程度的成功?金融,它的一个必要前提是投资人投出的资金能安全地回收,因此投资人对产品的使用和售后的回收都很关注,这也就有了针对不同的人形成不同风险定价的说法。

在互联网金融模式里面还有一类,就是关于贷款的一站式搜索平台,也可以将其归纳为平台模式,其中最典型的就是融360和好贷网。那么怎么看这两个公司,他们之间谁又会胜出呢?

平台模式需要具备两个最为基本的条件,如下所示:

①市场的双边需求要达到一定的数量;

②需求和供给要有实现——对应的能力。

对于贷款的一站式搜索而言,满足它的第一个条件就有点难度了。金融机构作为这种模式的主要供给方来说,无论是采取主动的方式,还是金融机构自己上线来实现,面对我国的金融机构在很长一段时间内,数量上或者是产品提供上,其实都达不到海量。实际情况往往是,对于金融机构来说,资金供给是非常稀缺的资源,而且也是非常同质的。而差异化的供给其实是在线搜索比价的前提,金融产品之间的差异性非常小,这也在不同程度上反映出了供给端的有限度。

当然,从需求的角度来看,融资难似乎是所有人都在谈论的一个话题,但事实上,最重要的也是最不能忽略的一个问题就是,到底有多少人是需要进行贷款的?对于贷款而言,它是一项有成本的活动,而且是强制性地必须去偿还的,对于绝大多数人来说,一般没有重要事件是不会轻易去贷款的。从人口基数上来看,哪怕在美国这样的金融市场大国,贷款的人也是少数。绝大多数人会用信用卡,但是并不能说明都有贷款需求,从对贷款的人群总体来看,占有的比例还是偏小的,中国就更不用说了。

事实上,根据周转需求的排除阶段性、临时性来看,绝大部分人是不需要进行相关的贷款的,甚至大多数人一辈子都不会贷款。这个趋势虽然一直在不断地攀升,但是却不能构成或是达到海量需求。

这里碰到的另一个关键问题是,在线贷款搜索平台不同于其他平台最大的一个特点就在于,这种信贷的匹配撮合过程是一个不断消灭客户的模式过程。为什么这么说呢?因为首先来说,人一辈子的贷款次数是有限的,其次,贷款匹配对于平台来说很多时候是一锤子买卖。如果贷款双方彼此很是熟悉,那么相对应的信用积累也很稳固,交易起来也会十分方便,因此借贷双方通过在线搜索平台进行相应的成功匹配、完成了应有的贷款事项后,以后的交易往往就会在双方固定的模式下进行,对平台的黏性也就越来越少了。对比一下,在淘宝上买衣服,今天选择这个店铺,明天又会选择另一个店铺,今天买 T 恤,明天又买裤子,总而言之,呈现的是随机匹配的过程,但是对平台的黏度却相当的大。

对于平台的第二个条件,就是需求和供给有实现一一对应的能力,贷款的一站式搜索平台也难以满足。由于交易在尚未完成之前,对于贷款的需求和供给的真实有效性不能做到非常的确定,因此导致匹配的成功率相对来说极低。或许,在生活方面,我们买衣服、打车的成功率是基本可以进行大致判断的,但是对于贷款而言,根本无法事先进行判断,而且从实践来看,绝大多数人的贷款需求都是不靠谱、不稳定的,他们通常会有超越自身还款能力的需求,因此,在进行筛选相关的合格贷款人的时间上来说,付出的成本也会极大。

从某种程度上分析来说,贷款的供需之间也相当于错位竞争,双方处于交互博弈的一个过程。这两种情况就是,对于部分金额较小、信用度一般的客户来说,金融机构处于强势地位,可以理解为店大欺客;而对于优质客户来说,各家金融机构都会争相放贷,这样就会出现抢夺客户的情况,金融机构就会处于弱势,可以理解为客大欺店。确切地说,只有两边都是散乱的、海量的、不强势的市场主体,才会有平台存在的意义。而金融很难符合这个特征,这就导致平台存在的意义并不是特别的大。

三、互联网金融平台的发展策略

当前,我国涉及相关的互联网金融技术尚不成熟,互联网金融的模式创新也有不足的地方,互联网金融行业的自律意识相对而言比较缺乏,因此,在繁荣发展的背后面临着巨大的风险。要想切实地推动中国互联网金融的发展,必须在针对控制风险、降低成本和提高收益上下功夫。

(一)推动传统金融与互联网融合发展

互联网和金融的彼此结合,可以使传统金融的商业模式发生根本性的改变,新的经营业态得以发展和壮大。在这样一种环境之下,传统的经营模式必须随着技术的进步,进行围绕互联网金融对金融功能的分解与重组,使得原来的商业模式进行优化升级。

(二)以差异化商业模式促进市场繁荣

根据企业内外部的环境变化,进行相对科学、合理的平台战略定位;坚持客户导向,在一定程度上提高对客户核心需求能力的把握;加强产品的创新,注重客户的切身体验,使产品富有强烈的吸引力,推进互联网金融盈利模式的进一步创新。

(三)实现向移动互联网金融转变升级

当前,移动互联网、大数据、云计算等发展迅猛,它们与互联网金融的结合,会使信息不对称降到最低级别,互联网金融未来的成长空间巨大,充满一定的想象,尤其是移动互联网,以惊人的速度发展,动作迅猛,未来互联网金融向移动互联网金融的转变将会势不可挡,发展前景颇为广阔。

(四)打造良好的互联网金融生态系统

诚信的体系建设与互联网金融的生态系统密切相关,相辅相成。对于互联网金融的健康发展来说，它的基石是诚信，因此个人诚信体系、小微企业诚信体系以及互联网平台诚信的体系建设至关重要，不容疏忽。

（五）对互联网金融行业的监管不断进行优化

第一，提高市场方面的纪律性，使得行为主体的遵纪守法意识有一定程度的增强。

第二，充分让市场机制发挥它的切实的作用，实现市场的良性运行。

第三，采用市场行为对互联网金融实行合理、科学的监管体制，发挥市场"看不见的手"的作用。

第二章 从支付开始——互联网支付平台的发展

随着计算机技术和互联网技术的发展，人们的生活方式发生了转变，消费习惯也有所变化。互联网支付紧跟时代潮流横空出世，从最初的网络银行到现在的第三方支付平台，互联网支付经过了不断的发展和创新。

第一节 互联网支付及特征

互联网支付是互联网时代的新型支付手段，其方便快捷的特征受到了人们的青睐。随着互联网的不断发展，互联网支付的市场规模也在不断扩大，并处于持续高速增长中。

一、互联网支付的概念与内涵

互联网支付是通过网络进行支付的现代支付方式，付款方通过计算机、手机等设备，通过互联网发起支付口令，将资金转移到收款方账户，互联网支付可以通过网络银行支付，也可以通过第三方支付平台支付。互联网支付具有快捷、便利的特点，为用户提供支付服务，推进电子商务的发展。从事互联网支付行业的机构，必须遵守相关法律法规，不可以进行违法行为。第三方支付平台与其他机构开展合作需要明确双方的权利和义务，有效地进行风险控制，保证支付平台用户的权益与财产安全。互联网支付平台有义务向客户披露服务信息,客户进行相关支付行为时应该告知业务风险,按照实事的向客户介绍服务的性质和职能。

中国人民银行 2015 年 12 月颁布了《非银行支付机构网络支付业务管理办法》(2015 年第 43 号公告),其中提到依法取得支付业务许可证,获准办理网络支付、移动电话支付、数字电视支付等网络支付业务的非银行机构为支付机构。

二、互联网支付的发展历程

随着计算机技术与互联网技术的飞速发展,当今社会,互联网支付已经成为一种主要的支付方式,因为其方便、快捷的特征,人们都偏好采用互联网支付方式。1996 年 6 月,美国成立了安全第一网络银行,这是史上第一家网络银行,它帮助人们通过网络进行存取款、转账、付款等业务。

我国互联网支付是在近几年才成为流行,但是发展极其迅速。据相关统计数据显示,截至 2015 年 12 月,我国使用互联网支付的用户高达 4.16 亿人,较 2014 年增长率高达 36.8%。尤其是通过手机网上支付的用户人数增长迅速,用户人数高达 3.58 亿,增长比例也很高。因为就目前我国的互联网支付环境来说,线上线下平台都可以通过互联网支付实现,尤其是手机支付更为简洁便利,人们进行购物不需要带现金和银行卡,只要带上手机就可以进行消费。而这种现状也是经过发展而来的,我国的互联网支付可以分为三个阶段。

(一)网上银行的发展

1991 年,中国人民银行建立全国电子联行系统,初步形成了全国性的支付体系。随着我国经济迅速发展,交易量日益加大,银行仅凭传统的支付业务已经不能满足业务要求,这就导致了网上银行的出现。中国银行于 1996 年建立了自己的网络,用来发布消息,并在 1998 年开通网上银行业务。中国工商银行、中国建设银行也相继开通了网上银行业务。虽然多家银行建立了网络银行,但因为各家银行的支付接口不同,也为人们进行网上银行业务带来了不便。直到 2002 年,中国银联正式成立,为多家银行的网络银行解决了支付接口不同的问题。

在这个阶段,也有第三方支付企业提供业务,例如网银在线、首信支付等,它们在支付过程中充当中介的角色,链接网络银行和客户,当客户进行支付时帮助其进行支付端口跳转,顺利完成支付。在这个阶段,互联网支付的模式开始形成。

(二)第三方互联网支付的快速发展

从 2005 年开始,为了提供更快捷和优质的服务,第三方支付机构开始进行模式转变,从支付网关模式转向网络账户模式。用户通过在第三方支付平台上注册建立账户,完成互联网支付行为。通过用户账户的模式,第三方支付机构建立了较为完整的支付平台,注册用户可以通过支付平台进行支付、缴费、转账、信用卡还款等,这样的支付平台为用户的生活带来很大的便捷,同时第三方平台机构也可以从中获得客观的收益。

我国 2010 年的第三方支付交易规模相较 2009 年同比增长100.1%,从 2008 年到 2010 年,第三方支付交易规模将近翻了四番,增长速度十分惊人。在这个阶段,第三方支付占领我国支付市场,发展势头十分迅猛,也带来了大量的利益。但同时,也有一些问题逐渐暴露出来,比如一些第三方支付平台私自挪用用户资金、洗钱、套现、欺诈等问题,这些问题如不及时合理地解决,将会为用户带来安全隐患,影响第三方支付的发展。随着第三方平台的发展,需要规范现行支付市场,帮助第三方支付可以健康平稳的发展。

(三)第三方移动支付创新发展

2011 年我国的第三方支付进入全新阶段,正式进入监管时代,第三方支付确定了自身的经济地位和政策地位,这为第三方支付带来了更多的机会,促进他们进行改革创新。在这个阶段,第三方支付的显著特点就是移动支付的迅猛发展,以其便利性的特征抢占第三方支付市场,成为人们进行互联网支付的新宠。例如天翼电子商务公司、联通沃易付网络技术有限公司、中移电子商务有限公司三家移动支付公司,为用户提供移动支付、同网支付及积分支付等服务。2012 年,支付宝、财付通等网络支付机构,通过二维码的方式连接线上线下,进行互联网支付创新,从线上渗透到线下。直到现在,我国的移动支付成长迅速,已经成为人们生活中不可或缺的一部分。

三、互联网支付市场现状

(一)互联网支付用户数

我国从 2011 年 5 月开始发放第三方支付牌照,不断有企业申请牌照成为第三方支付机构。随着科技的发展,第三方支付平台提供的服务越来越多样化,市场对第三方支付的监管系统也越来越完善,第三方支付在人们生活中的地位越来越重要,越来越多的用户开始使用第三方支付,它成了人们日常生活中重要的一部分。我国互联网支付用户规模逐年递增,尤其是手机支付用户人数大幅增加,2016 年我国手机网上支付用户规模达到 4.69 亿,年增长率为 31.2%,这一庞大的数据基础为我国互联网支付的发展提供了土壤。

(二)第三方互联网支付交易规模与份额

根据 2016Q2 互联网报告数据显示,我国第三方互联网支付交易规模达到 4.6 万亿元,同比增长 61.9%,环比增长 12.3%。其中支付宝占据第三方网络支付市场第一位。如图 2-1 所示,我国第三方互联网支付市场主要由几家支付公司占据绝大部分市场份额,可以看出,目前的第三方支付市场呈现出垄断格局,尤其是支付宝占据了将近一半的市场份额。

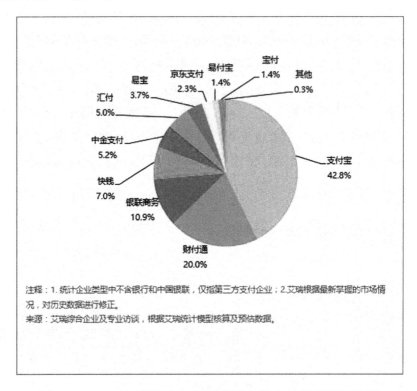

图 2-1 2016Q2 我国第三方互联网支付交易规模市场份额

(三)第三方移动支付交易规模与份额

根据艾瑞咨询公布的数据显示,我国 2015 年 Q3 第三方移动支付业务交易规模达到了 24204.9 亿元,同比上涨 64.3%,增速超过了第三方互联网支付的同期增速(如图 2-2 所示)。这一改变在很大程度上是因为人们的生活环境发生了变化,导致人们的支付习惯也发生了转变,互联网技术与智能手机的发展为人们的生活带来了更多便利,人们也更喜欢通过手机支付进行消费、转账和缴费等活动,随着线下门店普及支持手机支付,手机支付更是成了人们生活中不可或缺的一部分。据《2015 年移动支付用户问卷调查报告》显示,64.4% 的用户愿意通过与支付账户绑定,登录支付账户直接选择银行卡完成支付,这表明大部分用户越来越接受手机支付,并愿意享受手机支付带来的便利。

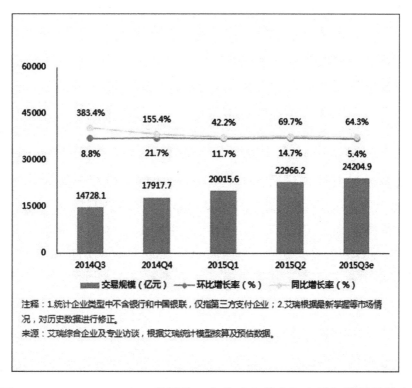

图 2-2 2014Q3—2015Q3 我国第三方移动支付市场交易规模及增长率

四、互联网支付的特点

(一)传统支付模式与第三方支付模式的比较

在过去人们进行交易支付时一般会采用现金、支票、银行转账等方式,随着互联网技术的发展,互联网支付进入了人们的生活。由于网络环境存在安全隐患,信用体系在互联网支付中显得格外重要,第三方网络支付在一定程度上解决了信用问题,为用户提供了较为安全的网络支付环境。网络支付可能会存在交易欺诈,这就使人们在进行网络支付时面临风险,但通过第三方支付平台,交易双方都受到约束和监督,增大了网络支付安全性。

对商家的约束和监督,可以帮助客户解决付了款却收不到货物的问题,同时因为信用机制,客户收到的货物也有质量上的保障。对客户的约束与监督,可以避免商家收不到货款,同时为客户提供了方便快捷的支付平台。

传统的支付结算必须由客户与商业银行建立联系,再通过中央银行与商业银行建立联系进行清算,客户无法直接与中央银行建立联系进行清算。传统的清算体系比较复杂,效率较低。而现在的第三方支付平台,代替客户与商业银行建立联系,第三方支付公司通过在不同银行开立的中间账户对大量交易资金实现轧差,少量的跨行支付则通过中央银行的支付清算系统来完成。这种交易清算模式,第三方支付公司一定程度上承担了类似支付清算的功能,方便客户进行清算,同时还可以起到信用担保的作用。传统支付模式与第三方支付模式示意图如图 2-3 所示。

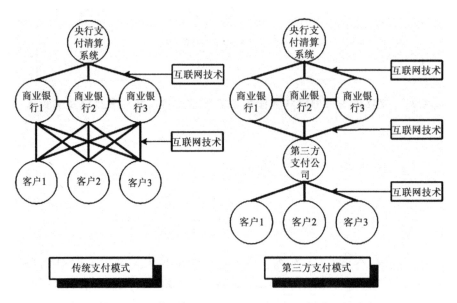

图 2-3　传统支付模式与第三方支付模式示意图

(二)网络支付的特点

1. 数字化

传统的支付方式是通过现金、票据、汇兑等实物媒介完成交易的,而网络支付则是以互联网为平台,通过数据传输完成交易的。随着互联网技术和信息技术的发展,网络支付逐步占领支付市场,相较传统的支付方式,网络支付更加快捷,也无需实体媒介,只需将资金转换为数据就可以完成支付。

2. 互联网平台

相较于传统支付的封闭式系统,网络支付是通过互联网平台进行的支付活动,互联网环境相对开放。同时,相比传统支付方式,互联网可以及时快速地完成信息传输,这就使得通过网络进行交易更加方便和快捷。

3. 通信手段

传统支付使用传统通信媒介开展业务,网络支付依靠互联网、Extranet 等先进的新型通信手段开展业务。网络支付要求用户使用接入网络的终端,比如计算机或智能手机,还需要配套的软件或应用。

4. 经济优势

网络支付相比传统支付更为方便快捷、经济高效,用户通过网络可以随时随地进行支付,用户可以随时进行购物消费、充值缴费、实时转账,网络支付为用户带来了跨越时间和空间的全新支付体验。网络支付的模式大大提高了支付效率,为人们的生活带来了便利,也为市场带来经济效益。

第二节　我国互联网支付发展的典型案例

互联网技术飞速发展,为人们的生活带来了翻天覆地的改变,也对人们的生活方式和消费习惯产生了一定影响。网络支付就是根据社会需求产生的一种新型支付方式,它为人们的生活带了更多便利。以下就几个典型的网络支付工具进行说明。

一、支付宝

(一)企业背景

2002 年以前,各大商业银行相继开通网络银行业务,但是提供的支付端口并不统一,为用户进行支付造成了麻烦,同年 3 月,中国银联成立,解决了网络银行支付端口的问题,使用户可以更加方便地使用网络银行进行支付活动,中国银联提供的网上支付服务,使用户可以通过 Web 页面输入银行卡账号与密码进行网络支付。

随着互联网和信息技术的发展,在 2005 年我国第三方支付规模出现了极大增长,达到 152 亿元人民币。随着第三方支付的相关政策推出施行,同时伴随着我国计算机和互联网的普及使用,第三方支付开始抢占支付市场,电子商务安全认证体系基本形成。

随后多家第三方支付企业相继诞生,例如支付宝、财付通、拉卡拉等,第三方支付市场的竞争愈加激烈。2011 年开始,第三方支付企业可以通过向中央银行申请非金融机构支付业务许可证,自此第三方支付行业的法律地位得到了国家的认可,并正式接受中央银行的监管。发放牌照不仅使第三方支付企业有了更多合作机会和发展机会,同时也为中央银行进行管理提供了便利,央行可以有针对性地进行备付金、网络支付业务等方面的管理,使该行业在科学合理的监管体系下健康发展。自此以后,第三方支付行业开始了高速发展,而支付宝则是第三方支付行业中的龙头企业。

(二)企业业务内容

支付宝开通了多项网络支付服务,包括网购担保、交易支付、银行转账、信用卡还款、手机与游戏充值、公共事业缴费等,并与天弘基金合作开通了余额宝理财功能。随着移动互联网的发展和普及,网络支付开始向移动网络支付方向发展,支付宝作为互联网支付的领军企业,当然不会放过发展移动互联网支付业务的机会。2013年年底,银泰百货、美宜佳、7-11等多家企业陆续开通支付宝付款服务,北京出租车也开始接受支付宝付款。随后越来越多的企业开始支持线下服务线上付款的支付方式,使移动支付的方式得到了普及和推广,人们可以通过网络支付进行门店购物、聚餐、娱乐等活动,我国的网络支付进入了移动支付时代。

支付宝的盈利模式包括以下几个方面。

1. 收单业务

支付宝获得了非金融机构结算支付许可,可以在线下和线上开展支付结算业务。收单业务可以为用户提供资金结算服务,还可以提供相应资金查询、对账、追收等与交易清算相关的服务,同时可以帮助用户进行错账的冲正和调整。支付宝主要通过收取银行卡交易手续费获取收单业务费用,收费标准如表2-1所示。

表 2-1　银行卡收单业务手续费

商户类别	发卡行服务费	转接机构服务费	收单机构服务费
餐娱类:餐饮、宾馆、娱乐、珠宝金饰、工艺美术品、房地产和汽车销售	0.9%,其中房地产和汽车销售封顶 60 元	0.13%,其中房地产和汽车销售封顶 10 元	0.22%,其中房地产和汽车销售封顶 10 元
一般类:百货、批发、社会培训、中介服务、旅行社及景区门票等	0.55%,其中批发类封顶 20 元	0.88%,其中批发类封顶 2.5 元	0.15%,其中批发类封顶 3.5 元
民生类:超市、大型仓储式卖场、水电煤气缴费、加油缴费、交通运输售票	0.26%	0.04%	0.08%
公益类:公立医院和公立学校	0	0	按照服务成本收取

2. 预付卡业务

预付卡业务是指客户进行消费时货款不直接进入商家账户,而是将预付金冻结在支付宝账户,等到客户确认得到货物或服务就可以确认交易成功,这时资金才会由支付宝账户转入商家账户。支付宝通过账户内资金的利息赚取收入,同时还可以保证消费者的资金安全。预付卡业务的相关规定如表 2-2 所示。

表 2-2　预付卡业务相关规定

项目	记名预付卡	不记名预付卡
单张金额	5000 元	1000 元
限购卡要求	不得用信用卡购卡	不得用信用卡购卡;一次性购买超过 10000 元,购卡人须实名购卡并提供有效身份证件
充值要求	不得用信用卡充值	不得用信用卡充值;一次性充值 10000 元以上,须实名充值
结算方式	一次性购卡或充值 5000 元以上,应当通过银行转账而非现金	一次性购卡或充值 5000 元以上,应当通过银行转账而非现金
有效期	可赎回,可挂失,不设有效期	不可挂失,有效期不低于三年

3. 规模资金收益

一般的第三方支付平台只能通过收取支付手续费盈利,而支付宝作为我国客户规模最大的第三方支付平台,有较大规模的沉淀资金可以加以利用。支付宝通过平台庞大的资金量作为筹码与银行沟通,以获取更经济实惠的转账通道,以此加强自身的盈利能力。可以看出,网络支付具有很强的规模效应,这可以体现在边际成本递减,还体现为客户聚集后平台价值提升,边际效率快速提升。

4. 平台经济

支付宝平台同时有供给和需求,供给和需求相互支撑、相互依赖,形成一张巨大的经济网络。交易平台提供的产品和服务互为依赖、相互补充,例如支付宝和淘宝的关系,通过支付宝这一网络支付平台,将淘宝商家与消费者联系在一起。平台经济的价值实现路径与传统经济有所不同,首先要充分了解客户发现和满足客户需求,通过满足不同客户的需求增加平台用户数量,随后通过做好客户关怀、提高客户体验等方式增加客户黏性,有了一定客户基础后便可以着手提升平台的潜在价值,最终通过充分了解和满足平台客户的潜在需求建立平台经济的商业模式。平台经济首先要做到的是客户积累、增加客户黏性,因为只有这样才可能挖掘出客户的潜在需求,开发出平台的潜在价值,实现更高的经济利益。

(三)案例分析

支付宝提供的服务实际上是帮助用户进行资金转移,将用户的资金由支付宝账户转移到银行账户,实质上是虚拟货币交易平台,为用户提供便捷的资金转移服务。

支付宝与商业银行合作,将用户支付宝账户内的资金存在合作银行,这笔资金即为交易保证金,并由第三方银行为资金提供托管服务,要定期检查支付宝存放在银行的资金与支付宝账户资金是否吻合,并按照实际情况提供报告。支付宝账户内存放的大额沉淀资金,即为存放在商业银行内的交易保证金。支付宝的运行模式如图 2-4 所示。

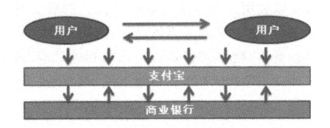

图 2-4　支付宝的运行模式

支付宝的盈利模式可大致分为三类。

第一,服务佣金。目前第三方支付企业首先和银行签订协议,确定给银行缴纳的手续费率;然后,第三方支付平台根据这个费率,加上自己的毛利润即服务佣金,向客户收取费用。

第二,广告收入。支付宝可以通过在其主页上出售广告位赚取费用。这些广告包括横幅广告、按钮广告、插页广告等,目前看来,广告布局所占空间和布局都比较合理,也可以简洁、有重点的突出产品特点。除此以外,还有一些公益广告,可以让用户了解更多的技术行业信息。

第三,其他金融增值性服务,如代买飞机票、代缴生活费用、各类产品和服务充值等。

目前,支付宝在第三方支付市场上的确占据着十分重要的地位,但是微信支付的势头也很猛,为了应对这个局面,并保持自己的领先地位,支付宝不能停止不前,应该在提升现有功能的同时,尝试创新和开辟新领域。

随着人们生活水平不断提高,人们开始对便捷和个性化有了全新要求。支付宝可以在这些方面提升用户体验,例如,可以根据用户的使用习惯向用户直接推荐产品和商家,同时可以将其他手机应用中的内容涵盖在支付宝内,直接提供相应信息或是链接,将单纯地支付应用,转化为更为综合性的应用。加强精准定位,精准定位商家和用户,并将商家和用户进行结合进行数据分析,为用户提供更好的服务,以此获取他们的好感,争取市场份额。

二、微信支付

(一)企业背景

根据统计数据,我国移动支付用户规模持续增长,2012年的移动支付用户规模达到2.86亿,交易规模也大幅提高,2015年第三季度我国移动支付市场交易规模已达到2.4万亿元。近几年,移动支付的发展极为迅猛,移动支付已经在网络支付市场占据主力地位。在现在这个移动支付迅猛发展的时代背景下,把握手机用户对于把握市场有至关重要的作用。

(二)企业生产内容

1. 微信支付的工作原理

一般我们所说的微信支付,是通过财付通进行快捷支付的一种新型移动支付方式,但实际上微信支付还有另一种支付方式,即银行开通微信公众号,通过微信引导用户在手机银行上进行支付。微信支付是搭建在社交平台上的新型支付产品,它将第三方支付平台、手机银行与自身有机地结合在一起,帮助微信用户便捷地完成移动支付,最大化地满足用户要求。

通过财付通进行快捷支付的运作流程如下:首先,微信用户要在微信钱包中添加银行卡,将银行卡与微信绑定。绑定过程极为简单,只要提供银行卡号、个人信息、手机验证码即可完成绑定。之后进行微信支付密码设定。完成以上过程便可以进行微信支付了。在线下门店进行购物时,商家通过扫二维码的方式引导用户进行付款。线下门店微信支付流程如图 2-5 所示。

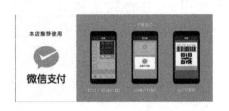

图 2-5　线下门店微信支付流程

通过手机银行进行支付的前提有两个,第一个是银行要按照程序开通微信公众号,第二个是微信用户开通了手机银行。银行通过官方微信公众号与微信用户进行实时沟通,并按照用户需求引导用户前往手机银行完成支付。

微信支付是符合当今社会环境的创新型移动支付应用,它整合了移动社交网络平台、第三方支付平台与手机银行,方便快捷地满足用户的支付需求。微信支付以社交网络作为用户平台,积极利用社交网络平台客户量大的优势,同时还合理利用第三方支付的开放性以及手机银行的功能多样性,成功在现在的移动支付市场占领了一席之地。微信支付过程如图 2-6 所示。

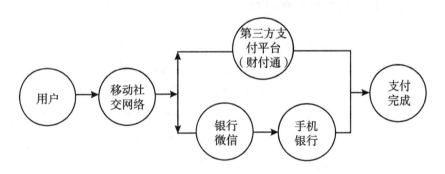

图 2-6　微信支付过程

2. 微信红包——典型产品

微信红包可以理解为以微信平台为支撑,以微信支付为手段的新型发红包方式,是一种符合信息技术发展的微信延伸功能。

微信红包可以通过一对一进行发放,也可以将一个红包分为几个小红包,通过"拼手气"的方式进行发放,红包可以发到个人也可以发到微信群。发红包的流程是:首先填写红包的信息,选择红包金额,填写祝福;然后通过微信支付的方式将资金放到红包内;最后发放红包。微信红包的发放过程包含了财付通的充值功能、银行卡的提现功能和银行的支付结算功能。微信红包在微信用户中很受欢迎,尤其是逢年过节微信红包更成了人们的宠儿,微信红包受欢迎的原因可以分为以下几个方面。

第一,微信红包以微信平台作为依托,所以微信红包也具有社交网络的属性,这种社交关系与现实中的人际交往关系十分贴近,所以人们在微信上的行为模式也与现实中有很多共同点。

第二,微信红包可以通过"拼手气"的方式进行发放,这种方式就是人们平时所说的抢红包,这种添加了竞争意味的方式激发了人们的积极性,同时这种热闹的气氛也很符合节日氛围。

第三,发红包本来就是中国的一项传统活动,尤其是在春节,长辈给家里的孩子发红包是过节的传统。红包本来就是一种吉祥的象征,所以现在逢年过节通过微信发送祝福红包也是一种传统文化的传承,当然也是微信红包受到追捧的原因之一。

第四,因为一些客观条件的限制,有些人即使是逢年过节也不能回家。微信是一款打破时间空间限制的社交应用软件,同样微信红包也不受时空限制,这就使人们可以通过微信红包的方式为不在身边的人献上祝福,表达心意。

第五,微信红包体现了共享、平等、普惠、民主的网络精神,在抢红包的过程中,人们之间只有情谊,没有名利,这个活动使人们放下平时的气场,只是开心地享受这种欢乐的氛围。

微信红包可以为微信带来收益。第一,发放红包需要用户使用微信支付功能,这就使微信支功能得到了推广。同时微信红包使更多用户绑定银行卡。第二,通过微信红包领取到的资金直接存入微信零钱包,微信用户不提现则这笔资金会成为微信的沉淀资金,微信便可通过这些沉淀资金获得银行利息。第三,微信红包领取到的资金进入零钱包后,微信可以通过拓展更多的增值服务促使人们通过零钱包进行支付,例如手机充值,这样既方便了用户,也为微信本身带来利益。

(三)生产模式

微信是一款十分火爆的社交通信应用,用户规模达到 6 亿,并且用户黏性很强。随着移动互联网的发展,移动支付也成了主流的付款方式,微信支付抓住这一趋势推出微信支付,同时推进近场支付和远程支付。

微信支付是微信社交平台与第三方支付平台财付通合作推出的一款移动支付产品,微信社交平台提供用户,财付通提供支付服务与安全保障,二者各司其职、有机结合。财付通为微信支付的安全保障和支付服务,是持有互联网支付牌照并具备完备的安全体系的第三方支付平台。微信用户绑定银行卡,通过微信客户端完成支付的过程即为微信支付。

微信用户在微信钱包中绑定银行卡并通过认证,便可以顺利使用微信支付购买商品和服务,微信用户只需带上手机便可以在支持微信支付的商家进行消费。微信支付可以通过财付通进行快捷支付,也可以通过手机银行支付,微信支付整个过程在微信平台完成,只需输入微信的支付密码就可完成付款,微信支付实现线下购物线上付款,相比传统的支付方式方便快捷很多。微信公众号的开设为移动商家提供了商业平台,使移动商家可以充分利用微信这一社交平台的用户基数开展商业活动;微信支付则为微信上的移动商家提供了方便快捷的交易手段,商家与客户可以在微信上完成整个交易,微信支付为移动商家带来了更好的商业环境。

(四)案例分析

1. 产品和市场定位

O2O 是指线上到线下,消费者在通过网络支付购买商品和服务,再从线下获得商品或服务,O2O 已经是目前十分流行的一种商业模式。微信支付可以让微信实现 O2O 闭环,微信用户在微信内绑定银行卡,就可以在微信公众号、手机应用以及其他地方的二维码中进行移动支付,简单快捷,同时为商家和消费者提供了交易便利,这也实现了手机支付的 O2O 闭环。微信支付不仅仅是一款移动支付工具,它还为移动支付提供了一个完整的解决方案。微信支付满足了现代网络用户的消费需求,使他们可以线上购买线下需求,实现了线上到线下的闭环。微信支付打通了电子商务的渠道,也为微生活和线上线下购物公众号的发展打下坚实的基础。

2. 差异化基础

微信支付是以微信社交平台作为支撑的付款工具,它具有大量的客户基础。商户可以通过开通微信公众号、会员卡的方式与客户建立联系,这种联系沟通方式更具针对性,并且由于微信的性质所决定,商家通过微信进行产品推广的信息到达率极高。商家介入微信支付服务,即可享受微信客户基础带来的实际效益,同时,移动消费成了现在人们的全新消费习惯,商家可以借助微信平台和微信支付把握移动消费时代带来的机遇,率先抢占移动消费市场,传统企业可以通过接入微信支付服务帮助企业进行O2O 转型。微信支付使移动服务更安全和快捷,提高了人们的消费体验。而且,微信支付开启了移动电商新时代,重新定义了移动电商的生态模式。

3. 核心能力

微信支付的核心能力是场景,即微信支付可以在多种场景使用。人们可以在微信内购买虚拟物品,例如购买音乐会门票、购买电影票、手机充值、游戏虚拟币充值等;也可以在线下门店进行消费,只要门店支持微信支付,用户就可以通过微信购买线下商品和服务。网络支付进入移动支付时代,移动支付市场竞争异常激烈,想要在移动支付市场上抢占有利地位,就要抢先培养用户的移动支付习惯,消费习惯一直是影响市场的重要因素。

4. 关键资产

微信支付具有的一个极大的优势就是庞大的微信用户数量,据腾讯公司公布的 2016 年第二季度及中期业绩报告显示,微信和 WeChat 合并月活跃用户数高达 8.06 亿。微信已经成为亚洲地区用户群体最大的即时通信工具,相较于以 PC 为端口的互联网市场,以智能手机为主要端口的移动互联网市场更具活力。微信作为当前国内最为主流的社交通信应用,它为微信支付提供了一个庞大的用户市场,并且微信用户数量还在稳定快速增长,这就意味着微信支付的用户群体也处于不断扩充之中。

5. 供应商

电商与微信平台合作可以为其带来很多好处:第一,第三方电商可以通过微信平台建立有效的客户关系,有效地对客户进行点对点的产品和服务的推广宣传;第二,通过微信可以有效地进行客户管理,并且与客户进行具有针对性的沟通交流,为客户提供需要的商品或服务,提高客户的消费体验;第三,电商通过微信平台可以更好地进行客户关怀,并及时得到客户的反馈意见,帮助商家增加客户黏性,以便于发掘更多潜在价值。目前,已经有许多商家看到了微信支付的优势,纷纷与微信开展合作,支持微信支付,例如大众点评、优酷视频、招商银行、当当、南方航空等,微信支付已经渗透到各个行业、各个领域,在移动支付市场占据重要地位。

6. 支付安全

安全问题一直是网络支付的一个重要课题,如何保障客户资金安全是各大支付平台的重点项目。微信支付自然也很关心支付安全问题,它提出了五项安全保障,以此保障用户的资金安全,五项保障分别为技术保障、客户服务、业态联盟、安全机制、赔付支持。

微信支付与中国人民保险集团合作推出了"敢付，敢赔"的微信支付保障机制。该机制保证用户通过微信支付进行付款时，如果出现资金被盗等损失，用户可获得全款赔偿。如果出现账户被盗、被骗等情况，微信方会进行调查，确定是己方责任后将会及时进行理赔。其他原因造成的用户资金损失，微信方会积极配合警方调查，并提供警方需要的材料和证明，协助警方帮助用户追回损失。

7. 价格结构

随着移动网络的发展，电商开始积极介入移动网络市场，这就使很多商家纷纷与微信支付展开合作，以便抢占市场先机。电商的一大特点就是价格实惠，而现在很多电商采取"微信价"的让利手段促使消费者进行消费，"微信价"就是指使用微信支付可以享受更为优惠的商品价格，电商希望通过这种形式吸引消费者，以此提高客户黏性。例如爱奇艺开通微信支付 1 分钱开通网站会员就是一种"微信价"的让利行为。

8. 顾客利益

以大众点评与微信支付的合作为例，自从支持微信支付开始，移动电商的收入增长达到 20%；线下门店的收益也有所提高，用户在线下商户进行消费，在通过大众点评的买单或是团购等方式付款，很多用户都会选择使用微信支付在大众点评上进行支付。微信支付不仅让消费者可以自由地进行线上交易，还将线上线下、人工服务联系在一起，使消费者可以方便快捷地进行消费，提高了消费者的消费体验。

9. 创新点

微信支付是以微信为平台的，所以微信的一些特征也会为微信支付带来优势。微信是一款即时交流工具，微信用户每日使用微信的时间能够达到几小时甚至十几小时，可以说微信时时刻刻围绕着人们的日常生活。这种长时间的使用，会使人们对微信有一定依赖性，这样用户想要进行线上购物下意识就会使用微信支付，这种消费习惯正是用户使用微信的时长所引起的。微信使微信支付融入了人们的日常生活，改变了过去的电子商务模式，而这也正是微信支付不同于其他第三方支付平台的地方。

10. 核心逻辑

微信支付的核心逻辑是形成 O2O 闭环，微信支付构建的线上到线下闭环是一个较短的闭环，环节简单，使商家和消费者同时快捷地获取自身需求。消费者用微信扫描二维码，使用微信支付购买商品或服务，这个闭环就完整了，十分精简。这种商业模式，商家可以方便快捷地获得资金，消费者也可以方便快捷地获得商品或服务，大大减少了交易过程的成本，这也是移动商业模式的发展趋势。

11. 盈利模式

微信主要通过两种方式获得盈利，微信支付和移动社交游戏。移动社交游戏为微信的盈利模式实质上也是通过微信支付获取的，微信用户可以在微信游戏平台进行游戏下载，游戏分为免费和付费两种，一些游戏在游戏过程中可能需要用户购买道具或是货币等虚拟商品，用户在购买游戏和购买游戏中的虚拟商品时使用微信支付，这就为微信平台带来了盈利。

三、电信"翼支付"

(一)企业背景

2011 年中国电信成立了天翼电子商务有限公司，并推出自有品牌"翼支付"。在翼支付的运行中移动运营商处于主导地位,是移动运营商与客户直接联系,并由运营商管理交易账户并制定支付流程,降低银行在支付过程中的参与程度,降低技术成本。

（二）企业生产内容

1. 移动支付的原理

移动支付是指用户通过移动终端向银行或金融机构发送支付指令,银行或金融机构接收指令形成货币支付与资金转移,从而完成付款的行为,即用户通过移动终端进行交易付款的一种付款方式。移动支付将移动终端、互联网、商家和金融机构有机结合,为客户提供金融服务。按照支付账户的性质,移动支付可分为以下三种模式。

（1）银行卡支付

银行卡支付是最普通的支付方式,用户可以将银行卡与翼支付进行绑定,通过翼支付进行消费付款时就会从绑定的银行卡中扣除费用,是直接使用银行卡支付的形式。

（2）通信代收费账户支付

用户在使用翼支付时可以注册建立一个小额支付账户,用户在网上进行购物时,会通过手机短信等形式进行后台确认,这时用户进行网上购物的账单便会记录在通信费账单中,这些消费账单会在月底进行整合向用户收取费用。

（3）第三方支付账户支付

用户使用翼支付进行消费时也可以通过第三方支付平台进行付款,第三方支付机构负责提供支付通道,实现资金转移结算并完成交易。一般选择第三方支付账户支付的用户,都会在移动设备下载安装第三方支付平台的应用程序,用户们的证书应用接口可以和第三方支付公司 APP 集成,实现移动端证书应用。

2. 翼支付的生产过程

翼支付为用户提供各类线上线下民生支付服务,还可以通过各种产品为个人、商户提供综合性的互联网金融服务,也为政企类客户提供专业的行业解决方案。翼支付拥有很多产品,例如民生应用、添益宝、天翼贷、交费助手、政企行业应用、爱心捐助等。

(1)民生应用

民生应用可分为线上和线下。线上民生应用是指通过翼支付进行生活服务类产品的购买,例如水电费缴纳、手机充值、游戏充值、信用卡还款、各类门票车票的购买等;线下民生应用是指通过手机 UIM 卡介质账户、POS 机、二维码等方式购买各类线下生活服务类产品,例如加油卡、一卡通充值、线下门店消费等。

(2)添益宝

添益宝是一款理财产品,由翼支付与多家银行合作推出的一款余额增值类服务。翼支付的用户可以通过开通添益宝应用进行账户余额自动理财,是一款很简单方便的理财产品。用户可以将资金存入翼支付账户,账户中的资金余额通过理财可以为用户带来额外收益。通过添益宝进行理财很灵活,也无须缴纳手续费。

(3)天翼贷

天翼贷是一款贷款应用,它为通信产业链上下游中小企业提供融资解决方案,可以帮助这些企业解决资金短缺的问题。符合规定的企业可以通过该应用获取资金贷款,解决当前问题从而推进企业发展。翼支付现在也在全国范围内宣传推广这项业务。

(4)交费易

交费易是面向商家的一款应用,使用交费易的商家可以通过PC 终端或是智能手机终端向客户提供生活公共资源缴费、交通罚款缴纳、话费充值、流量充值等一站式便民服务。商家通过交费易赚取交易佣金,在获取利益的同时,还可以吸引客户加入。

(5)交费助手

用户使用消费助手可以实现通信费自动代缴,该应用将用户的通信账户与翼支付账户绑定,从而进行缴费。电信营业厅、网厅、翼支付客户端和门户网站都可以进行缴费。

（6）翼支付 POS

已开通了翼支付支付账户的手机用户可以通过翼支付 POS 应用得到线下消费服务。翼支付 POS 是指用户通过在 POS 上输入手机号和密码，或是直接用 POS 刷手机的方式进行消费支付。这项服务可以为人们的日常生活提供很多便利，用户可以在超市、品牌商店、餐饮门店、电影院等场所使用翼支付 POS 进行消费。

（7）爱心捐助

翼支付与壹基金合作建立了爱心捐助应用，翼支付用户可以通过爱心捐助向捐助项目进行捐赠，可以让人们在生活中就参与到社会公益中去。自爱心捐助应用投入使用，已经发起过多个公益捐助项目，包括四川雅安地震募捐、甘肃玉树地震募捐、云南鲁甸地震募捐等。

第三节　我国互联网支付存在的问题与风险控制

在我国，互联网支付已经得到大范围的推广和普及，使用互联网支付的方式进行消费已经成为人们的消费习惯。但网络支付处于高速发展阶段，相关的法律法规和政策规定还不完备，这也导致了没有系统的监管体系对该行业进行监管。

一、互联网支付存在的问题

（一）安全问题

网络支付虽然方便快捷，但是隐私泄露事件时有发生。2012年 7 月，京东、雅虎等多个网站的用户信息被泄露，泄露人数超过 800 万；2013 年，中国人寿保险 80 万页的客户资料遭到泄露。随着网络技术发展,个人信息开始转移到互联网上,如果不进行科学合理的网络信息管理,信息泄露的事件还会继续发生。

网络支付虽然为人们带来了更为便捷的支付体验,但相较传统支付方式,网络支付存在着天生的安全漏洞。一些第三方支付平台只需要用户提供证件信息、银行卡号以及设置支付密码,便可成功注册并开始使用,但对于用户的信息核实却没有加以重视,这就造成了一些安全隐患。随着网络支付的发展,一些诈骗、洗钱的恶性行为时有发生,而关于这些方面法律法规难以贯彻执行。一些第三方支付平台在进行大额资金转账时也不需要使用实物类安全工具,只需要输入动态校验码就可进行转账,还有一些第三方支付平台只需输入账户支付密码就可以进行大额资金转账。正因为对资金转账管理的松懈,近年来盗取用户账户进行大额转账的事件时有发生,是我国网络支付面临的一个重要问题。

(二)安全与便捷的矛盾

现在人们对支付的要求比以前提高了很多,在要求安全性的同时还要求支付便利,这就为现在的支付机构带来了不小的挑战。因为保证安全性要牺牲一定的便捷性,保证便捷性就要牺牲一定的安全性,而如何寻求二者之间的平衡点便是支付机构的发展方向。将银行与非金融支付机构进行对比,就会发现二者在设计产品时的着重点不同。银行设计产品的首要重点是安全性,通过银行进行支付安全性可以得到更高的保证,但是便捷性就不如非金融机构的支付产品。非金融支付机构在设计产品时首先注重便捷性,所以它们的产品在一定程度上安全性不够高。为了更好地发展网络支付产业,必须解决安全和便捷的平衡问题,提高便捷性的同时进行科学合理的网络支付风险管理,让用户在相对安全的环境中进行便捷支付。

(三)支付的监管要求

网络支付的兴起不仅对支付机构提出了要求,同时也为支付监管部门带来了挑战。为了更好地对网络支付市场进行及时有效的监管，就必须要对目前的监管模式和方式进行改革，以适应现行市场规则。监管部门应该切实保护消费者权益，保护市场健康发展。

随着网络支付的不断发展，网络支付机构不断推出新产品，而监管部门对市场的监管却具有滞后性。监管部门应该顺应市场发展鼓励企业创新，但同时要进行风险防范与管理，规范市场规则，促进网络支付产业在健康的环境中成长。目前，监管部门还没有建立完整的多层次的监管体系，这就使网络支付行业中存在很多漏洞，客户权益也得不到保证。所以在网络支付行业不断进行改革创新的同时，相关监管部门也要跟上节奏的建立和完善监督管理体系。

二、我国互联网支付监管

（一）互联网支付的监管与准入标准

随着互联网技术的发展，互联网支付已经成为主流的支付方式。而互联网支付是在开放性很强的网络环境中进行的，这就导致了一些安全隐患的存在。尤其是越来越多的第三方支付平台进入互联网支付市场，使互联网交易市场出现了一定的混乱现象，也出现了一些非法套现、资金诈骗、洗钱等非法行为。为了科学有效地管理互联网交易市场，相关部门应该制定法律法规对市场进行规范，促进互联网支付市场健康稳定发展。

1. 监管法规

为了对互联网支付进行监管，相关部门针对第三方支付业务陆续出台了一些法规文件（如表2-3所示），这些法规的贯彻执行推进了第三方支付平台的健康发展。

表 2-3 第三方支付的有关法规

时间	法规名称	制定部门
2004 年 8 月	《中华人民共和国电子签名法》(2015 年 4 月 24 日第十二届全国人民代表大会常务委员会第十四次会议修正)	全国人民代表大会常务委员会
2005 年 10 月	《电子支付指引(第一号)》	中国人民银行
2009 年 4 月	《关于加强银行卡安全管理预防和打击银行卡犯罪的通知》	中国人民银行、银监会、公安部和工商总局联合发布
2009 年 4 月	对从事支付清算业务的非金融机构进行登记(2009 年第 7 号公告)	中国人民银行
2010 年 6 月	《非金融机构支付服务管理办法》(2010 年第 2 号令)	中国人民银行
2010 年 12 月	《非金融机构支付服务管理办法实施细则》	中国人民银行
2011 年 5 月	《关于规范商业预付卡管理意见的通知》	国务院转发中国人民银行等 7 部委
2012 年 2 月	《保险公司财会工作规范》	保监会
2012 年 9 月	《支付机构预付卡业务管理办法》(2012 年第 12 号公告)	中国人民银行
2013 年 1 月	《国家发展改革委关于优化和调整银行卡刷卡手续费的通知》(发改[2013]66 号)	国家发改委
2013 年 2 月	《关于开展第三方支付机构跨境电子商务外汇支付业务试点的通知》(汇综发[2013]5 号)	国家外汇管理局
2013 年 6 月	《支付机构客户备付金存管办法》(2013 年第 6 号公告)	中国人民银行
2013 年 6 月	支持支付宝余额宝创新,但同时要求履行《证券投资基金销售管理办法》和《证券投资紧急销售结算资金管理暂行规定》	证监会
2013 年 7 月	《银行卡收单业务管理办法》(2013 年第 9 号公告)	中国人民银行

续表

时间	法规名称	制定部门
2014 年 4 月	《中国银监会中国人民银行关于加强商业银行与第三方支付机构合作业务管理的通知》（银监发［2014］10 号）	银监会、中国人民银行
2015 年 7 月	《关于促进互联网金融健康发展的指导意见》	中国人民银行等 10 个部门
2015 年 10 月	《金融电子认证规范》	中国人民银行
2015 年 12 月	《非银行支付机构网络支付业务管理办法》（2015 年第 43 号公告）	中国人民银行

2. 监管机构

根据《关于促进互联网金融健康发展的指导意见》规定,互联网支付业务由中国人民银行负责监管。此外,2011 年 5 月中国支付清算协会成立,凡经中国银监会批准设立的、具有独立法人资格的银行业金融机构及财务公司、经中国人民银行等相关监管部门批准设立的支付清算机构、取得中国人民银行颁发的《支付业务许可证》的非金融机构以及符合协会要求的其他法人机构,均可申请加入该组织成为会员单位。通过相关部门和机构的努力,我国第三方互联网支付初步形成了一套系统的监督管理体系,其中包括政府监管、第三方支付行业自律以及内部控制三个方面。

3. 准入标准

根据中国人民银行出台的《非金融机构支付服务管理办法》(2010 年第 2 号令)的相关规定,非金融机构想要提供支付服务,必须按照相关法律规定提交申请,获取批准后获得支付业务许可证,成为合法的支付机构。

对于不同的支付业务范围,也有不同的资金规定。申请业务许可证的支付机构需要在全国范围内提供支付服务的,其注册资本最低限额为 1 亿元人民币;需要在省(自治区、直辖市)范围内提供支付服务的,其注册资本最低限额为 3 千万元人民币。其中,注册资本最低限额是指实缴货币资本。

申请业务许可证的支付机构应该符合以下条件:第一,申请机构应该是合法的有限责任公司或股份有限公司;第二,截至申请日,申请机构连续为金融机构提供信息处理支持服务或为电子商务活动提供信息处理支持服务 2 年以上;第三,截至申请日,申请机构连续盈利 2 年以上;第四,申请机构最近 3 年内没有因为利用支付业务实施违法犯罪活动,也没有因为违法犯罪活动办理支付业务等受过处罚。

(二)对我国非金融支付机构监管建议

1. 制定相应的监管政策

对第三方支付进行合理监管的前提是对监管进行明确定位,保证制定推行的相关法律法规与政策能够贯彻执行。根据《支付清算组织管理办法》的规定,第三方支付结算业务属于支付清算组织提供的非银行类金融业务。按照相关法律规定就可以看出,由中国人民银行、工商行政管理部门、信息产业管理部门及税务机关等部门和机构对第三方支付机构进行监管。

同时,监管部门还应该结合本国国情,顺应市场规律进行市场监督和管理。了解和分析现在的市场情况,根据分析结果制定相关的管理措施。

2. 对经营范围和资金的监管

随着第三方支付平台的不断发展,在第三方平台账户中存在大量的沉淀资金,一些平台便开始推出金融理财类产品,随即也带来了一定经营风险。

第一,第三方支付平台账户内的沉淀资金,在交易完成之前仍旧属于消费者,资金归属的明确是进行经营管理的第一步骤。

第二,第三方平台为了提高账户资金安全保障,可以建立客户结算资金的保证金制度。这是指第三方支付机构按照相关制度的规定向监管机构缴纳保证金或保险,并由监管机构定期对第三方支付机构进行规模、管理和运行等方面情况的综合评估。

第三,目前有很多虚假交易和洗钱行为通过第三方支付平台进行,这正是因为第三方平台对用户身份识别的不重视,以及没有明确这方面的监督责任。所以,第三方交易平台应该进一步认识到自己对平台资金流动的监管职责,并应该实行大额交易汇报制度,同时应该进行更为严密的用户身份识别系统,进一步保证账户安全。

三、我国互联网支付风险控制

(一)强化安全技术研发

第一,支付平台应该提高服务器的安全防范水平,加大投入研发支付安全技术,保证交易信息的完整性、保密性以及可审查性。支付平台应该加强对数据和信息的管理,保证其安全性,避免被不法分子利用而损害消费者权益。同时应该升级软件及硬件设施,加强对专业技术人员的培养。

第二,加强安全意识,不仅支付平台需要加强安全管理,支付平台用户也应该加强安全防范意识。发布科学合理的使用守则,从安全意识上防范支付风险。

(二)加强企业内部建设

第一,第三方支付平台应该建立科学的客户备付金制度,并建立客户资金保障体系和保险制度,以保证客户资金的安全,同时应该按照支付机构的规模、管理和运营等多方面条件,制定沉淀资金支取准备金的提取比例。

第二,随着交易规模的不断扩大,支付平台上有大量的沉淀资金,对这些资金的安全管理极为重要。为了保证客户沉淀资金的安全,相关部门可以对支付机构使用沉淀资金进行严格地限制和管理,规定使用范围和使用上限,并建立完备的沉淀资金管理制度。

(三)加强互联网支付立法建设

网络支付业务的迅速发展,导致了许多新的问题与矛盾,也使得立法相对滞后,另一方面,网络支付涉及的范围相当广泛,也给立法工作带来了一定的难度。为了更好地进行互联网支付风险控制,不仅要在技术和监管方面采取相应的措施,同时还要加强立法建设。针对目前互联网支付活动中出现的问题,应建立相关的法律,以规范网络支付参与者的行为。对互联网支付的操作、资金划拨等方面进行法律规范,并应该制定相关法律案件的惩治办法。对电子商务的安全保密也必须有法律保障,对电脑犯罪、电脑泄密、窃取商业和金融机密等也都要有相应的法律制裁,以逐步形成有法律许可、法律保障和法律约束的网络支付环境。

(四)互联网支付风险管理的其他方面

技术安全措施是进行互联网支付风险控制中重要的一部分,但是仅靠技术措施还不够,应该更加系统地进行风险控制,将各种措施和手段进行有机结合,这样才能形成较为完备的互联网支付风险控制网络。

第一,管理外部资源。目前网络支付的一个趋势是,越来越多的外部技术厂商参与到银行的电子化业务中来,可能是一次性的提供机器设备,也可能是长期的提供技术支持。外部厂商的参与使银行能够减少成本、提高技术水平,但这加重了银行所承担的风险。为此,银行应该采用有关措施,对外部资源进行有效的管理。比如,要求有权对外部厂商的运作和财务状况进行检查和监控,通过合同明确双方的权利和义务,包括出现技术故障或消费者不满意的时候,技术厂商应该承担的责任。同时,还要考虑并准备一旦某一技术厂商出现问题时的其他可替代资源。作为监管机构,也需要保持对与银行有联系的技术厂商的监管。

　　第二,建立应急计划。网络支付给客户带来了便利,但可能会在瞬间出现故障,让银行和客户无所适从。因此,建立相应的应急计划和容错系统显得非常重要。应急计划包括一系列措施和安排。比如,资料的恢复措施、替代的业务处理设备、负责应急措施的人员安排、支援客户的措施等。这些应急的设施必须定期加以检测,保证一旦出现故障之后,确实能够运作。

第三章　互联网融资:P2P 与众筹

　　互联网的发展改变了人们的生活,很多传统经济模式下不可想象的事情在当今这个时代都可能成为现实。长久以来,企业融资难是许多国家均面临的难题,而企业竞争的一个关键点就在于融资的速度和规模,其对企业的生死存亡能够产生重大影响。在实际的经济活动中,资金作为一种特殊的服务性商品,在出租或者委托经营时常常可能变成"呆账""坏账"而难以要回或得不到补偿,这就使风险大、信用能力低的融资主体难以通过这一渠道化险为夷。互联网金融的发展为企业融资开启了一扇新的大门,资金供需双方无须中介机构担保,而是直接通过网络进行融资。

第一节　互联网融资的含义与特色

一、互联网融资的含义

　　互联网金融平台在互联网金融浪潮中的表现可谓"八仙过海,各显神通",大量企业纷纷涌现。面对各式各样的理财、投资产品汹涌而来,再果断的消费者也会产生"选择障碍"。有需求的地方就会有供给,精明的商家纷纷推出专门的平台网站和手机应用,提供金融产品的资讯、比价及购买等服务,以求在互联网金融觅得一个"利基"市场。

　　虽然都借助了互联网及移动互联的东风,但这类平台和应用在设计上还是努力体现对用户的差异化价值。例如以存折网、点财网为代表的产品信息搜索和比价平台，重在产品信息全面、搜索比价快捷清晰，其中点财网还附带理财咨询等个性化服务；以铜板街、盈盈理财为代表的理财移动应用，本质上是对接一款或多款基金产品，方便用户在移动终端完成查询和购买；以钱先生为代表的理财产品投资网站，充分利用了团购模式，集合小额资金购买理财产品；以趣保网为代表的比价搜索平台，则针对消费者的某个特定金融需求（如保险需求），来筛选与罗列符合要求的产品信息。

此外，以和讯网、东方财富网为代表的财经资讯网站，也开始"染指"互联网金融市场，借助自身海量的财经资讯，依托特有的客户群体，提供投资理财工具的比较和各类金融交易服务平台。例如，和讯网推出了模拟炒股操作平台"策略海"，借鉴国外跟随交易的模式，通过对用户的平台交易数据进行分析，挖掘出最具价值的交易策略，甄选出最优策略师，并向用户推介，用户可支付一定价格查看策略师的交易记录或购买策略组合，进行互动分享。类似的平台还包括理财/保险购买平台"理财客""放心保"，期货策略平台"北斗星"，炒股服务"指标云"，以及新型网络招商平台"网上投洽会"等。这些平台的共通之处在于，利用和讯网的中高端客户源，通过科学的数据挖掘体系，甄别出优秀的价值策略，并通过用户互动分享，搭建一个强大的信息交流平台，从而打造在线金融交易服务一站式平台。

然而，无论这些平台或者企业有多么的花样百出，其主要业务模式归根结底还是提供融资服务。基于互联网融资的商业模式可细分为 P2P 网贷和众筹，这两者最具有互联网属性，也是我国目前典型的互联网金融模式。

P2P 原指个人通过第三方平台在收取一定费用的前提下向其他个人提供小额借贷的金融模式。而广义的金融资产撮合交易平台的定义包括 P2P（个人）、P2B（企业）、F2F（金融机构）等多种形式，除了在投资资金端面向的客户类型不同，在融资端的金融资产也有显著差异。

狭义 P2P:个人对个人的小额借贷(50 万元以下),企业主以个人名义的融资,如果额度较小,也算狭义 P2P。广义 P2P:目前国内 P2P 行业的发展已经超出原有的个人对个人的定义,企业作为融资方的 P2B 也包含在 P2P 的概念内(图 3-1)。

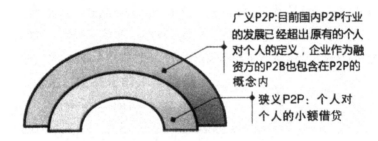

广义P2P:目前国内P2P行业的发展已经超出原有的个人对个人的定义,企业作为融资方的P2B也包含在P2P的概念内

狭义P2P:个人对个人的小额借贷

图 3-1　广义 P2P 和狭义 P2P 定义

简言之,P2P 是指点对点信贷,是一种个人对个人的直接信贷模式。通过 P2P 网络融资平台,借款人直接发布借款信息,出借人了解对方的身份信息、信用信息后,可以直接与借款人签署借贷合同,提供小额贷款,并能及时获知借款人的还款进度,获得投资回报。一方面,由于我国网络金融的监管体系还不够健全,缺乏相关的行业准则和监管机构;另一方面,由于 P2P 网贷平台能最大限度地满足客户的贷款需求,但未设置准入门槛,国内现在仍未形成具有权威性的对 P2P 的界定,其运营模式也有待完善。

众筹融资一般涉及发起人、支持者、平台三方。众筹的项目五花八门,涉及影视、音乐、出版、游戏等各个行业。这是信息技术和人类智慧高度发展的产物,是一种不同于传统融资方式的新类型。融资方以互联网为平台,通过发布自己的企业信息、具体项目或者创意来募集资金,实现众筹。互联网用户则根据融资方发布的信息和自己的判断来决定是否出资,资金金额相对较小,一旦出资,其就可以以少量的资金成为企业的股东或者享受某种优惠。众筹融资在当今互联网时代发展潜力巨大,对于创业者或者创意的提出者来说,他们付出的资金成本很低,众筹融资能够为其提供资金支持，促进其创新创业。一方面，众筹融资的过程也是对企业或者产品进行宣传造势的过程，有利于发展潜在客户，为后续发展打下良好的基础；另一方面，众筹融资能够帮助有需求的融资方将好的创意变成现实，促进创新创业以及社会的发展。

不管是 P2P 还是众筹，人们都是为了获得一定的收益才会将钱投入到这样的平台上去，说到底，互联网金融的融资模式也是一种互联网理财模式。然而，P2P 和众筹对我们的影响除了理财方式的变化，还有可能是生活方式的变化。

在我国，最早的 P2P 网贷平台成立于 2007 年。与传统借贷模式相比，依托于互联网的 P2P 具有高效、便捷、成本低等优势，这使得其迅速得到用户的信赖，实现了大发展和大繁荣。精明睿智的商家及时把握时代的脉搏，瞄准商机，仅 2007 年网络借贷平台就达到上百家。2011 年，我国的网络借贷平台迎来了发展的春天，一大批网贷平台踊跃上线；2012 年，网络借贷平台更如雨后春笋般纷纷成立，在此势头之下网络借贷平台呈井喷之势，数量高达 2000 家，其中比较活跃的就有几百家。整个网络借贷行业一片欣欣向荣之景，形势大好。根据相关的调查统计，2012 年，国内网络借贷平台的全年交易额就已经超过百亿元。直至 2016 年，全行业成交量突破 2.8 万亿元，P2P 毫无疑问成了互联网金融领域一块最重要的版图。尽管网络借贷平台蓬勃发展，但由于平台数量急剧增长所带来的资金供需失衡等问题也逐渐显现。

就在 P2P 平台被人们玩得热火朝天的时候，另一种民间借贷形式——众筹，也以迅雷不及掩耳之势进入人们的视野。所谓众筹，其实就是向大众筹资或者群众筹资的意思。虽然和 P2P 一样都是属于民间借贷，但是众筹让人们感觉更为新奇。向大家筹钱去干一件事，这是众筹的中心思想，它有点像我们平时的"凑份子"，但是干事的人并不是凑份子的人。自从众筹出现以来，众筹拍电影、众筹上大学、众筹旅游等经典案例让人们惊叹不已。以乐视利用众筹方式邀请明星为例，2014 年知名视频网站乐视推出

"我签C罗你做主"项目,规定在一定时期内,以每人投资1元的方式集齐1万元,项目即宣告成立,乐视网就会邀请C罗作为世界杯代言人,支持者也会免费成为乐视网的会员。

根据央行在2014年5月发布的一份金融稳定报告显示,2013年末,全国范围内活跃的P2P网贷平台已超过350家,累计交易额超过600亿元,2014年,P2P贷款余额超过1000亿元(图3-2)。而众筹虽然暂时难以达到如此规模,但其发展前景较为乐观,潜力巨大。《发展中国家众筹发展潜力报告》以具有说服力的数字向人们直观地展现了当前众筹模式发展的现状。从全球来看,众筹模式已经遍及45个国家,总金额达到数十亿美元。预计到2025年,总金额将达到960亿美元,中国依然会为众筹模式做出突出贡献。

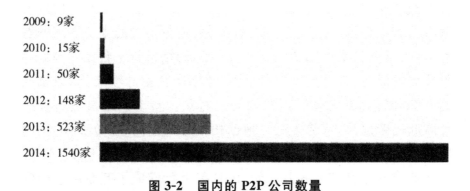

2009:9家
2010:15家
2011:50家
2012:148家
2013:523家
2014:1540家

图3-2 国内的P2P公司数量

为何P2P和众筹能有如此的发展速度和潜力?这得益于两个方面:一是民间借贷市场的巨大需求;二是P2P和众筹相对传统银行的优势。

市场是一切企业的根本,P2P和众筹也不例外,其主要市场就是民间借贷市场。在我国,民间借贷市场是非常庞大的。

融资平台型的互联网金融企业在市场中充当金融中介的作用。该类互联网金融创新产生的原因是我国传统银行服务低收入群体和小微企业在成本与收益上不匹配、服务不完善,不能很好地满足中小企业和个人的融资需求。我国传统银行专注于大型企业借贷,长期忽略小微企业和个人的融资需求,其主要原因是小微企业和个人还款能力的不确定性。即使拿到银行借款申请核准,也会因为流程烦琐复杂而错过最好机会。

作为中小企业和个人小额融资的新渠道,P2P 和众筹的优势十分明显。年轻创业者和中小企业因为一些原因很难向银行迅速借贷,而互利网这样的互联网借贷模式比起典当行业利率要低,但成交速度非常快,一天之内就可以放款,小额短期借贷优势十分明显。同时,P2P 和众筹的借贷模式刚好可以规避非法集资的风险,会员可通过担保公司,双方直接点对点资金来往,而 P2P 公司只收取一点佣金,保管抵押物,规避了民间借贷之间容易发生的非法集资等一系列纠纷,便捷、简单、快速,成本较低。而以往的民间借贷很容易让人联想到成本高昂和暴力催收问题。

P2P 和众筹的发展将在一定程度上替代民间高利贷,也会对现有银行的信贷业务产生一定冲击。但是随着互联网借贷的快速发展,这种模式也可以补足目前国内借贷体系的欠缺。

二、互联网融资的特色

互联网金融的融资模式既不同于常规意义上的银行信贷,又区别于传统的民间借贷,与这二者相比,这种新兴的贷款模式具有其内在特色。

(一)创新小额投融资模式

第一,互联网融资不需要抵押担保。所有的操作都是以网络为平台,融资方只需要轻轻点击鼠标和键盘,在网站上注册并发布相关信息即可。填写的基本信息包括数额、用途、期限以及利息等。互联网用户若是浏览到这一信息并且有意愿进行投资,就可以为融资方提供贷款。第二,互联网融资的门槛低。融资方不需要有一定的经济实力做保障,只要有融资意愿并且得到投资者的认可便可顺利实现融资。在这一过程中,信用成为彼此产生关联的桥梁,每个人都能够很轻松地做出决定和采取行为,实现社会闲散资金的更好配置。第三,网络融资模式的发展为小额信贷开拓了广阔的空间。互联网的发展使得经济领域中的产业边界日益模糊,互联网金融更是对传统金融造成了极大的冲击,融资范围和人群数量日益扩大。互联网金融中,借贷双方可以在短时间内实现资金对接,效率极高,且贷款金额没有限制,很有可能促使传统信贷行业发生革命性变革。互联网金融的发展为小额信贷的发展创造了良好的条件,提供了坚实的资金土壤和广阔的参与空间。

(二)弥补传统银行信贷真空

中小企业融资难的问题在发展中国家普遍存在,我国也不例外,农户、个体户和小微企业等均陷于这一困境。虽然国家从全局性角度出发采取了一系列措施并且略有成效,但从根本上来看,民间融资难的问题依然存在,尚未得到大的突破。这主要表现在以下两个方面:(1)银行信贷仍是融资的主渠道,直接融资的难度较大;(2)银行信贷的主要目标客户群集中在经济实力较为雄厚的企业,小微企业和个人等难以进行融资。传统的银行贷款不能为有融资需求的农户、个体户、小微企业等切实提供贷款,满足他们的发展要求,而互联网金融则弥补了这一弊端,最大限度地满足了人们的融资需要,成为有效解决民间融资难问题的有效途径。

(三)疏导民间资金合理配置

作为融资新方式的互联网金融不仅有效弥补了传统银行的弊端,还为民间资本开拓了投资的新渠道,在将中高收入人群的闲余资金合理地引向中低收入人群的过程中,起到合理配置社会闲散资金的重要作用。投资人以网络招标的形式将钱借给自己信得过的借款人,既帮助了借款人,也使自身获得一定收益。根据调查研究可以发现,传统的投资方式受环境的影响较大,而以

P2P 为代表的网贷受环境的影响则相对较小。此外,在经济学领域常常会出现这样一个现象,越是在经济下滑和萎靡时期,对资金的需求越是旺盛。这就为互联网金融的发展提供了又一契机。长期以来的实践证明,发展完善的网络借贷平台具有风险低、效率高、流动性强等优势,因此获得越来越多的投资者的青睐。

(四)引领金融领域的创新

互联网金融的快速发展一方面颇为有效地解决了信息不对称的问题。网络借贷呈现出低门槛的特征,即对借款人不作过多要求,借贷双方的行为都建立在信用的基础上。在对借款人的信息有了一定了解之后,出借人可以对自己感兴趣的借款人或者企业进行资信评估,从而做出自己的判断和选择。一般情况下,信用级别越高,其得到贷款的概率就越高,贷款利率也更优惠。在双方都有合作意愿的前提下签署借贷合同,对双方的身份信息、信用信息、还款进度等内容做进一步的了解。另一方面分散了出借人的风险。网络借贷常常表现为募集范围大、投资人群多、个人出资少的特点,借款人会接受多个投资人的帮助,投资人也会将资金用于资助多个借款人,贷款额度小,从而最大限度地分散了风险。此外,随着信息技术的迅速发展,以网络为平台的信贷业务突破了传统模式下一定时间、空间和业务范围的限制,将网上银行业务功能从单纯的支付结算扩展到现实的融资服务。这一变化极有可能引领金融领域的创新,实现革命性变革,推动整个社会经济的大发展。

(五)拓展公益扶贫新途径

目前我国小微企业、个体户等的融资仍然十分困难,作为经济发展中的弱势群体,自身状况难以通过融资方式得以改善,内生动力不足,外在渠道闭塞。互联网金融信贷有力弥补了这一不足,为小微企业、个体户等带来福音。其通过将网络平台上有闲散资金和投资意愿的贷款人与有资金需求且信用良好的借款人实现对接,从而起到扶贫助弱的重要作用。同时,由于网络借贷门槛低、借贷规模小、效率高等特点,更多有紧急需求的借款人可以顺利筹得资金以解燃眉之急。贷款人通过少量资金既能对他人有所帮助,也可使自己在一定程度上获得精神和物质方面的双重效益,可谓一举多得,这也将吸引越来越多的人参与到网络借贷中来。

第二节 网络 P2P 与众筹的模式分析

一、P2P 网贷的模式分析

(一)纯平台模式和债权转让模式

1. 纯平台模式

纯平台模式就是传统的 P2P 模式。这种模式之下,借贷双方直接发生债权债务关系,网贷平台只扮演桥梁角色,实现借贷双方的对接,促成其信息流通交互、信息价值认定等,不直接参与借贷行为。纯平台模式的 P2P 网贷只依靠向借贷双方收取少量的手续费来维持运营。由于我国的网络监察体系尚未完善,人民的素质有待提高,以公民信用为基础的传统 P2P 模式难以对投资者的利益形成有力保护,一旦发生不守信的情况投资者可能血本无归。

2. 债权转让模式

债权转让模式是指网贷平台变被动等待各自信息匹配为主动批量化开展业务,以更好地实现借款者的借款需求和贷款者的投资理财意愿。据调查统计可知,2012 年以后成立的网贷平台都属于债券转让模式。由于信用链条的拉长以及专业放贷人的参与,这一模式也受到较多质疑,被诸多传统的 P2P 机构排除在 P2P 范围之外。

(二)纯线上模式、线上线下结合模式和纯线下模式

1. 纯线上模式

纯线上模式,亦称作全线上模式。顾名思义,即贷款人和借款人都来自线上,依托于网络平台采取行动。在这一过程中,先由借款人在网上发布信息并提供一定的资信证明,接着网贷平台对借款人的信息进行审核和初步把关,认为合格后发布借款消息,最后由线上贷款者对这些信息进行筛选,决定是否出资。此种模式下,网贷平台好似一位"红娘",只负责牵线搭桥,并不对投资双方的最终行为负责。纯线上模式意味着借贷信息的发布和获取、信用风险控制、交易放款等一系列流程都是在互联网上完成,不涉及线下。实行纯线上模式的代表是拍拍贷(图 3-3)。

图 3-3 拍拍贷平台运作流程

2. 线上线下结合模式

线上线下结合模式,是指以线上为主、线下为辅,线上线下相互结合。由于最正宗的 P2P 无抵押、无担保,是纯粹的个人信用贷款,在缺乏信用体系的国内并不适用,所以很多平台采用线上加线下的模式发展。该模式特色为互联网上获取资金,线下用传统方式获取和审批项目;平台提供担保;P2P 平台线上销售贷款;通过"高收益＋本金保障"计划吸引线上投资者。这是国内互联网信贷最主流的方式,估计在行业占比 60％以上。实行该模式的典型平台有人人贷等(图 3-4)。

图 3-4　人人贷平台运作流程

在人人贷模式里,除了撮合具体的散标,平台还推出了强制分散投资的高级投标工具——优选计划,可以获得 13％左右的年化收益,并且每个月收到等额本息还款后还可以进行系统再投资。人人贷控制违约风险的逻辑在于,根据大数定律逐步将客户风险进行分散,再在单一借款人风险上进行一定控制,最终使得总体风险可控。

3. 纯线下模式

纯线下模式,是指借助网站的宣传,着力线下展开业务。此类模式的代表是宜信。宜信是具有中国特色的线下模式,其将自己的P2P理财模式总结为"固定收益类理财解决方案"。其网站宣称,宜信宝系列预期年化收益在10%以上。宜信在全国开设了一批网点,实际上做的是没有执照的银行理财和信贷业务,宜信将获得的债权进行拆分组合,打包成类固定收益的产品,然后通过销售队伍将其销售给投资理财客户,它既可以提供高于银行收益的理财产品吸引投资者,又可以进行实际的放贷业务,这种模式实际上就是一个"资金池"。

(三)无担保模式和有担保模式

平台如何服务才能吸引客户,提升用户黏度,对于P2P网贷平台来说,把握好投资者的资金安全是重中之重。目前,大部分平台都通过信审系统、风控体系以及担保体系等多重保障确保资金的安全。按照P2P网贷平台是否提供担保,可以分为无担保模式和有担保模式。

1. 无担保模式

无担保模式,是指网贷平台不提供任何形式的本金保障承诺。这种模式以拍拍贷为代表。拍拍贷从诞生起一直坚持做平台模式,算是最纯粹的P2P模式,这种模式下,平台不参与担保,纯粹进行信息匹配,帮助资金借贷双方更好地进行资金匹配。

这种模式体现了直接融资的概念,是金融脱媒的一种表现形式。改变了资金原先都通过银行等中介媒体汇集再给予资金需求方的模式,应该算是一种创新的金融模式。类似拍拍贷这种坚持做平台模式的P2P,大概全国仅此一家,在大量带担保的P2P的围剿下,生存难度日益加大。

2. 有担保模式

有担保模式,是指网贷平台引入担保机制,保证出借人得到本金偿还。担保模式是为了满足市场用户需求而引入的,可以说是具有中国经济社会特色的本土网贷模式创新。提供本金甚至利用利息担保的 P2P 模式,现已成为 P2P 网贷的主流模式。其主要目的是为了避免企业自身的经营风险和道德风险。这种本金担保的 P2P 模式,使得网贷成为以网贷平台作为中介的间接融资,目前主要是通过第三方担保和网贷平台自己担保两种方式对投资者的本金提供保障。

在此种模式下,P2P 网贷平台无形中成为一个担保机构,贷款人在对借款人的信息进行判断时从更多地依赖于自己转变为依赖网贷平台,对网贷平台的信任度和依赖度大幅度提升。P2P 机构在整个借贷过程中起到更加重要的作用,不仅仅是交易的信息中介、资金中介,还在负责寻找客户的基础上筛选客户、提供担保、匹配资金,成为风险的聚焦点。从这方面而言,互联网金融机构履行了传统金融机构的职责,使人们对于网贷更加放心。

从 P2P 的现实操作来看,当前大量的 P2P 模式之中,互联网其实在当中扮演的只是一个吸储的角色,是资金流量入口的概念,而在信贷交易的核心领域——信用风险的控制领域,P2P 机构采取的又是与传统金融机构几乎是一致的模式,即采取线下审核的模式,并未体现出互联网的优越性。

(四)第三方担保模式

第三方担保模式是通过担保机构对投资者的本金和收益提供全额担保或部分担保的模式。P2P 网贷平台引入第三方担保模式,这种模式更大程度地保证了投资人的资金安全,吸引了更多有投资 P2P 平台意向的客户。而对于 P2P 平台,引入第三方担保公司,虽然收益有所减少,但同时也降低了一定的风险。

（五）平台自己担保模式

一些 P2P 平台通过自建风险保证金的模式来防范企业发展中存在的风险。在运营过程中,风险保证金的建立一般是通过从服务费中提取一部分资金,以保障投资者的本金安全,当出现坏账时,用风险保证金来偿付给投资人。这种方式能够保障投资者的本金安全,降低投资者风险,同时也加大了 P2P 网贷平台的盈利难度。

二、众筹的模式分析

（一）众筹参与方进行众筹的动机分析

1. 项目发起人

众筹项目发起人出于不同的动机可以采用不同的众筹方式以达到不同的目的及获取各种利益。从筹集资金的角度,众筹项目发起人的动机包括降低项目资金筹集成本,利用网络和信息扩散吸引更多的投资者,同时带来更多的监督和风险管理。从开发和推广产品的角度,通过众筹,项目发起人可以缩减新产品开发的时间周期、吸引用户关注并增加和潜在用户的沟通以便完善新产品,可以帮助企业预测产品投放市场的潜力,还可以在产品正式进入市场之前获得有关产品的诸如价格信息、需求信息、设计改进信息、潜在买者的数量或特征、与客户的互动等反馈信息,以便更好地定位、评估市场,进而改进产品后投入市场,也可以通过众筹获取第一批客户资源,这也是在互联网时代所谓"粉丝经济"的重要支撑。从公益和梦想的角度,众筹可以获得更多的关注,为项目完成带来更多机会。总体而言,众筹可以通过更大范围、更多的个体,利用集体智慧,增加项目的效率,达到 $1+1>2$ 的效果。

2. 项目支持者

众筹项目支持者的支持是众筹活动完成的关键,因此,对其动机的分析也成为众筹参与方动机分析的重点和核心。有效的项目支持者动机分析可以帮助众筹项目的合理设置,并促使项目的成功,进而推动众筹行业的发展。现有的项目支持者动机分析主要以定性分析为主,辨析了不同的动机类别,但缺少定量分析不同动机的权重及相关性,难以形成有效的实践意义。当然,关于项目支持者的动机分析本身就是一个非常复杂的涉及多学科的问题。Kleemann et al.(2008)将大众参与项目的动机分为内在动机和外在动机两个方面:内在动机是指通过参与某种项目获得愉悦感和趣味性;外在动机是指外部回报,包括金钱、物品、职业发展、学习、认可或仅仅是对目前产品的不满意。Larralde & Schwienbacher(2012)认为不同众筹项目类型中的投资者的动机是有所区别的。赵咏雪(2013)从经济价值(财务价值、确定性及不确定性报酬)、功能价值(个人效应)、社会价值(自我表达、团体成员)、认知价值(新鲜感、好奇感、认知探索)、情感价值(愉悦感、参与感、支持力)等角度分析了项目支持者进行投资的价值驱动动机。总体而言,众筹支持者的动机可以分为社会动因、经济动因,或两者兼有。经济动因主要是支持者希望通过众筹获得产品等实物回报,以及现金、利息、股息、证券、分红等金融回报或者服务等经济上的回报,这种动机往往出现在预售式众筹、借贷制众筹和股权式众筹中。社会动因主要是支持者希望通过投资获得认知价值得以实现的期待感,企业发展后的成就感,相同投资人之间交流的社交情感和归属感,利他主义的精神满足感等,这种动机往往以公益性众筹和预售式众筹为主。

3. 众筹平台

众筹平台则是为项目发起人和支持者提供中间服务的平台,

在众筹活动中扮演着中介的作用,不管是仅仅提供简单的项目审核、发布、技术支持等资金撮合服务,还是提供法律、财务、管理等全方位增值服务,甚至是由众筹平台直接作为"天使投资人"对部分项目进行投资,众筹平台参与众筹的动机都可以归结为获取一定的资金回报,区别在于众筹平台通过何种方式获取其价值回报。

(二)众筹项目的运作流程

众筹项目的运作主要依托于众筹平台,不同的众筹平台根据各自的特点及项目类型在众筹的流程规定上会有所不同。但是,总体而言,从众筹项目发起人、支持者和众筹平台的角度,按照时间上的先后顺序,我们可以将众筹项目的基本运作流程做如下概括。

1. 众筹项目的前期准备

这一阶段主要是项目发起人在项目创意构想、项目团队组建、项目前期资金准备、项目前期市场调研等准备工作的运作。这一阶段以为项目做好众筹平台的众筹准备工作为标志。

2. 众筹项目在众筹平台进行发布

首先,项目发起人在综合考虑项目类型、平台特点等多种因素后,选择特定众筹平台,注册为该众筹平台项目发布人,根据平台的项目发布规则,逐一填写众筹项目相关内容,此时,众筹项目还只是众筹平台的后台资源。其次,众筹平台会对该项目的真实性、可行性及相关项目风险等内容进行调查、分析和审核,并最终确定是否接纳该项目。最后,如果项目审核通过,可发布到平台的前端,即网页众筹项目页面。在这一过程中,众筹平台可以和项目发起人共同完成项目的需求分析、视频图片文案等包装和选择适当的项目营销推广方案,并通过这些努力,在项目发布后,以期获得更多的关注和支持,促成项目的成功众筹。

3. 项目的众筹过程

这一过程会涉及项目支持者、发起人和众筹平台。项目支持者注册为众筹平台会员之后，可以浏览平台上的众筹项目，支持者在综合考虑众筹项目本身各项条件、经济实力、个人兴趣等因素，经过与项目发起人进行一定的沟通之后，选择特定项目进行支持并完成付款，则成功完成个人的项目支持。项目发起人需要在此过程中随时关注并及时反馈项目关注者的咨询、问题，合理考虑并适当采纳关注者的各项建议，同时，项目发起人应尽可能发挥社交网络等功能，对项目进行更大范围的宣传和推广。众筹平台在此阶段主要负责处理已支持众筹资金与项目发起人的对接问题。

4. 项目的众筹结果

在特定的项目众筹期限之内，项目的众筹资金目标完成，则项目众筹成功；反之则失败。如果项目众筹成功，涉及的是众筹平台如何将已筹资金与项目发起人对接的问题。当前的已筹资金的对接主要有两种方式：第一种方式是在项目众筹成功后，众筹平台一次性将资金转给项目发起人。这种方式的优点是有利于项目发起人有更充分的资金空间进行项目的实施，而缺点是众筹平台难以监控项目的实施来保障投资者的利益。第二种方式是众筹平台根据项目的实施进展分阶段将已筹资金转付给项目发起人，这样有利于督促项目发起人控制项目实施的风险。如果项目众筹失败，通常的做法是将已支持的资金退回给项目支持者，即众筹平台退付资金给项目支持者。

5. 成功众筹项目的实施

此阶段是项目的落地过程，涉及的问题和因素也很多。项目发起团队应该按照项目计划逐步完成该项目，及时公开并反馈项目进行过程中的信息，并最终兑付对项目支持者的承诺。众筹平台可以提供各种创业指导服务，监管项目众筹资金使用情况，监控项目实施风险，防止欺诈，以促使项目顺利完成，保证支持者的信心。项目支持者应积极给项目提供各种意见和建议，监督项目实施，促成项目实施并获取回报。

(三)众筹平台的盈利模式分析

众筹平台既可以让众筹项目发起人进行发起和展示项目，也是众筹支持者选择项目并完成支持付费的平台。可见，众筹平台是众筹活动的中介，更是众筹活动得以顺利完成的关键。如前所述，众筹平台参与众筹的动机是获取利润，但是，不同的众筹平台采取的盈利模式会有所区别。

1. 抽取佣金的方式

通常而言，众筹平台以从平台上成功完成众筹的项目收取项目筹集资金一定比例的费用的方式作为盈利来源，此时，众筹平台所做的仅是简单的创业者和投资者之间的资金撮合。例如，全球最大最知名的众筹平台 Kickstarter 抽取平台上每一个成功项目总筹资金额的 5％作为佣金，众筹平台 GoFundeMe 的佣金比例也是 5％，众筹网站 IndieGoGo 的收费比例为 4％。这一盈利模式需要众筹平台有较大的影响力，从而能够形成一定规模的成功众筹的项目资源，否则，缺少影响力的众筹平台难以吸引网民的关注及流量，进而会降低项目成功的可能性，最终导致平台因缺乏盈利基础而难以为继。

2. 提供收费服务的方式

对于包括中国大多数众筹平台在内的处于起步期的众筹平台来说，众筹市场的规模和影响力仍然处于培养期，众筹平台难以通过抽取佣金的方式获取盈利，而且，这种方式也不利于市场的培育。此外，有些投资者也不希望自己的支持资金被扣除佣金,从而采取线下直接联系项目发起人的方式进行出资,这样也不利于众筹平台的发展。因此,免收佣金的方式成为一种不得已的选择,以免收佣金吸引更多的创业者加入。然而,不成熟的众筹市场也给众筹平台提供了另一种盈利方式,即通过向项目发起人提供众筹及创业的各项专业服务的收费,以获取利润。不成熟的市场,由于创业者缺乏创业经验,需要众筹平台提供除了资金中介之外的与创业有关的咨询和培训支持,这些专业的收费服务有助于项目的成功落地,最终也能够获取投资者对众筹的支持热情。国内知名的众筹平台众筹网明确表示,平台上众筹项目实行免费,同时,网站运营目标包含了"为项目发起者提供募资、投资、孵化、运营 一站式综合众筹服务",网站依托网信金融集团,为项目发起方提供涵盖融资租赁、资产管理、P2P借贷等多种投融资服务,并以此为未来盈利来源。国内另一众筹平台点名时间也在网站上表示,"点名时间是一个开放、免费的平台,有别于其他平台,点名时间不收取任何手续费"。点名时间是在其成立两周年的 2013 年 7 月宣布对项目实行 0 佣金模式的,此后,点名时间在其成立第三年时宣布转型为智能产品首发模式,进行新盈利模式的探索。

3. 整合资源或进行项目投资孵化的方式

众筹平台可以先吸引尽量多的网络流量,这也意味着各种资源的集中,进而平台可以通过资源的整合创造利润,例如,链接好的项目与 VC 等投资方的合作等。此外,众筹平台还可以通过对掌握的优势项目资源进行更严格的审核和挑选,然后直接进行投资,再利用更方便的专业资源对项目进行孵化,以项目未来的成长收益作为平台的利润。

众筹平台的盈利模式是平台得以继续和发展的前提,其不但要结合不同国家和地区的市场环境进行合理选择,也需要更多的平台进行不断地摸索和创新。

(四)众筹平台的商业模式分析

虽然众筹模式还是一个年轻的融资模式,于 2009 年才正式出道,但几年以来在全球范围内迅速发展,学术界也出现了不少关于众筹平台的研究成果。具有冒险精神的创新创意家们以此作为实现自己梦想的舞台,通过在网站上发表自己的创意吸引大众的眼球,从而在自觉自愿的前提下获得网友的支持,网友也可以得到相应的回报,通常是一些产品或者服务众筹网站如 Kickstarter 等则从项目中抽取一定比例的佣金作为报酬。

在我国,追梦网、创投圈、天使汇等一批众筹网站先后成立,为有梦想的创意家提供梦想实现的途径。随着众筹网站的发展,其也形成了特定的商业模式,目前学术界普遍认为众筹的商业模式可以分为四种:债权众筹、股权众筹、公益众筹和奖励众筹(图 3-5),下文将对这四种模式作具体阐述。

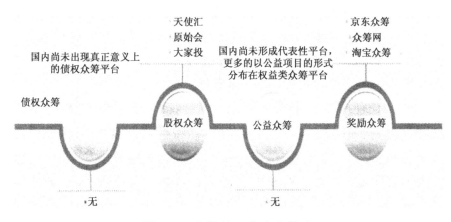

图 3-5　众筹的四大商业模式

1. 债权众筹

债权众筹(Lending-Based Crowd-Funding):投资者对项目或公司进行投资,获得其一定比例的债权,未来获取利息收益并收回本金。通俗地讲就是,我给你钱之后你还我本金和利息。

其实不难发现,债权众筹模式和 P2P 模式很相似,而实际上

P2P 确实是属于债权众筹。债权众筹有两种，一种是 P2P，相信大家都很熟悉；另一种是 P2B，说白了它就是做企业债。P2P 借贷平台这个话题我们在上文中已经专门讨论过了，因此这里不再赘述，而专门介绍 P2B。

尝试 P2B 的第一个网站叫 Fundind Circle，这是一家英国公司，主要做企业债权。P2B 模式下网贷平台只充当中介作用，不做资金的集中，而是引导个人对需要帮助的企业进行了解并促成贷款行为。在这一过程中，P2B 会对企业进行资信评级，评级结果既可作为个人决定是否向企业进行投资的依据，也可作为借款人利率确定的依据。评定等级越高，贷款成功的概率就越大；评定等级越低，贷款利率就越高。通常情况下借款利率的评级分为四档，分别对应一个借贷款的个人利率。

在国内，目前 P2B 网站也在起步，比较有代表性的有两个，一个是爱投资，另一个是积木盒子，它们线上推广比较好。还有一个是宜信，它是做 P2P 起家的，之所以把它放在这儿，是因为2013 年 9 月，宜信发布了一款针对中小企业的中小企业债产品，就是把 P2P 从个人投资者募集的钱投到它成立的资金里面，然后再去找经过它审核的中小企业的借款人。

P2B 互联网投融资服务平台是一种行业领先的创新网络投融资平台，投资者基于自身的知识水平和行业了解在网贷平台上找到有投资意愿的项目。这种固定收益理财的模式既保证了投资者的回报率，又有效地解决了普遍存在的中小企业融资难的问题。有融资需求的企业可以债权形式在网贷平台上发布借款信息并填写相关内容介绍，最终以远低于民间借贷的利息实现自己的融资需求，为企业发展筹得所需资金。P2B 平台在总结其他模式经验的基础上实现了自身的创新和完善，其依托融资租赁行业完整的风险控制流程，对有融资需求的企业进行了解，严格把关，认真核实，并且采用多重回购担保的方式，力求将风险降到最低，以最大限度地维护投资者的利益和实现自身的长足发展。P2B 同样只是一个中介平台，只收取一定数额的服务费，本身不参与投融资行为。

根据对 P2B 操作原理的分析我们不难发现,P2B 与信托存在相似之处。(1)从运行基础上来看,P2B 也是基于投资者对这一模式的信任。投资者只有对 P2B 平台有充分的信任,才会决定将自己的钱以这种方式进行投资,从而获得收益。(2)从风险控制来看,P2B 采取的是类似于信托的风控方式,在具体操作过程中对借款项目和风险程度进行严格把关。P2B 与 P2P 最大的不同在于,P2B 并不是一种无门槛和无担保的融资方式,不提供只凭借信用而无抵押的贷款。P2B 主要对中小微企业提供贷款,且有贷款需求的企业或者法人要提供企业及个人的担保。由此可以看出,P2B 与 P2P 相比在投资安全性方面更为可靠。P2P 之所以会向 P2B 转型,主要原因在于传统的融资服务门槛高、渠道少,中小企业长时间地面临融资难的问题且难以解决,网贷平台的领导者及时发现这一问题、抓住这一契机,使得网贷服务向中小企业倾斜。

2. 股权众筹

股权众筹是指以股权为筹码,投资者只要进行投资,就可以获得一定数额的股权。股权众筹并不是一件新生事物,在新股首次公开发行的时候,投资者对其进行申购就是一种股权众筹。然而在互联网时代,股权众筹被赋予了新的含义,特指依托于网络平台的私募股权投资。由于这一投资行为是通过互联网完成的,人们也将股权众筹称为"私募股权互联网化"。

股权众筹主要提供投融资的信息服务,其服务对象主要有以中小企业为代表的融资方和以大量潜在的小微天使为代表的投资方。股权众筹平台的盈利来源主要是交易手续费、增值服务费、流量导入与营销费用(图 3-6)。

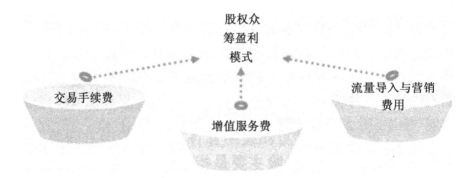

图 3-6　股权众筹盈利模式

作为一种股权投资方式,股权众筹与一般的股权投资具有明显的区别,主要在于二者的侧重点不同。股权众筹是一个开放式的平台,以互联网为依托,能够吸引众多的投资者参与其中;而传统的股权投资方式具有封闭性,投资人数量有限且成功匹配需要运气。由于普通投资者并不具备投资方面的专业知识,很难在投资时做出明智的决定,甚至遭受损失。股权众筹能够让一些融资困难的企业在没有更优选择的情况下实现双方的有效对接,在不付出巨大成本的情况下及时解决危机。

股权众筹平台可谓应运而生,当信息技术发展到一定高度,当创新企业有对资金的刚性需求,当小微企业面对融资难题,敢为人先的行业领导者便勇于开拓,凭借着自身勤劳务实的优秀品质和高瞻远瞩的卓越才能一步步建立起互联网金融的高楼大厦。全球互联网金融的蓬勃发展离不开天使投资人的努力,而众筹平台就是将优秀的线下天使投资人搬到了线上,实现了项目方和投资方的更好对接。在国外,天使阶段的股权众筹已经融入人们的生活,成为具有广泛信誉度的投资品类。

我国的众筹平台兴起于 2012 年,随着美微传媒第一次在淘宝上发起众筹,天使汇、大家投、好投网等也纷纷加入其中,掀起了一股股权众筹融资的热潮。

然而,热潮过后是理性,虽然业界普遍看好股权众筹,但是目前中国的股权众筹整体规模相对 P2P 来说还是比较小,众筹平台也相对比较少。之所以会出现这种现象,其主要有以下两个原因。

一是此类网站对人才要求比较高。股权众筹网站需要有广阔的人脉,可以把天使投资人/风险投资家聚集到其平台上;股权众筹网站还需要对项目做初步的尽职调查,这要求它们有自己的分析师团队;还需要有深谙风险投资相关法律的法务团队,协助投资者成立合伙企业及进行投后管理。

二是此类网站的马太效应,即强者越强、弱者越弱的现象。投资者喜欢聚集到同一个地方去寻找适合的投资目标,当网站汇集了一批优秀的投资人后,融资者也自然趋之若鹜。于是原先就火的网站会越来越火,流量平平的网站则举步维艰。

股权众筹市场之所以会出现马太效应,其主要原因是国内缺乏成熟的天使投资人群体。国内的天使投资人群体目前并不多,拥有专业投资经验的富人群体也比较少。这意味着,投资人也需要进一步成长。众筹平台上往往是早期的项目,风险很大,如果投资不理性,则不利于股权众筹的发展。因此,人们在缺乏专业的评价和参考意见的情况下,网站筹资的多寡也就成为选择投资的重要参考了。

股权众筹比较适合成长性较好的高科技创业融资;投资人对项目模式要有一定理解;有最低投资门槛,且门槛较高。对于创业者来讲,依旧需要依靠自己的个人魅力进行项目的推荐并期望遇到一个专业的领投人。对于明星创业者,或者明星创业项目,则不适合用该模式,而应该选择和大的投资机构接洽。这个模式可以由在一个专业圈子有一定影响力的创业者结合社交网络来进行募资,把信息传递给更多同样懂行的或者愿意信任他的有一定资本能力的投资者。

股权众筹作为一种新型的融资方式,与以往的股权融资方式相比,结合了互联网的信息优势,实现了项目的快速融资与融资渠道的拓展。这一平台为普通的投资人提供了更多参与创业投资的机会,推动了金融监管模式的变革。作为国内多层次资本的组成部分,股权众筹能够更直接、高效地将创业企业与相对较专业的投资人以及知名的风投机构连接起来,推动国内实体经济的发展,其发展趋势如图 3-7 所示。

图 3-7　股权众筹发展趋势

3. 公益众筹

公益众筹:投资者对项目或公司进行无偿捐赠(我给你钱你什么都不用给我),也有很多人称之为捐赠众筹。

2014 年 8 月,科技圈的小伙伴都开始关注一件叫作"冰桶挑战"的事情。Facebook 的 CEO 马克·扎克伯格(Mark Zuckerberg)站在一个花园里,干脆利落地拎起一个大塑料桶,往自己头上浇了一整桶冰水。随后,点名微软公司创始人比尔·盖茨(Bill Gates)参加"冰桶挑战"。数周之后,这项有趣的挑战项目更是在中国掀起了一股热潮。

"冰桶挑战"的活动规则是,参与者需要在头上浇一桶冰水,把这个过程拍成视频上传到社交媒体上,然后点名邀请自己的朋友也这么做。被点名的人如果在 24 小时内没有完成这一任务,就需要向 ALS 协会捐款 100 美元。

对此,有的人认为"冰桶挑战"不仅是一个公益项目,更是一个成功的众筹项目，但也有人认为其更多的是利用社交网络和病毒视频的快速传播能力实现的慈善捐赠。笔者认为，不管它是不是一个公益众筹，但是它具备了一个好的公益众筹项目的基因，它的成功也给公益众筹这类新公益模式带来更多的想象空间。

这是一个公益捐赠的新时代，借助互联网的分享、去中心化、众包等元素，慈善和公益已经迎来新的募集方式。眼下，公益众筹正被越来越多的公益机构甚至个人广泛使用。其实像红十字会这类NGO的在线捐款平台可以算是公益众筹的雏形，即有需要的人由本人或他人提出申请，NGO做尽职调查、证实情况，并在网上发起项目，由公众募捐。

众筹与公益本身有着天然的契合，都是依靠大众的力量集结资金和资源。而且从一些数据来看，公益众筹的成功率普遍较高。根据调查，美国众筹市场大概有50亿美元的规模，其中30%是公益众筹。按照世界银行的判断，2025年全中国500亿元众筹中可能有100亿元是公益性的。网信金融旗下的众筹网此前上线的"新公益"平台，截至2014年8月，已经有145个公益项目上线，其中72个获得了成功，还有72个在筹集过程中。另一家众筹平台淘宝众筹，也为公益开设了专门频道，在线项目超过20个，平均达成率超过100%。例如，在一个关于海南赈灾的项目里，63200多名网友参与其中，59999名网友都选择了捐助的最低门槛，支持1.45元，为灾区提供一个桶装方便面。项目获得累计资金14.5万元，超过了预期设定的12万元的目标。目前，公益众筹的成功率明显超过了商业众筹。

对很多公益人来说，众筹早已不再仅仅是鼠标＋键盘的便捷融资平台，而成为一种理念，正在改变公益的面貌。作为互联网金融的热门品种，众筹平台可以为公益组织提供募资、宣传等多种服务。众筹的社交属性可以吸引更广泛的群体参与到慈善事业中，这种市场化的公益运作阳光、透明，是开放式众筹的最大优势。

如果说传统的金融体系都乐于服务大客户，不喜欢中小企业。众筹模式却大不相同,它们门槛更低,更注重需求。加上目前国内众筹平台对项目发起者多采取免费政策,公益人几乎不用付出融资成本就可能完成一个项目。

此外,相比传统方式,众筹使整个项目全程处于推广状态,通过分享、互动,从而产生更大的传播效果。众筹还打破了传统资本的拨款周期,打破了传统公益劝募在时间和空间上的限制。

4. 奖励众筹

奖励众筹:投资者对项目或公司进行投资,获得产品或服务(我给你钱你给我产品或服务),也有很多人称之为回报众筹。以往的产品推销、活动推广大都是传统的 B2C 模式,即先生产,后推广,引导用户接受。而奖励众筹模式则是 C2B,是一个"观众接受后商家才生产"的逻辑。

奖励众筹的兴起源于美国网站 Kickstarter,该网站通过搭建网络平台面对公众筹资,让有创造力的人有可能获得他们所需要的资金,以便使他们的梦想有可能实现。在美国,奖励众筹平台在帮助公司预售产品并获得初期支持者方面是一个非常有效的机制。目前,很多在 Kickstarter 或者 Indiegogoo 平台上实现融资的公司在随后的风险融资轮里都获得了很高的估值,有的还被产业直接收购了。

众筹最初是艰难奋斗的艺术家们筹措创作资金的一个手段,现已演变成初创企业和个人为自己的项目争取资金的一个渠道。如今,奖励众筹的融资项目范围有了很大的延伸,但是文化类项目却占据了很大的比例。在西方国家,这一资金募集方式为独立艺术领域所广泛采纳。艺术从业者可以在众筹网站上创建一个账号,上传自己的艺术作品,包括歌曲、画作等,他们的粉丝可以通过在社交网络上分享他们的信息,或者选择直接捐助来支持自己的偶像。

成立于 2013 年 2 月的众筹网,自上线以来已累计发起 3052 个项目,累计筹资金额超 3800 万元,发布的项目类别涵盖科技、影视、娱乐、美食、活动、旅行、公益、摄影等多个领域。2013 年,号称国内首部众筹电影《十万个冷笑话》募集成功,于 2015 年 1 月 8 日正式上映。2014 年以来,艺术众筹开始在国内艺术圈兴起,先后出现了出售艺术家时间、艺术作品等多个艺术众筹项目。众筹网借助互联网金融发展热潮,在奖励众筹平台中以惊人的速度飞速发展,其中京东众筹以绝对优势独占鳌头(图 3-8)。

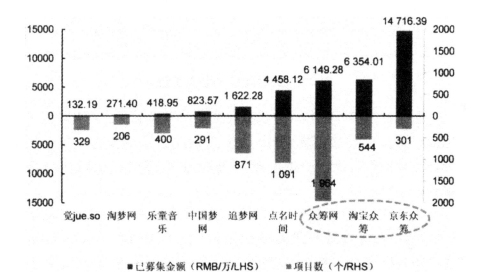

■ 已募集金额(RMB/万/LHS)　■ 项目数(个/RHS)

图 3-8　2014 年我国奖励众筹市场份额

其实,奖励众筹并不算是一个新鲜模式,早在几年前,与之类似的一种模式——团购,也曾经盛极一时,直到现在团购模式仍然是人们喜爱的一种模式,因为便宜。也有很多人说众筹的本质是团购,换汤不换药,只是炒起来的概念。这句话并非完全错误。

奖励众筹一般指的是预售类的众筹项目,团购自然包括在此范畴,但团购并不是奖励众筹的全部。传统概念的团购和大众提及的奖励众筹主要区别在于募集资金的产品或服务发展的阶段不同。如图 3-9 所示。

奖励众筹指的是仍处于研发设计或生产阶段的产品或服务的预售,团购则更多指的是已经进入销售阶段的产品或服务的销售。奖励众筹面临着产品或服务不能如期交货的风险。而且,奖励众筹与团购的目的不尽相同,即奖励众筹主要为了募集运营资金、测试需求,而团购主要是为了提高销售业绩。

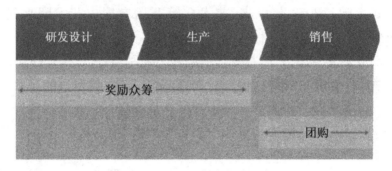

图 3-9　奖励众筹与团购的区别

但两者在实际操作时并没有特别清晰的界限,通常团购网站也会搞类似众筹的预售,众筹网站也会发起团购项目。举个例子,奖励众筹平台之一的众筹网在早前便推出了团购茅台的项目。

可以说,奖励众筹是一个不错的展示途径与检验目标市场的方法,这种众筹方式的最大特点是没有法律限制的风险,所以也成了国内很多众筹平台主打的内容,呈现出平台专业化、主体多样化、服务一体化的趋势(图 3-10)。

图 3-10　奖励众筹发展的三大趋势

第三节　互联网融资的风险控制

在互联网融资领域,就 P2P 而言,越来越多的 P2P 机构放弃了原来的不提供担保、不承担信用风险模式，本着对用户和自身负责的原则不断完善，集筹资、资金中介和担保职能为一体。但由于缺乏相关的监控设施和法律条文的约束，P2P 网贷平台仍然存在着一定的风险。诸如网贷公司的主要责任人跑路的案例屡见不鲜，一些行业口碑还不错的公司也因为资金链出问题而停业整顿，这些都对广大的投资者具有警示作用。

一、网贷风险类型

近年来，我国的 P2P 网贷机构发展迅速，其发展的速度和规模早已超过欧美等国家，越来越多的机构开始关注 P2P 网贷市场，甚至连部分银行也已经瞄准网贷市场，随时准备进军网贷行业。但随着网贷的火爆，网贷机构出现跑路的传闻开始出现在部分新闻媒体报道之中，并且有愈演愈烈的趋势，从 2013 年下半年开始，基本每月都会有几家公司跑路或者倒闭。而 2014 年更是 P2P 集体跑路的一年，仅 2014 年上半年，跑路和倒闭的 P2P 网贷平台就超过 50 家，涉及资金近 10 亿元，其中有九成以上的平台都是开业运营时间不足一年的。网贷平台出现问题的情况屡见不鲜，下表列举了 2016 年 4 月几家较为典型的出问题的网贷公司（表 3-1）。

表 3-1　2016 年 4 月问题网贷公司

公司名称	出现的问题
贷贷好	停业
我投点	跑路
盛开网	跑路
金融街	停业
悦投融	停业
财源宝	提现困难
福润融通	跑路
水金所	跑路

续表

公司名称	出现的问题
川金贷	跑路
友利汇	跑路

当然,出现问题的不止以上几个公司。据零壹财经数据显示,2013 年可统计的 P2P 网贷平台出现经营困难、倒闭或跑路的事件高达 74 起,占平台总数的 11%,超过之前所有年份总和的 3 倍。而 2014 年出问题的网贷平台更多,跑路或倒闭事件不断发酵,截至 9 月 30 日问题平台已经多达 143 家,使得问题平台总数达到 217 家,占平台总数的 20%。预谋诈骗、平台自融、运营不善、坏账拖累等则成为 P2P 网贷平台倒闭的主因,而预谋诈骗占到整体的一大部分。此情况仍未得到有效改善,就 2016 年上半年来看,累计停业及问题平台的数量达 515 家,其中良性退出(停业、转型)的有 247 家,恶性退出(跑路、提现困难、经侦介入)的有 268 家。

从行业状况和相关学者的研究成果来看,债权投资一般面临以下几种风险。

(一)道德风险

道德风险是指平台负责人非法集资,发布虚假信息、虚假企业资料。一种是负责人从一开始便谋划着跑路,另一种是负责人开始想好好做,但因为经营、管理、决策等多方面的原因导致平台最终不得不跑路,也可以说是被跑路。

(二)信用风险

信用风险是指借款人虽然在有真实的借款用途的前提下实施了借贷行为,但是没有充足的意愿或者一定的能力进行还款,在约定期限内不能付清全额账款或者利息,从而给投资者带来投资风险。一般情况下,信用风险的程度取决于借款人的资信是否可靠、产品设计是否合理、网贷平台的调查质量是否过关、风险控制的模型是否具有实用性等。

(三)流动性风险

流动性风险就是指理财人投资后债权变现难易程度的风险。流动性和投资期限及市场交易活跃度直接相关。项目期限越短,流动性越高,同时债权可转让且受让需求充足也是高流动性的保证;反之,则流动性低。

(四)市场风险

市场风险也被称为系统性风险,指在出现波及范围大的市场事件时造成投资方财务损失的风险。大的市场风险主要来源于金融危机,小的市场风险则来自于地产泡沫等。通常情况下,投资越分散,其承受的投资风险越低,反之亦然。专业的投资者不会"将鸡蛋放在同一个篮子里",而是将资金用于不同行业、产品、地域的投资,以分散资金,减轻市场的冲击。

总之,风险控制还是要看以上几种风险具体发生时的严重程度,没有哪种风险保障机制能够百分之百地控制风险,只能说谁将风险控制得最低谁的保障能力就越强。

二、风险控制模式

毋庸置疑,P2P的发展激活了小微企业融资贷款的需求,但其也存在一定的风险。为了更好地对风险进行控制,完善征信体系就成为第一要务。目前P2P平台的发展已显现两个趋势:一是平台洗牌进行中,大型平台优势凸显;二是倒闭潮起难落,或将重演团购网站的发展轨迹,最终"剩者为王"。然而,不管网贷如何洗牌,未来走向如何,其风险控制是网贷的核心内容。

为什么网贷公司频频传出跑路事件,但是投资者却仍然乐此不疲呢?归根结底就是高利率的诱惑。高利益背后必然蕴藏着高风险,但风险绝不能成为 P2P 网贷前进的绊脚石,越是在行业过热时越应该保持清醒。个别平台动辄提供 20% 甚至更多的年化收益率,极大地刺激了用户的投资野心,但平台的风险控制力度将难上加难,稍有不慎便会酿成恶果。因此,人人贷、宜信、挖财猫、有利贷等知名 P2P 平台,都对投资的年化收益率进行了有效的控制,甚至部分公司已低至 12%。网贷风险控制中除了主流的风险准备金、实物抵押外,大数据风控模式也成为关注的焦点。

目前,在风控领域,国内做得比较典型的有金融系的陆金所和电商系的阿里巴巴。知名 P2P 平台银行系平安的陆金所,曾经花费巨大的人力、物力及财力去建立严苛的风险控制管理模式,同时又借助平安集团多年米在传统金融领域积累的客户数据建立风控模型,能够高效地进行申请人的考查和筛选。而另一家互联网系大佬阿里巴巴旗下的招财宝投资的 90% 的资金来自余额宝,这种良好的客户基础加上大数据分析的竞争优势,使阿里旗下的招财宝在 P2P 领域春风得意。

基于网络融资的小微企业信用风险控制,也是结合网络供应链业务为小微企业量身定做的一种新型融资模式。原本,银行评估的是整个供应链的信用状况,从供应链角度对小微企业开展综合(行情专区)授信。而网络供应链融资则打破了原来银行孤立考察单个企业静态信用的思维模式,把与其相关的上下游企业作为整体,更强调整条供应链的稳定性、贸易背景的真实性以及授信企业交易对手的资信和实力,从而有利于银行更好地发现小微企业的核心价值和风险因素。

大数据风控模式在业内是大家都承认的,是将来风控的一个大方向。但是,由于大数据风控模式在实际操作中有一定的限制因素,因此各公司也积极尝试其他各种模式,如抵押模式、担保模式、线上线下等。若将平安的陆金所、阿里的招财宝比作是 P2P 领域的"第一梯队",而那些受风投争相抢注的 P2P 平台则完全说得上是"第二集团军"。例如,中原经济区第一 P2P 平台豫商贷与中国浩睿集团北京宏融汇宝达成战略合作,平台融资 2000 万元,而在这之前,豫商贷就早已引入了严密的投资人保护机制,由国有控股的第三方专业担保公司为平台投资项目做担保,若借款人逾期还款,则担保方于三日内垫付本息,确保投资人本息安全。因此,无论是银行系的陆金所、互联网系的招财宝还是风投系的豫商贷,其共性就是背后拥有强劲的资金实力和强大的风险抵御能力。

互联网金融的创新模式不会一成不变,它也需要与时俱进,如不久前推出的房金所与保险公司合作的风控模式。国寿财险、民安保险、大地保险等财险公司已经开始尝试与 P2P 进行业务合作,这种创新的担保模式对 P2P 网贷行业无疑是一个巨大的利好,将极大地聚拢人气,保持或提高投资人的信任感。此外,挖财猫与北京知名典当行的双保险合作模式也备受瞩目,由最专业的典当公司对抵押的各种房产、车辆、名品等进行最专业的审核、鉴别和担保,能真正做到 100％保障用户的投资利益。

第四章 互联网保险:保险的新发展阶段

　　保险与信息,它们两者之间有着紧密相连、相辅相成的一种关系。保险是一种承诺、一种没有形状的产品、一种属于服务性质的商品,信息对于保险中的每一个环节来说,都是起至关重要的作用的,保险不能脱离信息独立存在。本章对关于互联网保险的概念以及特点、发展历程、商业模式等方面进行相关分析,探讨互联网保险的现状和未来发展。

　　春风得意"马"蹄疾。2013 年 2 月 20 日,阿里巴巴的马云、中国平安的马明哲、腾讯的马化腾"三马"强强联手设立众安在线财产保险股份有限公司。"众安在线"将突破国内现有的保险营销模式,不再设立相关的分支机构,而是完全采用通过互联网进行相关系列的销售和理赔,对责任险、保证险两大险种进行主攻。这次的"三马"联手,是保险业在国内互联网金融创新上的一次"破冰",与此同时,将会开启一个全新的互联网保险时代。

第一节　互联网保险的概念和国外发展

　　自 20 世纪 90 年代以来,随着信息技术不断地进步和互联网的高速发展,全球保险业的营销模式和保险产品都发生了日新月异的变化。在这波激起的互联网金融热潮中,"互联网保险"的概念也因此应运而生。

一、互联网保险的概述

伴随着互联网时代的快速到来,保险公司都迈开脚步,纷纷加入到了互联网金融的这股激流勇进的创新浪潮中,积极开展关于互联网的保险业务。

(一)互联网保险的概念

互联网保险,是指在一定的程度上,实现对相关的保险信息进行详细的咨询、合理设计保险计划书、投保、缴费、核保、承保、保单信息查询、保全变更、续期交费、理赔和给付等保险整个过程的网络化。

伴随着电子商务在保险业界内的逐步渗透,互联网保险也随着这一时代应运而生。但是互联网保险与保险电子化两者之间是完全不相同的形式,两者不能划为等号,互联网保险重点强调突出的是互联网的创新精神,利用相关的大数据、云计算等一些互联网技术革新服务模式、销售模式和商业模式,其中还包括产品开发模式、资金支付模式等的创新,而对于保险电子化来说,只是把保险简单地放在了互联网上而已。

对于能够接受使用互联网的保险产品与服务的那些主要提供者和接受者来说,目前对于产品和服务的本身进行相关的一些提供方式,主要是由保险公司和第三方保险平台等有关的组织进行具体的相关操作实行,但是接受对象目前只有两大类型,分别是企业客户和个人客户。

传统的保险业务办理方式,相对而言比较烦琐,主要是通过柜台进行一系列的交易以及通过相关的代理人、经纪人等中介人交易保险商品。

(二)互联网保险的基本业务

1. 网络宣传推广业务

一般来说,保险公司的网站,相对而言,展示的有关内容比较全面、丰富。主要是通过网络针对个人客户以及企业客户介绍有关保险的相关产品、服务、投保信息、经营理念等,与此同时,进行相关的具体功能介绍和大力的宣传,对象主要是保险公司、保险中介机构和业务员,这样一来,不仅在一定的程度上降低了相应的成本、持续的专注时间也相对较长、做到了合理到位的清晰介绍、针对个体的需求性也明显较强。

另外,不同的保险公司、保险机构组织也可以采取一些相关的互相链接、相互推介的方式,而那些公司内部也可以在设计较为个性的保险网页界面中,相应的对部分业务员的素质和特长进行有关的公开展示。

2. 信息咨询业务

互联网保险可以向客户提供一些较为重要、与保险密切相关的信息。如保险公司的历史沿革、经营管理过程中体现的相关理念、机构本身的属性设置、财务数据做出的相关报告、保险产品涵盖的种类及费率等;向客户提供最新的保险新闻动态、政策制定的合理法规、监管机构的合理明确要求等相关信息,以及保险知识和课题的相关探讨等信息,使客户对保险机构和保险行业有基本的了解和最起码的认知;在与客户的交流咨询的过程之中,可以通过对网页的相关设置,进行详细的文字解释说明,对客户经常遇见的一些问题进行汇总,并合理地进行解答,也可以通过采取网上在线交流的形式,直接解决客户遇到的一些问题。

3. 网上投保和网上理赔

从核心的相关业务来看,互联网保险与传统保险之间在保险业务的基本环节上并没有什么太大的区别,也没有发生明显的变化。

消费者通过适当地接触网络平台,了解有关于保险产品自身携带的某些特点和功能,与此同时,还能在网上直接查看并选购所提供的保险产品,进行明确的保费计算,合理地投保下单,还能在联合多种网络银行的支付方式下,方便快捷地完成相关的电子支付,之后获得电子保单或者是纸质形式的保单,从而实现一整套的在网上进行相关投保的流程。

如果出险,客户可以获得相对应的理赔服务,如在网上进行相关的报案、进行理赔单证的下载和服务等,在网络的迅速反应下,保险公司可以第一时间对客户出险之后的报案、理赔和给付及时做出相应的实时反馈。

4. 其他业务

对于消费者来说,互联网保险的流程所提供的相关服务,相对而言涉及的范围是较为广泛的,不仅包括最基本的售前、售中、售后的相关服务,还包括保单和产品价格等详细地查询服务、保全服务、续期缴费和咨询投诉等业务的处理等。

对于保险业务员以及保险公司自身来说,互联网保险也相应地提供了系列的管理工具和应用的服务,以此来提高在进行工作的过程中的效率以及管理方面的控制能力,最大化的实现业务系统之间的网上连接。

二、互联网保险在国外的发展

在国外,对于许多的较为知名的保险公司来说,他们已经在一定的情况下,根据对互联网自身以及显性的特点的相关了解,对原有的传统模式进行了一定程度上的创新,互联网保险使保险行业内部发生了翻天覆地的变化。

(一)互联网保险的发展概况

美国是发展互联网保险的国家中,行动最早的一个国家,由于有着先进的网络技术、发展技术和地位,同时在市场经济环境方面,也显得较为突出优越,这些众多的有利因素加在一起,使得美国具备了合适的发展条件,早在 20 世纪 90 年代中期,美国就开始出现了互联网保险。

目前,在全球的范围内,美国的互联网保险业做出了可观的成绩,已经做到了四个之"最",其中包括业务量最大、涉及范围最广、客户数量最多以及技术水平是最高,几乎所有的保险公司都建立了自己的相关网站,比较有影响力的网站主要有 InsWeb、In-sure. com、Quicken、Quickquote、SelectQuote 等。

通过互联网为客户提供相关的有关于保险市场和保险产品的相关信息,同时根据客户的不同需求,进行针对性不同的保险方案设计,再运用发达的信息技术提供人性化的产品购买流程。

网络服务的相关内容,包括信息咨询、询价谈判、交易、解决争议、赔付等;而保险品种,包括健康、医疗人寿、汽车、财险等。

美国互联网保险业务分为代理模式和网上直销模式,这两种模式的相同点都是由独立的网络公司通过与保险公司进行一定范围的合作而介入了互联网保险市场。有相同点就会有对应的区别,区别的具体内容如下。

第一,代理模式主要是借助于和保险公司之间形成紧密的合作关系,间接地实现网络保险交易并获得规模性的经济效益,优点在于,可以为其获得大批量的潜在客户。

第二,网上直销模式对于企业的形象效益提升是非常有益处的,它能够开拓新的方式针对营销渠道和客户服务的方面,这样一来,对保险公司就会起到最大的帮助。1995 年 2 月,InsWeb 公司的创立是美国互联网保险代理模式的首次成功的一个案例。除了代理模式和直销模式这两种主流互联网保险运营的模式以外,美国的市场上还出现了纯粹进行网上保险销售的公司,例如 eCoverag,这是美国第一家,也是 100%通过互联网向客户提供从报价到赔偿服务的公司。

近几年来我国互联网保险市场的参与主体逐步多样化,一批互联网保险企业和互联网保险服务机构开始崛起,挖掘了更碎片化的需求,开发了更多样化的产品,建立了更新颖的商业模式。从整体规模来看,在 2016 年,中国互联网保险发展已经占据整个保险行业的半壁江山，规模超过六成，全行业新增互联网保单61.65亿件，保险业务签单保费2347.97亿元。

(二)欧洲互联网保险概况

网络保险在欧洲的发展速度也是异常惊人，非常迅猛。

1996年，全球最大的保险集团之一的法国安盛，在德国的试行网上开始进入直销。1997年意大利KAS保险公司建立了一个服务系统，针对网络保险销售，与此同时，还在网上提供了相关的一些服务，如最新报价、信息咨询和网上投保。英国保险公司的网络保险产品不仅仅局限于汽车保险，而且涉及了一些借助互联网营销的意外伤害、健康、家庭财产等一系列个人保险产品。

近十几年，英国的网络保险不断得到迅速的发展，据统计，个人财产保险总保费中，网络营销的比例，从2000年的29%逐步增加到2008年的42%，而传统的保险份额则一直处于下降的趋势，从42%下降到29%。相比其他尚不成熟的保险市场的互联网保险业务来说，英国保险市场的互联网经历了一个极有代表性的发展路径。

据埃森哲咨询公司发布的相关报告显示，2009年德国约有26%的车险业务和13%的家庭财险业务是在互联网上操作完成的，短短一年的时间里，这一份额就分别上涨至45%和33%，很明显地能看出互联网保险在德国发展速度之迅速。

德国对于互联网保险的商业模式创新十分的重视，并率先开发出了一种新的P2P保险模式，它有着强大的功能，突出的优势，可以做到防止骗赔，并在一定程度上节约销售和管理费用以及方便小额索赔等。

从2015年开始，全球保险也就显现出了强劲的势头，2015年风险投资向全球保险初创公司累计投资超过26.5亿美元，而数据显示，这一数值在2014年还仅有7.4亿元。中国互联网保险公司发展也非常强劲。在2006年至2016年的十年间，中国共有50家互联网保险公司获得投资，有近四分之一的公司获得支持，融资总额达到百亿规模。

(三)国外互联网保险的一般模式

1. B2C 模式

互联网保险 B2C 模式大致可分为三种形式:分别是保险公司网站、第三方保险超市网站及互联网金融超市。

(1)保险公司网站

目前,随着电子商务向金融保险领域的逐步渗透,几乎所有的保险公司都拥有一个甚至是多个自己的网站,这就属于一种典型的 B2C 电子商务模式。保险公司开设所谓的网站是为了更大范围的宣传公司内部的相关产品,为客户提供便捷的联系方式,为公司的销售行业拓展一定的渠道。

根据是否从事进行相关的销售活动,可以进一步将网站详细规划为两类:分别是宣传公司和产品型、网上销售产品型。

如图 4-1 所示:

宣传公司和产品型	网上销售产品型
• 这类公司网站主要在于宣传自己的公司,介绍本公司的产品,发布一些公众性的信息,公布相关业务部门的办公地址和联系方式,征求公众意见等。这种模式可以宣传公司及产品,方便客户联系,树立公司及产品形象,提高知名度。	• 和其他领域的电子商务一样,网上销售拥有诱人的前景,它能够帮助公司拓展营销渠道,扩大营销规模,降低营销成本。

图 4-1 保险公司网站的两种类型

对公司和产品进行相应地简单介绍的"宣传公司和产品型"网站只能算是"保险电子化",而国外近年来逐渐涌现出的对复杂、个性化的保险产品的线上申请、线下跟进,却是一种恰当地利用了互联网优势的良好的商业模式创新,比如对宠物险、珠宝险、艺术品险、事件险等产品的相关介绍。对于在线的营销产品模式进行相应的创新,不仅仅要在进行选择合适的互联网保险产品的同时,合理地利用网络渠道自身拥有的优势,还应该开发与互联网相适应的保险产品。

(2)第三方保险超市网站

公司网站提供的直销式服务,一般都带有限制性,直销的对象只能是本公司的产品,这样一来就导致消费者无法对比产品之间的差别,最终也就为第三方保险超市网站的兴起提供了一定的市场和机会。

第三方保险超市,作为一种典型的 B2C 电子商务模式,为保险人和客户提供了一个交易场所。这个超市把众多的保险人和客户联系到了一起,使他们在这个超市中进行一定程度上的相互接触,使保险人能够轻易发现合适的客户,也同时使投保人能够轻易找到属于自己需要的险种。这种模式有一定的优势,它能做到以客户为中心,让选择权变得最大化这一特点把握在客户手中。与此同时,不再局限于一种模式,而是还能提供多个保险公司的产品和价格,让客户拥有更多的比较和选择权利。对于第三方保险超市的网站进行划分,可以细分为三类,如图 4-2 所示。

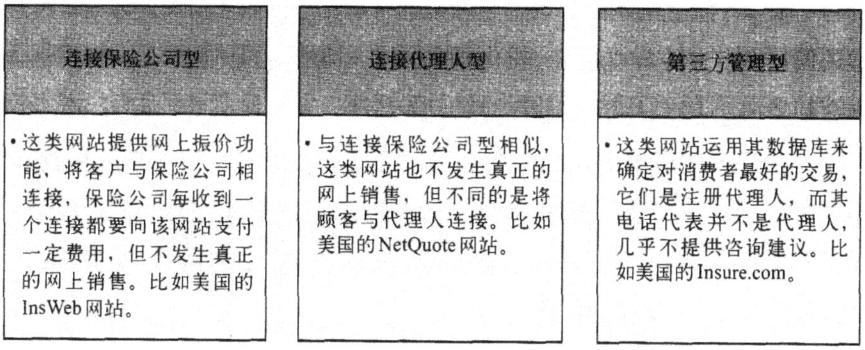

连接保险公司型	连接代理人型	第三方管理型
• 这类网站提供网上报价功能,将客户与保险公司相连接,保险公司每收到一个连接都要向该网站支付一定费用,但不发生真正的网上销售。比如美国的 InsWeb 网站。	• 与连接保险公司型相似,这类网站也不发生真正的网上销售,但不同的是将顾客与代理人连接。比如美国的 NetQuote 网站。	• 这类网站运用其数据库来确定对消费者最好的交易,它们是注册代理人,而其电话代表并不是代理人,几乎不提供咨询建议。比如美国的 Insure.com。

图 4-2 第三方保险超市网站的三种类型

第三方保险超市网站的数量不断地上升,在全球迅速增加,服务范围也逐渐扩张。由于受到市场的容量度有限、许多产品的可比性差、供应商议价能力较高等因素的限制,该类网站面临激烈的市场竞争,要想在市场进行营销,就必须在品牌战略方面打好功夫牌。

（3）互联网金融超市

与互联网保险超市网站相似的一点是，互联网金融超市的模式也是为客户提供相关的交易场所的。它们之间不同的是，在这个交易场所里，客户可以享受到集储蓄、信贷、结算、投资、保险等多功能于一体的"一站式"服务。

互联网金融超市与保险公司网站的关系，就如同传统的超市与专卖店之间的关系，银率网就是这种模式。网站提供房产房贷、贷款融资、信用卡、储蓄国债、理财产品、电子银行、黄金、外汇、保险、基金、信托等多领域的各种信息和产品。

2. B2B 模式

B2B 模式大致可分为互联网风险市场、互联网风险拍卖。

（1）互联网风险市场

有些网络的供应商有着多重的角色，像保险公司、再保险公司和一些大型企业之间的经纪人，它们通过网站进行相关的交换个别风险或风险组合。Global Risk Mark Place 和提供巨灾风险交易的 CATEX 都用这种模式。Global Risk Market Place 提供的服务是有关于全球性的风险之间的交换，而 CATEX 则把巨灾风险的交易搬到了虚拟的网络中。

互联网风险市场的功能和作用不容小觑，它可以跨过地域和国别的限制，让不同国家和地区间的商业伙伴轻松地进行交易，共同承担风险，尤其是一些相对来说损失重大的巨灾风险，如地震、洪水、泥石流、风暴等。

（2）互联网风险拍卖

大多数的大型公司或其他社会机构把自身的风险"拍卖"给保险公司，通过互联网的形式。这种方式相对来说比较适合于集团式购买，比如，汽车协会可以为其成员挑选一种最便宜的保障。但也有一些专家认为，这种投标方式还可以用在个人保险单上。这种商务模式很实际地体现了"以客户为中心"的经营理念。这种模式的回报是高效的节省保费，而且，与前几种模式相比，其投资也要相对而言少得多。这种模式虽然刚刚开始，但是由于它很现实地关注了投保人的需求，因此具有强大的生命力。

如果技术达到相关许可，比如拥有非常高效的搜索引擎或是信息集合中心的话，能够在合理的范围内节省小风险的搜索费用，从而使个人险中的个人保单也可以利用这种反向拍卖的模式，那么这种保险电子商务模式的前景无量，发展会越来越好。

第二节　互联网保险的运营模式和特征

随着互联网保险的不断进步与发展，互联网保险也随之表现出了相应的特征，同时，也逐渐形成了保险公司直销、互联网企业电商网站、互联网保险公司和专业的第三方互联网保险机构等相关的运营模式。

一、互联网保险的运营模式

(一)保险公司直销官网

该模式下，保险公司自行建立有关 B2C 的电子商务网站，对象是保险客户，然后进行相关的设计，把本机构内部的保险产品直接实行在线销售传递给保险需求的大量客户。这种模式是一些传统的保险公司利用计算机网络技术对传统保险产业进行相应的改造，全面提高企业整体的素质，从而更全面地实现保险行业中传统服务模式的互联网化。

一般来说，该类网站的业务和客户资源都是十分明确的，可以得到来自母公司的强力支持，相对于传统保险公司的整合内部和外部资源实现跨越式发展提供了不可或缺的先决条件。对于消费者来说，通过登录有关的保险公司官网进行所需要的相应投保，感觉会更具有踏实感和安全感。

不过,目前各个公司大多数将传统的保险产品进行简单改装后直接就搬到网上进行销售,所谓的保险服务平台化并没有得到真正实现。

2016年4月26日,经保监会的核查批准,中国人保成立了国内保险系首家金融服务公司——人保金融服务(上海)有限公司。人保集团层面所有与互联网金融有关的业务都将由该平台统一进行相关的统筹,使得互联网业务与保险业务更好地做到彼此相互促进,与此同时建立完善的风险隔离制度、关联交易规则等各项内部控制和风险管理制度,以防范风险的传递。

(二)互联网企业电商网站

互联网企业电商网站,是指除了保险公司自行运营的网络平台以外,以电商企业自身的相关互联网渠道、场景作为一定的资源,为保险的有关消费者和保险机构提供相应的支持辅助销售的网络渠道式平台。

此类的互联网企业电商网站,往往具备着一定的优势,其中包括互联网的场景和用户的优势。

互联网企业电商网站,可以通过以下两种主要的方式参与有关的互联网保险。

一种是基础引流渠道,就是主要以门户、行业进行相关的分类信息网站为主,通过利用互联网企业的相关频道可用资源,保险公司进行对本公司相关产品的一个宣传展示,将有需求的用户引入至平台进行相应地交易,如和迅保险;另一种是场景嵌入式渠道,主要以 B2C、O2O 电商平台的方式为主,通过借用互联网交易场景关联相关的保险产品进行一定程度上的销售,如淘宝保险。

(三)互联网保险公司

互联网保险公司,是指经过保监会实行一系列的批准设立,依托互联网和移动通信等与互联网相关的先进线上技术,保险业务实施全程在线的模式，完全通过互联网线上进行承保和理赔服务的保险从业公司。

当前获得牌照的互联网保险公司，主要包括众安保险、泰康在线、百安保险、易安保险、安心保险等。

(四)专业第三方互联网保险平台

专业第三方互联网保险平台，属于互联网金融信息门户，同时也是属于保险类的一种网络平台，扮演着独立第三方的角色，有着较为强大的功能。在为保险的消费者和保险企业自身提供相关的产品销售和专业服务的同时，还能够在中间起到相应地制衡作用。

平台聚合资源的能力表现极为强大，而且具备专业服务的优势，主要包括以下三种模式：O2O 模式、B2C 模式以及 O2O 和 B2C 相互结合的模式。

(1)慧择保险网是专业的第三方互联网保险平台中 B2C 模式的最为典型的一个代表，其本质是在线的金融超市，与保险公司的网络直销平台不同，它通过进行事先挑选，把各家保险公司的相关产品统一放在网络平台上，给客户自主选择的权利，让客户自己进行选择适合自己需求的险种。这样做的优势就是，客户可以进行对比不同保险产品之间的价格、内容等相关的详细信息，并逐步地筛选、淘汰，最终可以选出适合自身需要的保险产品。

(2)"大家保"是国内第一家保险 O2O 平台，对于它本身而言，并不从事关于保险销售的活动，而是通过"客户需求导向模式"为客户提供相关的保险机构、保险产品的深度信息"搜索＋比价"服务，其本质类似于垂直搜索平台融 360。

客户在进入"大家保"的首页后，可以根据相关的提示输入需要了解的有关信息，这样一来，即可免费获取 5 家保险公司的产品报价及保险订制的详细计划。而且，在完成对相关的保险挑选之后，即可进入相关的保险机构进一步购买。"大家保"在线选购流程，如图 4-3 所示。

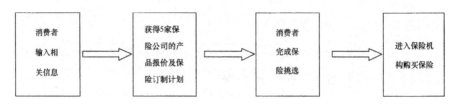

图 4-3 "大家保"在线选购流程

(3)2008 年上线的"大童网"是一家兼具 O2O 和 B2C 模式的保险产品平台,也是我国目前,规模最大、品种最全的一家网上保险超市。"大童网"的 O2O 模式主要用于预约现场服务的产品,根据客户选择相应的具体保险产品,然后单击"立即预约"进入信息填写专栏,然后进行填写相关的联系方式,实施预约下单,通过信息传递到理财顾问收到"相关信息"后,对客户进行相应的致电回访,根据客户的相关投保需求进行相应的分析,为客户量身定制适合自己的投保方案,等到客户满意后,便能进行签署保单的相关行为,保险合同就会立即生效。

"大童网"的 B2C 模式主要用于在线投保的产品,首先是客户通过保险计算器计算相关的保费,接着单击"立即购买"进入对应的信息栏,填写真实的相关信息。当审核信息顺利通过后,客户预览自动生成的保险订单,对投保信息进行检查,看看是否准确,确认购买后,通过网银进行在线支付。支付成功后,保单立即生效。预约现场服务流程,如图 4-4 所示。

图 4-4 预约现场服务流程

在线直接投保流程,如图 4-5 所示。

图 4-5　在线直接投保流程

二、互联网保险的主要特征

互联网保险自身有着其独一无二的特点。从它的实质上来说，由于保险产品的特殊性导致其在网络渠道发展的过程中也会具有一定的局限性。在充分地考虑到互联网保险的一些特点的同时，也只有通过针对相关的产品创新、模式创新才能进一步地打开保险网络销售的新局面。

（一）虚拟化

针对互联网开展的相关保险业务并不需要提供具体的场所和地址，流程相对而言也很简单，只需要申请一个网站，建立一个服务器，并能与相关的交易机构进行连接，就可以通过互联网进行相关的交易。相比起现实中的货币交易而言要比较简单，一切的金融往来都是以数字化的形式在互联网上进行。

针对这类互联网保险业务的开展，对保险公司在一定程度上来说，有相当大的帮助和益处，保险公司只需支付部分低廉的相关网络服务费，同时不再需要设立代理人、经纪人等中介服务，如此一来，针对个人保险的网上推销方案能比传统的推销方案方式节约 12％左右的成本。

（二）直接化

互联网对于时间上没有过分的限制，客户想要进行投保，随时都可以进行，而且互联网上也没有关于地域之间的限制，无论在哪，都可以登录相对应的网站，并展开相关的咨询、投保、理赔等业务。

互联网的这一举措,为人类的生活带来很多的便捷,比如没有了代理人、中介等部分的中间环节,消除了传统条件下双方活动的时间、空间和规模上的限制,群体可以更加系统全面,深入到不同的年龄段、不同的性格,那些保险代理人以前不方便联系到的人群,也可以轻易地联系到。

总而言之,客户和保险公司之间的关系更为密切,相互作用更加直接。

(三)电子化

关于互联网保险的相关投保业务,一般都是通过采用电子保单、电子支付等便捷的方式来完成,从最基本上实现了无纸化的双方间交易。

这样一来,规避了很多之前传统保险活动中的缺点,比如以前的传统保险活动中书写任务量较为繁重、保险单据的保存量大而且传递速度要相对而言较慢等,整体看来,不仅简化了整个流程,而且方便了相关数据的管理和开发。

(四)信息透明化

互联网保险使得客户与保险公司之间的信息不对称逐渐减少。通过在网上进行快速查询,消费者能够得到相关的一系列关于保险的信息,如险种介绍、保险费率、自动计算保费等。互联网保险超市更是直接为客户提供了便捷的机会,如客户可以比较不同公司的类似产品,这样的话,客户就可以根据自己的需要进行相关的选择,选择性价比最高以及最合适自己的保险产品。

由于这些特性,互联网保险具备了三大优势,分别是信息完全、成本降低和市场扩张,这些是导致互联网模式迅速发展起来的最为主要的原因。

1. 信息更完全

互联网保险能够起到一定的完善作用,使保险市场内部的信息更"完全",从而在很大程度上减少保险市场上各个保险主体、客体以及监管部门之间的信息不对称。

对于保险公司而言,也未尝不是一件好事,可以及时获得有关于保险客户的大量信息,通过互联网,还可以更好地了解保险市场和保险客户需求的进一步变化等。保险公司还可以利用互联网发布一些新险种的相关信息,客户也能通过互联网对保险公司的最新动态、保险产品的推广做进一步的掌握,并且通过互联网保险市场方便、快捷地比较各种保险产品的优劣。

2. 成本降低

通过互联网进行销售保单,经营成本在一定程度上会得到大幅的降低。保险公司通过实行在线直接销售保单的方法,节省下支付经纪人的佣金。即使是在网上进行相关的代理人销售保单,对于保险公司来说,也会节省一半佣金的支付。保险信息的搜寻、谈判、销售、签单等方面的费用也将得到整体上的大幅减少。

3. 市场扩张

互联网保险的直接化,决定着保险公司在互联网上开展的保险业务,不但能够挖掘到更多的新保户资源,而且为新的营销模式和服务也增加了更多的机会。

综上所述,与互联网金融相类似,我们可以将互联网保险的内涵概括为:保险为本、创新为魂、互联为器。保险依旧是互联网保险的本质,核心功能由保险产品风险保障与管理组成,但是在有关于渠道、场景、商业模式等方面实现了创新,并充分合理地利用了互联网的新技术,满足了投保人个性化、定制化的需求。

第三节 互联网保险面临的风险分析

一、互联网为保险业的发展创造了新机遇

(一)拓宽行业发展空间

互联网及移动互联技术的广泛性应用,使以前办不到的事在现在成为现实。基于淘宝网络购物开发的退货运费险,每单保费低至几毛钱。

在过去的传统保险经营模式下,对于保单成本来说,几毛钱是难以覆盖的。如今,在互联网时代成为可能,不但可以进行操作运行,而且仅仅几毛钱就可以享受十几元的风险保障,这一重大改变在一定程度上对于买家的运费损失进行了相对的弥补,还很好地填充了物流保障方面的空白。

(二)提高行业风险定价和风险管理能力

对于互联网的大数据应用,有很大的特色,可以一定程度上支持保险业细分风险,提供更精准的保险定价,使得行业风险识别和风险管理能力有所提高。

比如,汽车保险的游戏规则可能会受到车联网应用的影响,从根本上得到改变。保险公司可以在汽车上加载相关的车联网设备应用,以此来收集驾驶人的驾驶行为信息之后统一纳入车险定价,实现"随车随人"的方便的定价方式。这一举措将会对传统的车险定价模式有一定程度的颠覆。

(三)优化行业销售模式

互联网新技术的广泛应用,可以针对传统的保险做出一定的

改变,改变原有的依靠人海战术、效率低下的现象。基于互联网先进的技术,保险公司的销售人员能对消费者的需求做出准确预测,实现精准的"场景营销"。

如根据消费者订购机票的相关系列行为,可以实施向其推送航空意外险、旅游意外险等相关的产品。这种由客户的需求触发销售和服务的模式,能够有效地避免销售扰民、强制推销等现象发生。

(四)提升行业客户服务水平

随着互联网技术的日益发展,消费者突破了受到来自时空上的限制,可以通过在线获得承保、理赔全流程方便、快捷的专业服务,这一发展在一定程度上优化了保险消费者的用户体验。

如,购买航班延误险或风力指数海水养殖保险后,因航班延误或台风灾害造成了较大的损失后,无须提供气象证明,客户甚至不需要提出理赔申请,保险公司就可根据大数据传递的信息,及时对被保险人的账户支付相应的赔款,简化了传统保险查勘理赔的繁冗流程,提高了服务效率。

综上所述,虽然保险与互联网的融合处于刚刚起步的状态,尚未形成完整的保险业态,但是,保险与互联网的融合是大势所趋,也是对传统保险的有益补充,具有广阔的发展前景。

二、互联网保险存在的风险

对于保险的根本属性来说,互联网是没有办法对其进行改变的,相伴而生的一些新型风险可能与传统风险产生叠加效应,给互联网保险带来潜在的风险和问题。

(一)信息披露不充分

象征互联网保险业务最终完成的标志主要是由消费者进行自主交易,与传统的交易方式相比,就是缺乏面对面的交流沟通。

而且,网络销售强调的是夸张化的营销方式,保险产品却是严谨审慎的销售要求,两者之间的差异较大。因此,全面、充分的信息披露和风险提示就显得尤为重要。

目前,一些第三方平台销售保险产品,都有这些不可避免的特点,信息披露相对而言不是特别完整充分、对于保险产品的性质做不到强化、与一般理财产品混淆、过分地夸大收益率、缺少风险提示等相关问题,对消费者的权益造成了一定的损害。

(二)产品开发不规范

虽然保险业在大数据的应用方面进行了相关的积极探索,但总体上来说,经验积累及一些其他的能力还不是特别的平衡。由于缺少对相关历史数据的积累及合理应用,在创新型产品开发上还存在一定的定价风险,可能产生较大偏差。

(三)信息安全有风险

信息系统是指互联网保险的技术基础。

目前,依靠大数据、云计算等新技术发展进行相关支撑的互联网金融还不是特别的成熟,安全机制也尚不完善,安全管理的水平有待提升。

处于电子化状态的互联网保险业务数据和客户的个人信息,需要得到相应的安全措施,如果这些相关的信息安全得不到有效的保障,那么对于业务数据和客户信息的泄露将会造成严重的后果,引发重大风险。

(四)创新型业务风险

互联网金融的兴起,相应地丰富了金融产品的层次,也产生了对于新的风险管理的需求。保险公司对这类创新型业务的合规性判断、产品开发、风险识别和风险定价能力还有待提升。

如,2014年初,某保险公司曾专门为银行拟发行的虚拟信用卡开发了个人信用卡消费信用保证保险,后被紧急叫停。又如,

P2P 平台去担保化趋势已渐明朗,已有部分保险公司开始尝试与 P2P 合作,提供信用保证的保险服务。

(五)反欺诈能力待提升

互联网保险具有的特点众多,不能进行相关的面对面交易就是其中之一的特点,这也就给保险公司造成了一定的难度,对于投保人或保险标的风险水平无法进行直接地观察和了解,不能做出相应的评估,这就使得对公司的风险管控能力提出了更高更严格的要求。目前,有关诈骗保险金等违法犯罪的行为时有发生,而究其根源,主要源于一些不法分子通过互联网进行投保,之后进行相关的违法犯罪活动。

如,保险公司已发现多起关于职业骗保的团伙与快递公司进行私下勾结的违法行为,合谋骗取退货运费险赔款。针对目前这种险峻的形势,保险公司亟须运用高科技先进手段,采取相关的措施,使自身反欺诈的能力不断得到提高,使风险管控水平有所提升。

(六)客户服务能力需完善

销售,属于保险经营链条上的其中一个环节,保险产品价值的真正体现是对客户的服务。无论是传统产品向网络化发展,还是互联网进行相关的创新产品,对于消费者来说,服务都应该有方便、快捷的相关理赔事项。

目前,由于个别的保险公司针对线下客户的服务能力不是特别的完善,没有实现服务"落地",这样一来,消费者很容易对其造成不满或是进行相关的投诉。

三、互联网保险产品的"优胜劣汰"

对于传统的保险产品来说,由于大多数都是条款复杂、定价不一的,因此需要大量的建议性服务,对于客户来说,如果没有保险公司的相关工作人员进行帮忙,很难保证他们自己能够完成网上投保的过程,对于公司自身也一样,保险公司也很难实现即时的自动核保。保险公司的能力也是有限的,很难将网上咨询、网上投保、网上核保、网上支付、网上出单等系列流程做到全部自动化。

现在,很多国内保险公司还是停留在网上查询产品资料的阶段,其实,这只是简单的金融公司互联网化的一个具体的表现。

然而,真正的互联网保险应该能够灵活掌握并合理运用互联网的特点,寻找适合进行互联网营销的保险产品。像一些产品具有复杂性高、交易金额大的特点,比如大额的商业保险,就不适合在互联网上进行相关的销售。

一般情况下,针对个人用户的车险、意外险、医疗健康险等险种产品,会更适合在互联网上进行营销。这些互联网保险产品拥有相对简单、标准化程度较高、保额较低的一些特点。比如,中德安联网站提供的在线投保产品普遍低于 100 元。适合互联网营销的险种通常是指需要少量参数即可描述和定价的保险产品。

尽管互联网保险产品的销售额在大体的趋势上来看呈现出了急速增长的速度,但是仍存在一些细节的问题。

(一)网销产品缺乏差异性

一般来说,保险公司的互联网保险产品几乎没有什么大的变化。寿险公司的产品主要包括个人意外险、医疗健康险;产险公司的产品主要包括个人短期意外险、机动车辆险、货运险。

在互联网保险产品行业里,同质化的现象比较严重,有关责任方面,也没有标准化的规定,没有标准化的理赔服务,因为理赔过程需要进行大量的工作调查和复核工作。

(二)产品的附加服务欠挖掘

保险产品的附加服务,是一种额外的服务,即保险公司除了基本的保险责任外附加为客户提供的。附加服务是一种差异化的服务,保险公司的服务特色和水平如何,在这一方面完全能够体现出来,满足客户的个性化需求是附加服务的基本目标。对于保险公司来说,针对客户的个人相关的信息数据库完全可以利用自身的电子商务平台去建立,然后逐步地挖掘潜在的深度数据,有针对性地为客户提供个性化服务。

在目前的中国保险公司来看,这样的附加价值还没有被重视和挖掘。与传统模式不同的地方是,客户导向是决定互联网保险的关键之一。

因此,在对保险产品创新进行深入研究之前,首先应针对客户购买行为进行相关的研究和分析。网上顾客的购买行为主要有以下 7 个特征。

(1)追求方便、快捷的网上购物体验。

(2)希望了解更多的保险知识、保险公司和保险产品信息,对比不同公司的同类产品,掌握消费主动权。

(3)消费者心理稳定性不足,转变速度快,忠诚度和稳定性较低。

(4)主动消费倾向较强,消费具有目标性,一般表现得较理性。

(5)重视个性化消费。

(6)价格的影响力仍然很大。

(7)希望方便地与保险公司保持在线沟通。

结合互联网上的消费行为特征及互联网保险市场的自身特点,我们认为,互联网保险产品的开发需要坚持以下重要原则。

1. 产品价格更低,服务更好

保险公司树立的思想,应该做到与消费者共赢,与消费者一起分享网上交易过程中所带来的相关成本节约。保险电子商务可以使保险公司降低包括销售、保单管理、赔款支付以及索赔管理等在内的总成本。

因此,保险公司应适当地从交易的节约成本中取出一部分资金,针对在线购买保险产品的消费者进行鼓励。可以采用一些具体措施如:在价格上实行优惠折扣,在服务方面提供一些便捷的附加服务;为消费者在风险管理方面定期地提供一些合理的建议;发放一些实用的电子小册子;及时在网上发布一些和消费者有关的信息;为消费者提供电子邮件服务;创建网上社区等。

2. 产品设计与传统产品相对定位

互联网产品应该区别于传统产品,这样一来,公司内部的产品营销才能做到相辅相成,在利益上减少冲突。由于在相当长的一段时间内,传统营销渠道的地位是不可能被互联网保险渠道的地位完全取而代之的,因此对于互联网保险产品的设计与营销方式,也不应该与传统产品进行重叠。

事实上,保险公司应该适当地调整公司内部的保险产品,进行简单与复杂的划分,把相对而言简单的短期险种放到互联网上进行营销,其他渠道则去营销相对来说比较复杂的保险产品。这样既能发挥互联网的优势,又不会打消其他销售渠道的积极性。

除此之外,各个保险公司也可以向美国的保险公司 AnnuityNet 借鉴、学习一下经验,针对客户开发一些相关的适合网络营销的产品,以免与传统营销渠道的营销造成冲突。

3. 产品条款应更通俗化

目前,就市场上的保险条款的相关内容来说,呈现的专业性过强,一些专业术语显得过为晦涩难懂,对消费者的阅读与理解造成了一定的影响,并且在网上进行有关营销渠道的竞争力也有所下降。究其原因,源于客户对保险条款看不懂或者心生疑惑,导致其最终放弃购买或者选择直接采取传统的购买方式。

除此之外,保险条款设立规定的不明确、不易理解也容易给客户造成误导。保险事故发生后,双方容易就保险责任问题意见不同,最终保险公司的声誉和利益也会受到相关的影响。

4. 标准化程度应更高

标准化,对于电子商务的规模优势能够更好地发挥,在一定的程度上还能满足消费者偏爱比较的心理需求。标准化特点重在强调客观、公正,而明确产品的基本条款、基本责任是它的核心。

对于消费者来说,针对保险术语进行相关的标准化,可以使其对保险产品和保险条款做到更好地理解和体会,在进行选择上提高自由度。

5. 满足客户的个性化需要

对于互联网消费者来说,个性化消费是他们比较注重的一个问题。目前,对于国内的保险公司来说,不管是互联网保险公司还是传统保险市场上,都有一个普遍的问题,即产品相对来说比较单一,保障范围不是特别全面,针对客户的个性化需求不能做到很好地满足。造成这种问题的原因有很多,其中的原因包括技术因素、政策因素,但最主要的还是成本因素。

不过,随着互联网保险业务的不断扩大,会出现越来越多的个性化产品和服务。

6. 重视客户体验

在传统的保险市场上,保险代理人会根据消费者在投保过程中提供相关的咨询服务,以此促进保险交易的顺利完成。在互联网保险市场上,保险交易能否顺利完成,最为直接的一个关系就是与客户在进入保险公司电子商务平台后的体验有很大关系。一个网络购物环境呈现的好坏,主要与保险公司电子商务平台的设计是否具有吸引力、交易程序设计是否便捷和合理、支付工具是否安全等方面有关。

实践表明,在互联网保险市场上,客户看中的往往是保险公司电子商务平台的方便快捷程度。

(三)创新方向

1. 进一步推广简单的个险产品

对个险产品的标准化,包括人身意外险、旅游险、健康险、车险等一些相关的保险条款,这些保险通俗易懂、保单标准化程度相对来说较高,且保费低廉、无须核保或能够网络自动核保,营销渠道与传统方面没有过为明显的冲突,所以适合在网上展开直销。

旅游险现在在中国掀起了一阵热潮。除此之外,旅游险的营销产品多半采用与航空公司的机票捆绑的营销模式,然而在欧美国家,旅游险表现得更为多样化。比如,申请申根签证时必须购买的旅游险能够保障整个旅途的安全,不仅包括航班延时、取消,更包括旅途中东西被盗、丢失等多种情况,有些甚至还会包括申请签证失败的保险条款,可谓千奇百怪。这些都值得我们借鉴。

除此之外,我国还应该去积极尝试,大胆地开发一些富有创新性的产品,比如国外的网络宠物保险。中国人保的 e 系列产品都是针对性较强、敢于创新的互联网保险产品,一些创新的财险还可以通过网上询价和后续的上门服务的方式加以推广。比如在英国,消费者就可以通过 www. jewellery2insure. com 对各种珠宝申请购买保单,之后工作人员会跟进保单申请。

2. 发行投资理财类保险产品

近年来,保险公司对投资理财类保险产品特别地重视。投资理财类产品有着较低的保险金额和简单的核保程序。

目前,在针对个人消费市场方面,多家险企争相推出的险种种类中,除了消费型的意外险、车险等外,销售火爆的产品多半是以理财型的保险产品为主,比如光大永明人寿预期年化收益率达4.5%的"增利宝"。除了与其他类型的电子商务网站搭载或合作销售的模式,保险公司也运用自己的网络平台进行营销。

3. 树立互联网保险品牌

由于目前在网上保单签单和保费支付等交易环节,存在一些法律方面的问题没有适时得到有效解决,同时人们对于保险公司对消费者个人资料的相关保护措施的效果还存有一定的疑虑,因此,在进行互联网购买过程中,培养消费者对保险公司的信任显得至关重要。对保险电子商务平台的建设是保险公司树立互联网保险品牌的关键所在,而着重开发出一系列能够满足网络客户需求的互联网保险产品是它的核心。

因此,保险公司在针对互联网保险产品进行相关开发时,要做到始终贯彻树立网络品牌的理念,以客户为中心,在产品设计的每一个环节精益求精,以优质的服务满足网络客户的需求。

4. 加强模块化设计

保险产品的个性化设计可以通过一个个标准化产品模块的相互组合来实现,在国外这种模式到处都是。以意外险产品为例,其模块可以这样设计,如图4-6所示。

保险责任模块化设计	除交通意外、组合救助服务外,添加潜水、跳伞等特定意外保险责任模块,还可以附加意外门诊、医疗保障,做成可选项供消费者在线选择。
保险期间模块化设计	按飞机航程、火车旅程、轮船班次或按小时、天数、星期数、月数、年数分段设计,时间越短、里程越短,其单位时间、单位里程的费用越高。
保险金额模块化设计	将产品分成不同的级别或设立单位保额,由消费者选择其倍数进行购买,满足其对不同保额的需求。在风险可控的范围内,客户可以自由选择将这些模块组合成自己需要的个性化保险产品。

图4-6 意外险产品组合

5. 开发团购保险产品

由于团购的热潮,互联网的方式也有了相应地改进,保险产品开始采用团购营销方式。目前的团购保险产品主要集中在意外险、旅游险、留学保险、家财险、健康险和车险等金额小、手续简单的品种,而平安、泰康、华安、阳光等多家保险公司已参与其中。

未来的保险团购模式可以分别从以下三个方面进行发展。

一是保险供应商垂直团购平台,也就是保险公司自身设立的团购网站,通过网络团购的方式销售自身产品,比如泰康人寿于2011年4月率先推出国内第一个也是迄今为止唯一的保险团购网站——"聚保团";二是其他独立保险网站通过已有互联网保险平台推出合作保险公司的保险团购产品;三是专业团购网站与保险商家合作推出保险团购产品,也就是目前最流行和最普遍的团购模式。

四、互联网保险的监管

互联网保险目前还处于发展的起步阶段,同时符合信息化时代的发展趋势,因此,建议原则上应该坚持发展与规范并重,积极地引导互联网保险健康规范的发展。

(一)鼓励创新

互联网保险是一种新生的事物,目前仍处于发展起步阶段,在金融业态方面还没有形成足够的稳定性,同时,对于互联网保险的发展规律和风险特征的认识方面也有待加强,因此,建议在态度上保持开放包容,并同时支持和鼓励创新,为互联网保险的发展预留一定的空间。

(二)适度监管

坚持底线思维的方式,在守住风险底线的前提下,坚持线上与线下的监管达到一致性原则,对于与法律法规间的统筹做好相应的衔接,以防范系统性风险和解决突出问题为重点,不断完善相关的监管措施。

(三)切实保护消费者权益

在针对消费者保护的方面,对互联网保险提出了更高的要求。因此,建议重点加强产品开发、信息披露、信息安全、落地服务以及第三方平台等方面的监管,增强互联网保险业务的透明度,切实保护好消费者权益,推进互联网保险健康规范发展。

第五章 互联网理财:国民理财新渠道

互联网和金融业的强强联合对传统金融产品的运营模式造成了颠覆性的影响,互联网公司大举进军金融领域以颠覆性的思维和创新型的方式重新定义了金融规则并引发了整个金融市场的动荡。由此,2013 年被业界称为互联网金融元年。面对互联网理财的正面竞争,许多银行及其旗下的基金公司随之跟进。而银行系"宝宝"类理财产品并非以往理财简单的改头换面,而是融入了在赎回、结算上更加便利的互联网理财的特质。

第一节 互联网理财产品的概念与特点

一、互联网金融理财产品的定义

互联网金融理财产品,是相对于传统金融理财产品而言的,由传统的线下实体银行、基金、证券等公司转到虚拟的互联网平台上,如互联网理财产品行业龙头余额宝、腾讯打造的理财通以及平安银行推出的平安盈等,其本质仍然是金融理财产品,唯一的不同在于交易平台是否在线上。互联网企业利用多年来积累的用户资源优势,结合用户以及企业自身的可持续发展需求,打造出草根民众也能参与的、低门槛高收益的理财产品。

相较国内银行偏低的活期和定期收益率以及动辄上万的理

财产品投资门槛，互联网金融理财产品以其便捷的操作方式、时时公布并不断攀升的收益率、自由灵活的投资期限、最低为零存取时间差等明显优势从银行分流存款资金。尽管到目前互联网金融理财产品汇集的份额与传统银行相比还只是小部分，但其如火如荼的势头让传统银行业备感压力，越来越多的传统银行开始由线下转到线上，推出自己的互联网理财产品。

二、互联网金融理财产品的特点

互联网理财产品之所以受到广大用户的青睐，大致可归结为以下几点。

(一)便民理财,理念先行

首先，各互联网理财产品为热衷于理财的普通老百姓打开了一扇新的大门。长时间以来，我国的投资理财渠道较为匮乏，一些理财观念较强的百姓只能将部分资产用于房市、股市或者银行债券等的投资，这类投资方式要么门槛高、风险大，要么回报率低，绝大部分手里有闲散资金的投资者都只能从银行获取低廉的存款利息。而余额宝等新型理财产品乘着信息技术创新的东风蓬勃发展，以电子商务为载体，以多年积累的广大用户为生存根本，将用户体验推向极致。就余额宝的理财形式来说，这一理财平台以远高于银行定期存款利息的额外收益为竞争点吸引了一大批用户将存放于支付宝的备用金转移至余额宝，实现了双方的共赢。值得一提的是，余额宝推出伊始主要吸引的是闲散资金规模微不足道的中下阶层——草根群体，这一广大群体恰恰是银行最不重视、基数虽大但个体资金规模几乎可以忽略不计的草根群体，根据"二八法则"，银行一直将更多的注意力集中在高价值客户身上。而互联网理财产品从长远角度考虑，意识到身为时代的弄潮儿的年轻群体一方面对互联网较为熟悉，易于接受依托于互联网的理财产品；另一方面随着自身发展，财富将逐渐增加，逐渐培养的对互联网金融的忠诚度将会促使其长期投资,最终双方都有所获益,而银行能否争取回这一部分客户还有待观察。

(二)低门槛,高收益

通过调查可以发现,传统的银行理财产品都存在投资门槛,最低标准为 5 万~10 万元不等,而互联网理财产品则表现得更加亲民,"门槛"低至 1 元甚至 1 分,这使得没有很多闲散资金但投资潜力巨大的年轻群体实现了自己的理财愿望。几乎无门槛的投资方式、高于普通理财产品的收益使得互联网金融理财产品吸引了一批又一批的客户,在用户体验的同时也为其打消了投资疑虑。此外,余额宝还设有理赔服务,只要符合一定条件余额宝便可以为客户的财务损失买单,这既大大消除了广大投资者的后顾之忧,也增加了余额宝的安全性,为吸引客户又增加了一大砝码。

(三)高流动性,理财模式碎片化

相比银行复杂的存取流程,互联网理财产品的流程更便捷,随时随地在电脑或者手机上便可完成。另外,互联网理财产品对投资起点几乎没有要求,方便用户将自己的零散资金时时存到互联网理财产品平台,实现碎片化的理财模式。互联网金融理财产品的高收益加上实时到账、随存随取的特点,使用户在享受远高于银行 1 年期定期存款利息的同时获得活期存款的灵活性。

(四)新兴模式,安全角保障

以余额宝为代表的新型理财模式,将在线购物活跃的年轻用户群体作为切入点,这个群体的用户有一定的消费能力,同时也是最易于接受新兴事物的群体,以点带面让广大用户从线下走到线上,从传统走到理财前沿,以低门槛、高收益、便捷操作方式等优势吸引用户参与互联网理财。同时,面对防不胜防的手机移动支付和互联网支付漏洞,为了给予客户充足的安全保障,除了加强技术保障,强化安全机制外,在资金赔付方面,阿里的做法是对转入余额宝的资金由众安保险承保，被盗 100％ 赔付，赔付无上限；财付通通过与中国人保财险（PICC）合作，确保诸如理财通账户被盗、被骗等情况下用户的资金第一时间全额赔付等措施。

随着银行业各种类似产品的进入，理财产品市场的竞争愈加白热化，互联网理财产品的收益率趋于平缓，随着国内宏观经济政策的宽松化，各种理财产品的收益率可能进一步走低，但互联网理财产品的出现开创了全民理财的新纪元，尤其是它的研究价值。

行业先锋余额宝已经连续多月收益垫底。截至 2016 年 12 月，余额宝的 7 日年化收益为 2.895％，微信理财通为 2.458％，京东小金库为 2.640％。一方面，余额宝虽具有庞大的资金规模，但部分款项贷不出去，降低了其资金利用率，从而拉低了余额宝的整体收益。相比之下，腾讯、苏宁、京东、网易等公司的理财产品，资金规模要小很多，在资金利用率上更充分，也更具灵活性。另一方面，余额宝庞大的资金规模，导致其对接的天弘基金不堪巨额实时赎回所要求的垫资负担，也是其收益下滑的原因之一。在从紧的财政政策下，余额宝的规模是一把利剑；而在宽松的财政政策下，过大的规模则容易适得其反。另外，天弘基金虽然凭借余额宝一跃成为国内最大的基金，但具有偶然性，其根基并不如华夏基金、嘉实基金等稳固，在操盘能力方面的经验是否能与对手匹敌，我们不得而知。现在，银行也开始推出年化收益率高过或与余额宝持平的理财产品。随着互联网理财产品大行其道，余额宝的先发优势正逐渐丧失，百度、京东、苏宁等互联网巨头已推出类似的产品，传统商业银行也虎视眈眈发起反击，用户已经开始酌情选择其他一些优质的理财产品。

第二节　互联网理财产品的几种模式分析

人们理财观念的提升和生活水平的提高使得越来越多的人谋求更大的收益，倾向于将闲散资金用来购买基金。当前我国主要以商业银行为主要渠道来进行基金的销售,基金管理公司和证券公司辅之。在信息技术飞速发展、网络支付安全防御体系逐渐健全的时代大潮之下,许多基金销售结算机构瞄准发展机会、抓住发展契机,积极拓展基金网上销售支付结算业务。

随着第一个试水互联网金融理财的余额宝在一年内赚得盆满钵满,越来越多的互联网金融理财产品开始纷纷入市争夺这片蓝海,继余额宝之后腾讯推出微信理财通,百度推出百赚,苏宁推出零钱宝等,一时间各种"宝宝"类理财产品平地突起。在当前投资环境较为乐观的市场上,互联网金融理财产品大都以低门槛理财、收益远超银行存款利率、快速取现等为宣传标语,不断吸引着广大客户。

自从余额宝以敏锐的洞察力吃到互联网金融的第一只"大螃蟹"之后,基金公司、电商、基金第三方销售机构蜂拥而上,都想在互联网金融理财产品方面分到一杯羹。现如今,互联网金融已进入理财产品爆发式增长阶段,电商、搜索网站、门户网站、基金公司、银行等公司都相继踏入这一领域,如新浪发布"微银行"后推出新浪微财富;腾讯继 2013 年 8 月发布的微信 5.0 版新增了支付功能后,9 月与浦发银行正式签署《战略合作协议》,2014 年初推出理财通;10 月中旬,银联商务推出天天福,百度理财继百发之后的百赚。各银行也不甘示弱,纷纷加入互联网理财战队中,众多"宝"的混战开启。

琳琅满目的互联网金融理财产品,可以根据基金发行公司的不同进行分类,如汇添富基金、广发基金等;按照理财产品品种的不同,可以分为互联网基金、互联网债券、互联网货币及互联网保险等;按照发行公司的不同平台类型,可以分为互联网平台类、银行类、基金直销类、电信运营商及其他类。

为了让读者对互联网金融理财产品有宏观的认知,本书将根据发行公司平台类型的不同选取比较有代表性的互联网理财产品进行分析。

一、互联网平台类

互联网平台类可以根据各平台的业务领域不同,进一步细分为电商类、门户网站类、搜索网站类。其中,电商类代表有阿里巴巴旗下的余额宝和招财宝、腾讯推出的理财宝、苏宁云商的零钱宝以及京东商城推出的小金库等;门户类以网易旗下的现金宝以及新浪微财富为代表;搜索网站以百度推出的百发、百赚为代表。

(一)余额宝

1. 余额宝介绍

支付宝是由阿里巴巴集团创办的第三方网上支付平台,而余额宝是支付宝为个人用户推出的通过余额进行基金支付的服务,把资金转入余额宝即为向基金公司等机构购买相应理财产品。从本质上看,余额宝其实是一个基金直销平台,是第三方支付业务与货币市场基金产品的组合创新,投资者通过这个平台可以直接方便地购买货币资金。余额宝的理财产品就是货币资金,支付宝只充当了一个"向导"的作用,负责将客户引入这个平台,但其既不参与基金销售业务,也不介入基金的投资运作。客户一旦将钱转入余额宝即可视作其认购了一定数额的基金,在此种业务模式下获得投资收益。

余额宝所代表的货币基金学名叫作"T+0"货币基金。传统的货币基金赎回需要"T+1"或"T+2"日,作为现金管理工具不够便捷,为了抢占券商股票保证金的市场,基金公司不断改良,从基金申购头寸中拿出一部分先行垫资给客户,实现了货币基金的"T+0"赎回(申购"T+1"日)利用取现的便利性实现货币基金手机充值、信用卡还款等增值服务,实现了很多消费领域现金管理的功能。

2. 余额宝的生产内容

余额宝将客户群定位于数量可观、潜力巨大的小额投资者，以聚沙成塔的模式实现着自身的快速发展，这对银行的活期存款构成了极大的威胁。毋庸置疑，余额宝等互联网金融平台正以其日益显著的优势与传统的理财平台如银行等共享一块"大蛋糕"，且占有份额呈扩大趋势。随着信息技术的发展，未来的支付宝将可能是一个综合账户，不仅仅是用于支付和购买短期理财产品，还包括贷款、存款，购买基金、资本产品等一系列综合金融服务。

余额宝将支付宝中的余额直接用于购买天弘基金公司的货币基金产品——天弘增利宝，既满足了用户对财富增值的需要，也使支付宝中的沉淀资金盘活，还帮助基金公司提升实力，实现三赢。余额宝模式成功的关键因素有很多，比如优秀的用户体验、客户权益保障、理财门槛低等，但最为核心的一点是传统企业与互联网巨头用户、品牌实力的注入，余额宝的成功本质上是互联网和金融合作的成功。

(1)余额宝运作的基本原理(图 5-1)

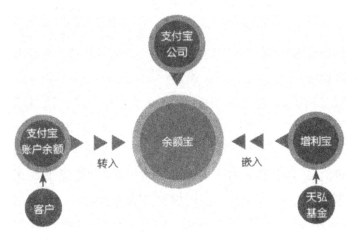

图 5-1 余额宝的运作原理

(2)余额宝的生产情况

余额宝的收入主要(93%)来自存款利息收入,债券利息收入和其他分别只占 4% 和 3%。余额宝的银行存款中主要是定期存款,其中:0% 是活期存款,1 个月以内、1~3 个月和 3 个月以上的定期存款分别占 29%、48% 和 23%。

(3)余额宝的生产功能

余额宝一经推出就风靡网络,它是支付宝创新开发的一种余额增值服务,即把钱转入余额宝中就可获得相对于银行利率较高的收益,其旨在开启"零散化理财"时代。而所谓的余额宝高收益,实际上就是顾客购买了一款由天弘基金提供的名为"增利宝"的货币基金。

余额宝在提供高收益的同时也为消费者提供了多样化与便捷性的功能与服务,满足着顾客的不同需求,主要功能如下。

①余额增值生产流程

余额宝实际上是将基金公司的基金直销系统内置到支付宝网站中,用户将资金转入余额宝的过程中,支付宝和基金公司将通过系统的对接为用户完成一站式的基金开户、基金购买等服务。用户如果选择使用余额宝内的资金进行购物支付,则相当于赎回货币基金。整个流程就与给支付宝充值、提现或购物支付一样简单。

余额增值服务是余额宝最重要的功能之一。用户通过余额宝能够获得相对于银行利率较高的存款收益。与此同时,相对于其他互联网金融理财产品,余额宝的准入门槛很低,对于用户的最低购买金额没有限制,1 元钱就能起购。

②随时提现和转账的生产流程

第一,随时提现。余额宝提供随时提现服务并且不收取任何费用,一般情况下,次日即可到账。随时提现是将余额宝中的资金通过支付宝转入与支付宝账号绑定的银行卡中,其特点是方便快捷,且不用支付任何费用。

第二,转账。余额宝具有转账功能,即将余额宝中的资金通过支付宝转到银行卡中。转账功能实际上与提现功能都相应有自己的优势与不足。在功能方面，提现只可以将余额宝中的资金转到与支付宝绑定的银行卡里，而转账功能则是可以转到客户指定的任何一张卡里；在费用方面，转账需要相应地收取一定的费用，而提现则是全免费的；在效率方面，转账的效率一般要高于提现的效率，转账支持两小时到账处理，而提现一般支持次日到账处理。

第三，转账形式。余额宝有两种转账形式，首先是通过余额宝直接转到相应的支付宝账户，其次是将余额宝上的资金转到自己的银行卡上。虽然转账功能为用户提供了很大的便捷，但是在转账过程中，还是存在不足，即不能把余额宝里面的资金直接转入相应的银行卡里，这成为支付宝直接转账的壁垒。

③动态收益随时查看的生产流程

余额宝是互联网金融理财的一个创新，不仅在理财形式上进行了巨大的创新，在金融理财的传统概念上也进行了创新。其中，余额宝动态收益随时查看功能就有别于传统金融。由于余额宝收益率的特殊性和基金收益率的动态性，用户每天可以在余额宝主页面上查看自己的收益，还可根据每天查看到的自己的收益调节余额宝上面的余额。

④交易支付的生产流程

余额宝不仅仅是一个具有余额增值业务的服务，它还具有交易支付功能。余额宝结合了支付宝的功能，弥补了支付宝的不足，既可以余额增值还可以随时对网上购物进行支付，实现了理财与基金的双向结合。

⑤可选择的服务

余额宝针对不同的用户提供了可选择的功能，用户在注册余额宝的过程中，可以自行选择是否需要以下三种服务。

第一，实时通知。余额宝支付、转出金额超出 200 元，支付宝钱包或短信会进行实时通知。

第二，自动转入。开通后账户余额将自动转入余额宝。

第三，消费代扣。消费代扣服务是余额宝的一大特色。现代人可能会忘记定期交一些费用，比如煤气费、水电费等，消费代扣服务可以帮用户解决这一烦恼。消费代扣服务是一种周期性自动扣款服务，还可以帮信用卡自动还款。

3. 余额宝能获得高收益的原因分析

余额宝的高收益是相对而言的，鉴于绝大多数中国人最了解的是银行的活期存款，所以余额宝在市场推广之时，将其收益率与银行的活期存款利率进行比较，相比无门槛的银行活期存款以及银行基金类理财产品，余额宝既取消了基金的高门槛，又实实在在提高了客户的收益，其模式实现了"活期的灵活性与定期的高收益"的高度统一。余额宝之所以比银行现金管理产品收益率高，是因为其推出伊始恰逢市场钱荒，货币基金的收益率走高，下半年资金紧张状况加剧，同业拆借利率持续走高，以做短投为主的货币型基金收益率冲高也很容易。

另外，我们还可以从流动性管理和监管成本两方面对余额宝高收益的原因进行分析。

(1)流动性管理方面。从本质上来说，余额宝和银行现金管理产品并无二致，主要的投资方向都是银行间市场，属于同一类型的理财产品。它们的业务中都包含银行协议存款和国债回购，且支持随时申购或者赎回。但是余额宝和银行现金管理产品在流动性管理方面有着巨大的差异，这也就是余额宝的优势所在。余额宝的基金合作方是天弘货币基金，其主要的投资策略是将募集到的资金大部分用于长期的银行协议存款，小部分用于国债回购，协议存款期限一般为 6 个月，较为稳定；而银行的现金管理产品每天要面对大量的申购和赎回，为了应对流动性风险，银行在进行资产配置时考虑流动性资产的占比较高。余额宝产品是净申购，短期没有赎回压力；基金存放银行的协议存款是有提前支取特权的，基金公司可以零成本地提前支取协议存款。

(2)监管成本方面。余额宝和银行的现金管理产品面对的监管政策是不一样的。银行现金管理产品作为保本理财产品，被划定为银行一般存款,可以计入贷存比。作为存款,银行必须向央行缴存 20% 的存款准备金。对于存款准备金,央行支付的利率仅为 1.62%,银行只有将另外 80% 部分的收益摊平下来补贴给上缴的 20% 部分。即使银行产品实际投资收益达到 5%,但算上 20% 存款准备金部分,最终整体收益为 4% 左右。而目前对于余额宝却没有这样的监管要求,募集资金可以 100% 投到市场,收益自然高出银行的传统理财产品。

另外,我们将余额宝与其他金融理财产品进行对比时,不应只盯着"7 日年化收益率"及"万份收益",应该从流动性、收益性和安全性三个维度进行更客观和全面的分析。

(1)流动性。它是指资产能够以一个合理的价格顺利变现的能力,由于消费者的交易动机、谨慎动机以及投机动机,决定了每个消费者都具有流动性偏好。尽管目前各理财产品的流动性趋于一致,但不同互联网金融理财产品的支取时间仍有一定差别,消费者应根据自己的偏好进行选择。

(2)收益性。它可以理解为牺牲资金部分流动性所需要的补偿。在安全性一致的条件下,流动性和收益性显然是越高越好。对于甲和乙两种金融工具,如果甲的流动性和收益性都比乙要高,那么显然甲比乙更好;如果甲和乙一个流动性高、另一个收益性高,就只能认为这两者是用来满足不同需求的金融工具,要看消费者的使用偏好和习惯。

(3)安全性。虽然当前网络支付安全防御体系已经较为健全,余额宝和基金公司可以将风险控制得很好,但是在实际的市场环境下,只有银行存款的风险才可以认为是"0"。银行作为国家的金融管理机构,需要在法律规定下为客户的存款付相应的利息,即使银行宣布破产也不会对客户造成损失,其必须先付清存款利息才能进行后续流程。与之相比,货币基金类的理财产品并不受法律的保护,作为投资和收益的一种方式,卖方并没有承诺买方一定不会亏损并且带来收益。我们常常会在相关网站上看到诸如此类的宣传标语用以提示投资者:"理财有风险,投资需谨慎。"

4. 余额宝的创新之处

相比银行传统的理财产品，余额宝具有以下特点。

(1)便捷性。余额宝的便捷性主要体现在两个方面。第一，支持支付宝账户余额支付、储蓄卡快捷支付(含卡通)的资金转入。转入余额宝内的资金分两种方式进行，由基金公司进行份额确认，对已确认的份额会开始计算收益。具体为：其一，"T＋1"模式，即是在工作日(T)15点之前转入的金额将在第二个工作日，即"T＋1"由基金公司确定基金份额；其二，"T＋2"模式，这种模式是在工作日15点以后转入余额宝的资金会延迟一个工作日即"T＋2"日确定基金的份额。第二，余额宝内的资金还能随时用于网上购物、支付宝转账等支付功能。

(2)灵活性。余额宝的灵活性体现在用户可随存随取、随时消费支付和转出；相比银行理财产品需要排队抢购的情况，余额宝可24小时随时购买；余额宝转入的资金没有数额的限制，最低1元计息，最高没有限额。

(3)高收益。通过余额宝，用户不仅能够得到收益，还能使用户在支付宝网站内就可以直接购买基金等理财产品。同时，和银行活期存款利息相比，通过余额宝，用户存留在支付宝的资金不仅能拿到"利息"，所获得的收益几乎是银行同期活期存款的10倍以上，而且不收取手续费。

(4)低风险。转入余额宝的资金在第二个工作日由基金公司进行份额确认，对已确认的份额会开始计算收益。实质是货币基金，虽仍有风险，但风险性较低。支付宝资金安全已由平安保险全额承保，如果支付宝账户被盗，余额宝产生资金损失，用户都能得到赔付，赔付金额没有上限。

(5)信息发布及时。余额宝捆绑的货币基金每日进行分红结算，每天都可以看到基金份额的增加；余额宝的数据和图表统计完善，历史收益率变化趋势一目了然；在天弘基金的官网上，能查到过去每天的收益以及相关的报告信息。这些举措无疑是在行业内树立标杆,在建立行业规则的同时也让用户能够及时掌握更多的信息,增加信息对称带来的安全感。

由于具备以上这些优势,余额宝在推出后短期内便受到广大用户尤其是"草根"级用户的青睐,开启了全民理财时代。

5. 余额宝风险分析及未来发展趋势

引领互联网金融发展的余额宝作为互联网理财产品的代表,将市场上碎片化的资金整合,盘活了一定的存量。但同时互联网金融也延长了融资链条,抬高了融资成本,对于实体经济有着不小的影响:一方面,余额宝使得银行低成本存款大量逃逸;另一方面,银行流动性被央行和余额宝双向挤压,从而推高了货币市场利率。作为近年来最具创新的金融产品,余额宝的推出备受争议和关注,各方所持态度不一,但总体是支持其发展的。为此,现任中国人民银行行长周小川和副行长易纲、潘功胜纷纷表态,并不会将余额宝取缔,而是会鼓励这类金融产品的创新发展,使老百姓有更多的渠道来进行投资,使小微企业解决一部分的资金困难问题;国家虽然不会采取措施制止这类产品的发展,但会站在人民的角度,为老百姓的投资行为保驾护航,不断完善金融业务的监管政策,采取各项措施防止产生市场风险,提高交易效率,降低交易成本。总之,对互联网理财这一新型金融模式,首先要鼓励创新和发展;其次要推动金融市场改革,扩大金融供给;最后要规范监管,保障市场平稳运行。

尽管中央为这种横空出世的新型理财渠道保留了一定的发展空间,但需看到余额宝仍面临以下几类主要风险。

(1)监管方面的风险。现阶段,支付宝公司仅获得由中国证监会颁发的基金第三方支付牌照,按照央行对第三方支付平台的管理规定,支付宝余额可以购买协议存款,也就是只能为基金公司和投资者提供基金第三方支付结算服务,但不能帮助基金公司代销基金。支付宝公司并未获得基金销售牌照,且目前余额宝仅与天弘一只基金对接,从监管层面上来说,余额宝并不合法。随着中央对互联网金融监管法规的制定和完善,余额宝面临的最大风险便是来自监管层面。

(2)客户认知风险。余额宝并没有提醒用户货币基金的投资风险,从而使客户产生错觉,认为钱放在余额宝与支付宝中的唯一差别是有无收益。事实上,两者之间存在本质差别,支付宝属于储蓄账户而余额宝属于基金账户。客户将资金从支付宝中转入余额宝中的操作表示资金从有安全保障的储蓄账户转入盈亏自负的基金账户。另外,商业银行对首次购买理财产品的客户,要求进行风险承受能力评估,但互联网企业销售理财产品却不用。在没有专门条文约束的互联网金融大潮中,部分产品存在资金投向说明不够、网络平台风险责任不清、风险揭示不足等问题。

(3)与银行竞争的风险。支付宝推出余额宝实际上是为了提升用户的黏度,把用户闲散的活期存款吸引到支付宝中的余额宝,方便用户在淘宝购物,而继支付宝危及银行的支付业务后,余额宝的推出更是在争夺银行的活期存款业务和理财业务的利润。作为商业银行最核心的业务,活期存款业务是其利润最主要的来源。余额宝的强势出击,使得不少银行开始放开基金业务,降低基金购买门槛,减少购买期间,增加基金的灵活性。由于支付宝公司的第三方支付平台是搭建在各大银行系统上运行的,商业银行可采取的最简单有效的措施是向支付宝公司的第三方支付平台分摊。一旦银行封杀第三方支付平台,基于第三方支付平台的余额宝将面临解体的危机。

(4)货币市场风险。余额宝的收益主要来源于购买天弘基金的货币基金收益。货币基金主要投资诸如现金、一年以内(含一年)的银行定期存款、大额存单、剩余期限在397天以内(含397天)的债券、期限在一年以内(含一年)的央行票据、期限在一年以内(含一年)的债券回购、中国证监会以及中国人民银行认可的其他具有良好流动性的货币市场工具。与其他基金相比,货币基金的风险确实较低,但并非没有风险。货币基金作为一种基金,存在利率风险、流动性风险、信用风险、操作风险、法律风险等各种风险。余额宝作为一种通过互联网投资于货币基金的理财产品,尽管类似银行挤兑的事件在当下金融市场充满生机的发展条件下发生的概率很小,但由于其本身的特殊性(如随存随取的超灵活性),投资者在购买时仍应该将货币基金的流动性风险纳入考虑范围。

余额宝通过阿里巴巴的电商平台聚集了大量的客户资源,如此庞大的客户资源,如何进行有效的开发和利用是余额宝及天弘基金需要进一步思考的问题。于 2014 年 4 月成立的阿里小微金融服务集团旗下的招财宝平台便是对现有用户资源的进一步开发。招财宝平台成立后,短短 4 个月的时间里其资金规模已超过110 亿元。目前,在招财宝购买过理财产品的用户超过 50 万人,40 家金融机构与招财宝平台完成对接,仍有 100 余家金融机构等待介入。招财宝的独特之处在于,通过新添的变现功能,投资者可以在享受定期收益的同时兼顾活期流动性。

(二)理财通

1. 理财通介绍

2014 年 1 月 22 日,互联网巨头腾讯旗下的货币基金产品微信理财通正式上线。通过与华夏基金等四家基金公司合作,用户可以根据收益率的不同,来自主选择购买基金,当天合作的华夏基金产品 7 日年化收益率为 7.394%。目前支持民生银行、招商银行、建设银行等共计 12 家商业银行的借记卡。各家银行可支持的限额会有所不同,单日单笔限额在 0.5 万～5 万元。从公测开始,微信理财通每天有超过 1 亿元的资金流入,根据财付通的数据,从 2014 年 1 月 16 日公开测试至 1 月 28 日,共计 13 个自然日,理财通的规模已经突破百亿元。

理财通的官方合作基金方分别是华夏财富宝、汇添富余额宝、易方达基金和广发基金,主要投资银行存款和短期债券,收益源于银行存款利息收益和债券投资收益。其中华夏财富宝的收益为"每日结转，按日支付"的收益结转方式，其特点在于投资者除了每天可以在账户中看到自己购买份额的变化，还能享有"日日复利"的复利收益。从货币市场基金角度长期来看，货币市场基金的收益率会持续走低，与理财通对接的四只基金之间基本上都保持比较接近的收益率；短期来看，同级别的货币市场基金一般不会有太大的收益率差别。对于投资者来说，在各基金之间进行转换有转换成本，所以，虽然理财通同时与四家基金公司进行合作，但各基金彼此之间的影响不大。

2. 理财通的生产内容

（1）理财通简介

理财通属于客户端理财操作，只需要一部智能手机，下载微信 APP，打开微信，点击"我的银行卡"界面中的"理财通"，便可进入相关基金公司开户并通过微信支付申购基金。微信支付绑定的银行卡必须是储蓄卡（借记卡），没有时间限制，随时随地均可操作。

理财通支持民生银行、招商银行、建设银行、光大银行、广发银行、浦发银行、兴业银行、平安银行、中国银行、工商银行、中信银行、农业银行等多家商业银行的借记卡，未来还会陆续增加合作的商业银行。各家银行支持的限额有所不同，单日单笔限额在 5000～50000 元。

（2）理财通的使用操作

①打开微信，找到理财通，将银行卡与其绑定（图 5-2）。

②输入金额，点击"存入"（图 5-3）。

图 5-2　绑定银行卡

图 5-3　存入资金

③输入姓名、证件号码及绑定的银行卡的登记电话号码,确认后,购买完成(图 5-4)。

图 5-4　资金交易结果

④购买完成后,可查看每日收益。

3. 理财通与余额宝的对比

微信理财通对接的华夏财富宝货币与余额宝对接的天弘增利宝货币都属于货币基金。但两者的收益率有差别,主要的影响因素除了基金公司的议价能力,还可以从基金规模的差异等方面进行考虑。

流动性方面。与余额宝相比,理财通对购买和赎回仍有一定的金额限制。理财通单笔购买最高额度 5 万元,每个理财账户资金不超过 100 万元;单次赎回最高额度 5 万元,每个账户每日可转出 5 次,这基本可以满足理财者对于资金流动性的需求,适合工薪阶层对于工资账户余额的打理。虽然在移动支付领域微信支付有异军突起之势,但是与支付宝成熟的 8 亿元账户相比,仍显得势单力孤。且微信支付未能打通与微信理财的消费场景——用户无法对理财通内的资金进行直接消费,而是需要转入购买时使用的同一储蓄账户后才能进行消费。对于一些缺乏消费自律精神的理财者来说,相对消费理财工具余额宝来说,理财通才是省钱利器。

安全性方面。理财通和余额宝都提供了"资金保障服务"。微信支付最大的问题是安全问题,作为一个信息交流工具,微信支付的硬伤在于由于没有账户,通过绑卡,一旦微信号被盗,资金就存在安全问题。为了应对安全问题,财付通与中国人保财险(PICC)达成战略合作,如果出现微信理财通账户被盗被骗等情况,经核实确为财付通的责任后,将在第一时间进行全额赔付;对于其他原因造成的被盗被骗,财付通将配合警方,积极提供相关的证明和必要的技术支持,帮用户追讨损失。同时,理财通的协议中也规定对于"受到计算机病毒、木马或其他恶意程序、黑客攻击的破坏,用户或财付通公司的电脑软件、系统、硬件和通信线路出现故障"的情况是免责的。余额宝在安全性方面,宣称"资金被盗全额补偿",同时也在余额宝协议中明确规定:"对非本公司原因造成的账户、密码等信息被冒用、盗用或非法使用,由此引起的一切风险、责任、损失、费用等应由投资者自行承担。"

收益性方面。理财通与余额宝的差异并不大。对于用户,尤其是工薪阶层,资金量不大的用户群体来说,这些差异基本可以忽略,流通性及安全性才是用户真正关心的问题。

用户体验方面。理财通现阶段只能在手机端操作,主打移动客户端市场,而余额宝的操作可以电脑和手机结合,其主场优势相对而言在于 PC 端。理财通和余额宝的操作没有时间限制,随时随地均可操作。

(三)零钱宝——苏宁云商

2014 年 1 月 15 日正式面市的苏宁零钱宝,正式打响了 2014 年互联网金融市场竞争的第一枪。类似于支付宝的余额宝,零钱宝将合作基金公司的基金直销系统内置到易付宝中,易付宝和基金公司通过系统的对接为用户完成基金开户、基金购买等一站式的金融理财服务。用户存入零钱宝的资金可以实现"7×24小时"随时随地"T+0"快速提现到银行卡或者易付宝账户,还可直接使用零钱宝资金在苏宁易购购物支付、缴费、充话费和还信用卡等。通过易付宝第三方支付,基金销售结算机构可实现与多家银行的身份验证、资金清算功能,降低与各家银行单独接入的成本和后续维护成本。同时,财务管理功能为基金销售机构提供对账、结算、查询、权限管理等功能。这是对现有渠道支付服务的进一步完善,也为基金销售结算机构解决了后顾之忧,使之专注于为投资人提供更优质创新的服务,加速基金行业市场化格局的形成。

当前与苏宁合作的基金公司有两家,分别是广发天天红基金和汇添富基金。

现金宝货币基金,全称为"汇添富现金宝货币市场基金",由汇添富基金管理有限公司发行(基金代码000330),主要投资于短期货币工具如国债、中央银行票据、银行定期存单、政府短期债券、企业债券、同业存款等短期有价证券的基金产品。汇添富基金是现金宝货币基金的唯一销售机构,以易付宝为直销推广平台,用户转入零钱宝的资金,即购买了现金宝货币基金,并享有货币基金的投资收益。

天天红货币基金,全称为"广发天天红发起式货币市场基金",由广发基金管理有限公司发行(基金代码000389),主要投资于具有良好流动性的货币市场工具如现金、银行定期存款、大额存单、债券、债券回购、中央银行票据等法律法规允许投资的金融工具,具备高安全性、高流动性等特性。广发基金是天天红货币基金的唯一销售机构,以易付宝为直销推广平台,用户转入零钱宝的资金,即购买了天天红货币基金,并享有货币基金的投资收益。作为一家大型基金公司,广发基金在近年来互联网金融的浪潮中一直走在行业前列,如打造自身的电商平台广发钱袋子、与淘宝合作开设广发基金淘宝店、与苏宁联手打造零钱宝等,广发正一步步扩张自己的"互联网金融版图"。

继个人理财产品零钱宝之后,苏宁的对公理财产品也于2014

年 2 月 26 日正式上线。作为国内互联网零售领域第一个"对公理财"产品,第一批上线的理财产品主要可以分为三大类:(1)封闭期限产品,最低投资 5 万元,收益率 6％左右;(2)与苏宁零钱宝类似的理财产品,收益率 5.5％左右;(3)银行机构化理财产品,收益率 7％~10％。苏宁的对公理财产品吸取了行业的有益经验,取长补短,既解决了申购银行对公理财产品的面签问题,也解决了企业跨行理财的问题,形成了自己的竞争优势。客户只需简单地在苏宁易购网站上注册一个账户,再与公司的对公银行账户绑定即可。

目前,苏宁的互联网金融业务已覆盖第三方支付、信贷业务、基金支付结算等业务及与此相关的产品服务创新,并已获批成立苏宁商业保理公司,苏宁保险销售有限公司也已获批,目前苏宁正在申办民营银行。与淘宝、支付宝、京东等纯电商相比,苏宁的优势在于其金融渠道,即能与线下消费者直接面对面的实体店。这些实体店具有综合功能,可以充当实体基金公司、实体银行、实体小微业务、实体体验店等,作为线上和线下的结合点,其涉及面也许会比传统电商更广、更有优势。

(四)小金库——京东商城

2014 年 3 月 28 日,京东互联网理财产品小金库上线。作为京东金融平台的"开门红",首批登陆小金库的两款货币基金产品分别为嘉实基金的"活钱包"和鹏华基金的"增值宝"。"小金库"是基于京东账户体系的承载体——网银钱包推出的,目的在于整合京东用户的购物付款、资金管理、消费信贷和投资理财需求。8 月 11 日,京东金融宣布小金库企业版正式上线,将首先向京东商城 POP 商户开放,解决短期闲置资金高效利用的问题。与小金库个人版一样,小金库企业版对接的也是鹏华增值宝、嘉实活钱包两款货币基金。起购门槛为 0.1 元,无购买上限,赎回支持"T＋1"日到账,无限额限制。和余额宝类似,京东小金库里的资金也可以随时用于京东消费,属于消费型理财工具,同为货币型基金,认购门槛为 1 分钱,没有申购赎回费。

(五)百发百赚

2013 年 10 月 28 日,"百度金融中心"——理财平台正式上线,一同推出的还有目标年化收益率 8% 的理财计划"百发"。作为百度金融中心推出的首款理财计划"百发",由百度金融中心、华夏基金(华夏现金增利货币 A/E)联合推出,采取限量发售的方式,资金由中国投资担保有限公司全程担保。百发最低投资门槛仅为 1 元;售后支持快速赎回,即时提现。与余额宝类似,百度金融中心打造的也是一个面向大众客户的金融服务平台,旨在为各类用户提供安全高收益、简单易操作的理财服务。

2013 年 12 月 17 日,互联网金融理财服务"百发"联手嘉实基金公司推出第二期互联网理财产品"百赚",采用"团购金融"模式,投资方向锁定年末银行 1 月期协议存款,而理财门槛为 1 元。此次百发服务对接的理财产品是"嘉实 1 个月理财债券 E",通过互联网平台实现金融产品的团体购买,从而大大降低金融产品的参与门槛和交易双方的成本等。

作为国内最大的搜索引擎,百度每天有多达千万次关于"金融""理财"等关键字的搜索请求,通过这种大数据特征,百度看到了互联网金融市场抢滩的最佳时机。

通过与银行、证券、基金等广大金融机构进行沟通、合作,深度融合互联网的技术和金融机构理财专长,同时利用大数据分析与挖掘技术,基于用户体验进行金融产品的定制和购买,帮助用户以最低的时间成本获得最大的投资收益。

(六)网易现金宝

网易现金宝是汇添富基金公司的一款货币基金,同时是网易理财平台通过合作方提供的一款具有收益且随取随用的基金产品,1 分钱起购,目前支持工商银行、农业银行、招商银行等十家银行的储蓄卡。

虽然金融领域已经成为互联网企业的主战场,但不论是新浪还是网易,一直以来都被定义为"媒体属性"很强的互联网公司,而这也就意味着在未来互联网金融业务拓展的道路上所需要的专业技术和服务等能力可能成为其进入金融领域的短板。

除了网易,新浪也早已接触互联网金融产品。早在 2013 年 7 月 6 日,新浪旗下北京新浪支付科技有限公司就已获得牌照,业务范围包括了互联网支付、移动电话支付。之后新浪推出的新版微博客户端就推出个人用户的钱包、卡包功能,标志着新浪全面打通微博电商及实现 O2O 商业化模式的决心。

新浪微博推出的互联网金融产品"微财富",是基于新浪支付微钱包账户的一个理财产品平台,主要销售基金、保险等理财产品,并考虑接入 P2P 业务。对于拥有 5.36 亿用户的微博平台而言,强大的支付体系无疑是其最大的优势。新浪不仅可以帮助金融机构低成本地获取用户,而且还可以通过搭建各类金融平台并提供类似于专属的微博私信、专属秘书等,为用户提供更多个性化的理财服务。

二、银行类

互联网金融在传统金融发展过程中狭处逢生,与传统银行在资产端错位竞争、负债端少量分流、通道端分庭抗礼。以基金销售为例,前两年的基金销售,70％以上是银行渠道,20％是券商渠道,0～10％是官方渠道。互联网金融的兴起,使传统银行模式面临了不少挑战:如第三方销售、金融机构官方渠道、支付宝等新型渠道的面世,使得银行渠道优势逐步减少;银行的理财产品更新慢,不能及时推出创新符合用户需求的理财产品;服务便捷度方面尤其是理财产品的买入、赎回流程等方面不及互联网理财产品。

感受到来自互联网金融的竞争压力,各大银行纷纷开始触网,在原有的理财产品的基础上通过与基金公司或者互联网的进一步合作,陆续推出了各自的银行系互联网理财产品,如中国银行的活期宝、平安银行的平安盈、工商银行的薪金宝、浦发银行的天添盈等。一时间,银行推出的"宝宝类"产品在市场上大行其道,让各投资者看得眼花缭乱。本书将选择具有代表性的几个银行系互联网理财产品进行介绍。

(一)平安盈

平安盈是平安银行通过与金融机构合作(包括但不限于保险公司、银行、基金公司、证券公司等),在互联网上通过财富 e 为投资者提供的系列金融产品服务。目前平安盈(南方)购买的是南方现金增利货币基金,平安盈(大华)购买的是平安大华日增利货币基金,两只基金的净值均保持 1 元不变,收益体现在每日公布的日万份收益。日万份收益＝(当日基金净收益/当日基金发行在外的总份额)×10000。当用户急需支取现金时,可直接将平安盈内资金实时转账到绑定银行卡,立即支取现金随时使用。与传统的银行理财产品相比较,平安盈有三大优势。

(1)"盈闲钱"。客户在网上开立财富 e 电子账户后,可通过财富 e 电子账户购买平安盈。通过平安盈,用户可以将其闲置资金归集起来,赎回资金实时到账,在不影响客户资金流动性的条件下,用户可以享受到高出活期存款利息的收益。

(2)"盈方便"。平安盈内资金可"T＋0"实时转出使用,还可直接购买基金或理财产品,操作方便。

(3)"盈安全"。用户通过登录银行电子账户财富 e 购买平安盈产品,除了录入网银登录密码,还有动态密码双重保障。此外,平安盈内资金支持购买基金、理财产品、转账或信用卡还款。

与余额宝理财产品相比,平安盈具有以下特点。

第一,平安盈的基金份额,可通过网银直接查询账户余额来掌握,相当于当作准活期来管理,且资金可以实时转入和转出。

第二,平安盈转入和转出相比一些互联网理财产品来说限制更少,其中平安盈(南方)捆绑南方货币基金,单日转入限制为

1000万元,单日转出限制为100万元;平安盈(大华)捆绑平安大华日增利货币基金,单日转入限制为10万元(总限额为20万元),单日转出限额为20万元。

尽管与余额宝等其他互联网理财产品相比,平安盈捆绑的货币基金收益每周才结算一次(收益为一周内每天收益之和),历史收益率数据更新也不及时,不方便随时了解当天的收益情况,但通过第三方网站还是可以随时了解当日基金收益或者使用中国平安集团另一款产品"壹钱包"代替(壹钱包捆绑的也是平安大华日增利货币基金)。

(二)天添盈

为了满足既要保持资金随时使用的灵活性,又要获得较高收益的投资者的需求,浦发银行适应市场需求,于2010年推出了类似余额宝的开放式理财产品,其中"天添盈"是最具代表性的产品。该理财计划最短存期1天,存入当天即开始计息,不用提前设定投资的期限,在每个工作日的规定时间内可随时申购、赎回,资金实时扣划和到账,获取理财收益的同时又能充分保证资金流动性。活期存款的年利率为0.385%,而"天添盈"的年化收益率为4.5%,相当于活期利息的近12倍。同时该理财计划的投资方向与固定期限的理财产品相同,资金主要投资于国债、金融债、央行票据、高等级信用债券、回购、同业拆借、委托类资产,安全性较高,同时收益相对固定。

浦发银行自从推出"天添盈"以来,以其申购便利、赎回资金实时到账的优越产品特性,迅速获取了超短期投资客户的高度认同,认购量快速突破百亿元,目前保有量已经接近750亿元。购买、赎回渠道便捷,除了银行网点,还能通过网上银行、手机银行、电话银行等方式进行申购。

对于炒股一族,不买股票时,钱也在赚钱,一旦股市出现机会,即可通过网上银行或者手机银行赎回现金,投入股市,整个过程耗时短,为股市的投资者提供了一款"量身定做"的现金管理工具。

（三）薪金煲

2014 年 4 月 28 日，中信银行携手嘉实基金、信诚基金推出"薪金煲"业务。相较于互联网"宝宝"们的申赎和消费局限，中信银行"薪金煲"业务在安全性、便捷性、功能性等方面进行了升级，最大突破点在于其所对接的货币基金"薪金宝"无需再主动申请赎回便可以在全国各家银行的 ATM 上直接取现或是在 POS 机刷卡消费。从方便快捷角度来说，中信银行的这一创新之举开创了新思路，打破了线上和线下之间的壁垒，实现了真正意义上的普惠金融。

同年 7 月，华夏薪金宝货币基金和南方薪金宝货币基金与中信银行薪金煲业务进行对接，由此，华夏、南方两家基金正式加盟中信银行薪金煲军团，至此，薪金煲旗下已拥有嘉实、信诚、华夏、南方四只货币基金，总规模近 80 亿元。

与之前各类互联网"宝宝"不同，在加入中信银行薪金煲业务后，华夏和南方货币基金产品可凭借中信银行的终端支持，实现全自动理财及支付功能。客户可以通过中信银行全国网点或网上银行签约开通"薪金煲"业务，选择关联"华夏薪金宝"或"南方薪金宝"，设定卡内最低余额之后，超出部分将自动申购上述货币基金，实现余额理财。而在需要现金时，客户无需做赎回操作，可直接实现 ATM 取现、POS 机刷卡消费和转账等功能。对于客户而言，基金份额可以支付和取现，薪金煲业务无疑成为理财与支付的完美结合。凭借这一功能，客户不用再担心资金赎回的时间问题，更是省去了烦琐的赎回操作，真正实现了随时理财、随时支付的完美体验。

互联网公司的余额理财产品让市场见识到其超强的"吸金"功力，为缓解存款流失压力，银行系余额理财产品除了上文介绍的平安盈、天添盈、薪金宝，其他银行也纷纷加入市场争夺战中。兴业银行继 2014 年 3 月推出掌柜钱包后不久，又推出一款余额理财产品"兴业宝"，中国银行推出活期宝、民生银行的如意宝、工商银行的薪金宝、广州农商银行推出至尊宝,等等。

总体来说,银行系推出的货币基金理财产品的资金使用更为灵活。平安银行推出的平安盈、工商银行推出的薪金宝、交通银行推出的快溢通、招商银行推出的赛金宝等,均支持现金实时到账,且额度较大,如平安盈支持每天赎回上限100万元,工商银行薪金宝则无限额。此外,在购买额度上,银行系产品优势也同样明显。

三、基金平台直销类

传统基金直销类的互联网金融理财产品以汇添富基金现金宝与余额宝、华夏现金增利货币基金推出的活期通、广发天天红基金网推出的活期宝等为典型代表。以货币基金为本质,披上互联网金融外衣的理财产品与基金公司直销推广的产品,在原始收益率上并无差异。由于两者所挂钩的基金产品实际上是同一款产品,收益率自然一样。唯一不同的是,一般基金虽也承诺"T+0"赎回,但必须等到当天收市清算后资金才能到账。

(一)现金宝

1. 现金宝介绍

2009年6月,汇添富基金首创余额理财模式,推出现金宝。现金宝是汇添富基金旗下互联网金融的专属货币市场基金。除了具备全部基础的余额理财功能外,汇添富基金的现金宝产品更加注重基金财富增值及财富管理的本质,打破了传统思维,使基金首次既具备了金融的专业性,又非常重视用户体验,是基金行业走向市场的先驱。2014年4月24日,尽管资金市场宽松导致利率下降,影响货币基金的扩张速度,但现金宝资金规模在第一季度仍实现了近两倍的增长。截至2014年第一季度末,现金宝资金规模达327.3亿元,2013年年底为120.73亿元,单季度增长200多亿。

汇添富基金在余额理财模式上布局比较超前，四年内积累了大量的互联网基金销售经验。现在，无论是电子商务团队还是技术都走在了其他基金公司前面，占领了先机，在战略上争取了主动。同时，其还坚持积极创新，除了余额理财模式以外，汇添富基金先后在 2011 年和 2012 年创新实现货币基金信用卡还款业务和货币基金 T＋0 交易，其中货币基金信用卡还款业务首次打通了"货币"与"资产"之间的界限，成为历史性的突破。

2. 现金宝的生产内容

(1)现金宝的生产原理

现金宝类似于银行储蓄，是一款与货币基金相关的现金管理产品，其收益率大大超过银行的活期存款。在现金宝内充值资金即可获得相应的收益。与其他货币基金不同，现金宝在流动性上有其独特的优势。用户可在资金充值进现金宝之日起算利息，每日现金宝平台会自动对利息进行结算，用户的收益率是活期储蓄的 9～13 倍。如果急需用钱，只需选择"快速取现"便可以在 1 分钟之内获得账款，既无需跑到银行提款，也无需像一般货币基金赎回那样耗时 1～2 天。这种理财产品可谓一举两得，既能够使用户获得可观的收益，随用随取；又能够保证资金的周转率。放眼现金宝的发展趋势，其还将实现用账内现金宝资产购买其他类型基金的无缝对接。简单来说就是，现金宝不仅可以在用户充值进现金、购买基金后使其获得一定的收益，还可以在用户看好另一款基金时直接从现金宝中转账购买，经济学领域将其称为"直接申购或定投"。一般情况下，进行货币基金转换时都是先赎回货币，待一定工作日内钱到账后再购买其他基金，而现金宝的"直接申购和定投"节省了交易日的时间，运作效率极高，方便快捷，大大提高了用户的资金使用率。

现金宝不仅可以作为现金管理工具，还是一个不错的资金备付账户。平时，可以把钱存进去获取相对稳定的收益，而想获得较高超额收益时，则可以直接用现金宝资产（也就是账内的货币基金)购买其他基金,攒钱增值两不误。

(2)现金宝的生产框架

在余额宝推出之后,汇添富为此有针对性地提出了互联网金融创新的解决方案,例如,针对淘宝开店与支付的"投基有道""货基支付",针对第三方支付的"银商现金宝"与"汇付生利宝",以及官网的生活缴费、信用卡还款等消费代扣服务(图5-5)。

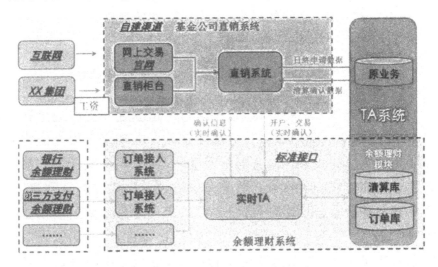

图5-5 现金宝的解决方案框架图

汇添富的现金宝整体解决方案包含实时、高效的订单受理子系统、订单处理子系统、实时 TA 子系统,支持电商平台开旗舰店与基金超市、第三方支付机构余额理财、银行直销余额理财、网上交易超级现金宝升级、互联网门户流量导入等多渠道接入与管理,同时支持传统代销渠道、传统直销渠道、新型直销渠道统一的客户账户管理与开户、申购、赎回等业务的实时受理与处理;在系统性能方面,实现单路 3000 笔/秒的订单处理与 8000 笔/秒的清算处理,并支持横向并行扩展以及云平台部署。

(3)现金宝的主要生产功能

①提升收益

现金宝具有超低存款门槛,1 分钱即可存入,且存取无需任何手续费。钱存入现金宝,相当于购买了汇添富的货币基金,可以享受货币基金收益。相关数据统计,2012年现金宝七日年化收益率为4.115%。而且新一代现金宝收益水平比升级前更具有市场竞争力,实现了天天计息、日日分红,收益每天利滚利。

②快速取现

汇添富在业内首推T+0快速取现,现金存入现金宝,可快速取现,节假日不休,不受任何交易时间限制,资金最快一秒到账。单个投资者单笔取现的最高额度为500万元,目前是行业最高;零手续费,且用手机现金宝可以随时随地操作。

现金宝快速取现有如下几个基本特点:第一,快速取现,实时到账(急需用钱,可使用快速取现功能,资金实时到账,节假日均可使用)。第二,手机操作,简单快速(不在电脑边,可使用手机登录现金宝操作)。第三,ATM取款,灵活方便(完成快速取现操作后,可直接在ATM上进行取款,单笔和日累计均为500万元)。第四,支持账户取现至工商银行、农业银行、建设银行等十几家银行。第五,当日最高T+0取现额度为500万元。第六,快速取现费用全免。

③自动攒钱

现金宝支持自动充值和保底归集两种自动攒钱方式。自动充值就是绑定工资卡,定期将指定金额的资金自动转入现金宝,让银行卡内闲置资金"活"起来,享受远超活期的收益;保底归集是自动充值的升级版,无须烦琐的设置,仅需指定卡内需保留的金额,超出部分每天将自动充值到现金宝(图5-6)。

图5-6 现金宝具有自动攒钱功能

④折买基金

通过现金宝专享通道,可使用工商银行、农业银行、建设银行、招商银行等十几家银行的银行卡进行申购、定投,基金费率一律4折,最高可节省60%的成本(图5-7)。

图5-7 现金宝申购基金优惠

⑤高端理财

现金宝高端理财是业内唯一的高端理财网络交易平台,致力于提供稳健收益和个性化产品量身定制服务。高端人士从此不再担心找不到符合自己收益率需求的产品,全部在线购买,既便捷又不会泄露个人隐私(图5-8)。

图5-8 现金宝的高端理财

3. 现金宝与余额宝的对比

与余额宝相比,汇添富旗下的余额宝则是由汇添富基金管理股份有限公司于2014年8月25日推出的一款契约型开放式货币基金,二者主要的区别有两方面:一是平台不同,余额宝是汇添富与腾讯合作的项目,在理财通平台上进行发售,而现金宝属于基金直销;二是两者的认购及赎回限额不同,在用户资金量大的情况下,现金宝将是投资者更好的选择。

与余额宝相比,现金宝的优势有三个方面:一是操作流程更简单。余额宝属于支付宝的子账户,用户绑定银行卡将资金存入支付宝账户后是没有收益的,必须转存到余额宝才开始基金认购,而现金宝相当于支付宝与余额宝的统一,用户将资金存入现金宝的那一刻起,就已经开始了基金认购。二是收益规则更利于投资者。在资金赎回的时候,尽管都是"T+0"到账,但现金宝到账时间最快可达 1 秒。现金宝与余额宝最大的不同在于收益到账的时间不同:余额宝的收益要到第二天的早上才能到账,在这之前取款,就没有当天收益;而现金宝则是当天到账,只要是 15 点以后取款,当天仍然享受收益,如果当天取款,当天在 15 点以前补上,不影响收益。三是现金宝赎回限额更高。现金宝的认购门槛低至 1 分钱,单日赎回额度可达 500 万元,而余额宝每月赎回额度最高为 20 万元。总之,现金宝主打现金理财账户,而余额宝属于消费理财工具。

全面触网后的汇添富现金宝正在布局移动互联网,计划通过升级当前的现金宝移动客户端,通过提升用户体验、界面设计以及用户交互等功能,使用户可以更便捷地通过手机端进行基金投资理财,借助互联网营销、大数据等的提升,通过个性化产品、专业化服务及柔性化设计,进行定制化的产品和服务,以此抢滩移动互联网金融市场。

(二)活期通

活期通是一个收益远超活期,资金取用快速灵活的现金账户。存入活期通就是相当于购买了华夏现金增利货币基金。该基金主要投资银行存款和债券,不参与股票投资,与股市无直接联系,风险较低。收益来源于银行存款利息收益和债券投资收益,资金风险低,存取都不要任何手续费,还可获得远超活期储蓄的收益。随用随取,华夏活期通 365 天、单日累计 20 万元以下可快速取现,最快 1 分钟到账。活期通可以进行免费还信用卡、还房贷、车贷及免费跨行转账,同时还可以进行余额理财并支持多家银行信用卡免费还款等,支持手机交易、微信交易。活期通支持快速赎回,可以在半个小时内把钱划到银行卡,并且可以随时取现,这是相比余额宝最大的优势所在。

其他传统基金直销的产品还有广发基金推出的钱袋子、天天基金网推出的活期宝、易方达基金推出的 e 钱包等。此外，还有由银行直接发起设立并控股的合资基金管理公司推出的互联网理财产品，如中国工商银行控股的工银瑞信推出的工银现金宝、民生加银基金推出的加银现金宝等。这些基金类的产品功能与现金宝、活期通类似，通过结合传统基金与余额宝类产品的优势，打造出便民、亲民的互联网金融理财产品。

四、电信运营商类

电信运营商高姿态进军互联网金融领域，纷纷推出了"宝宝"理财产品，其本质上是激活了手机用户预存话费的沉淀资金，让其时时拥有货币基金的投资收益。

中国电信运营商推出的金融理财产品"添益宝"是中国电信翼支付联合民生银行推出的理财产品，用户开通后，其账户余额即可自动理财。

2014 年 6 月 6 日，广东联通联合百度、富国基金发布了深度定制的通信理财产品"沃百富"。沃百富的推出意味着传统的电信运营商已高姿态进军互联网金融领域，联手互联网企业布局互联网金融。"沃百富"与腾讯理财通、阿里余额宝等类似，属于货币基金类的产品。但不同的是"沃百富"带有鲜明的运营商特色，其贯通了手机用户、支付用户、理财用户、财富用户的区隔，预存话费与理财收益可以结合起来，用户可灵活选择理财送机、话费理财、专享理财三种方式来实现预存话费的收益。同时，中国移动、深圳联通也与金融机构合作，中国移动牵手汇添富和聚宝货币基金合作推出互联网金融产品"和聚宝"，深圳联通与安信合作推出了话费宝。

电信运营商类公司之所以也加入互联网金融的激战中，其坐拥数亿用户是其进军的最大优势。对于很多用户而言，预存话费是司空见惯的事情。从性质分析看，预存话费与银行理财有着很紧密的关联性：从流通过程看，预存话费会产生一定的沉淀资金，银行理财也可以看作是预存投资款，这些都是可投资的资源。随着互联网金融的快速发展，预存话费与购买理财产品可以结合起来，并且从中获得收益。可以预计，未来还将有更多形式的通信理财产品出炉。预存话费理财很有可能形成一种新的投资渠道。

第三节　互联网理财产品风险与防范分析

互联网理财产品，简单来说就是基金交易借力互联网平台的一种延伸，其最大化地利用了互联网端的客户群体、传播方式、到达方式和交易模式，通过对互联网端产品的改进，从而实现了理财产品的大获全胜。然而，我们也可以看到，正是由于互联网理财是货币市场基金嫁接互联网的模式，其不可避免地存在着风险，需要采取适当的方法加以防范。

一、互联网理财产品存在的风险

(一)系统性风险

系统性风险指的是整体经济、金融发展的基本情况所蕴含的风险，这是所有金融投资所不可避免的风险。货币市场基金可以对产品的投资组合和投资方向做基于风险识别的调整，但这种调整可以避免的只能是非系统性风险，对于系统性风险还是无效的。货币市场基金需要具备风险识别的能力，对影响投资本身的风险源进行有效识别，对国家宏观经济及影响的基本因素进行判断，尤其要注意到像"利率"这种对货币基金影响较大的因素的变化，从而及时做出投资调整，最大化规避风险。

(二)安全性风险

互联网理财产品的安全性风险主要指的是平台技术风险。

这也正是互联网理财在传统基金嫁接了互联网平台之后衍生出的新风险，也是需要引起重视的一项风险指标。随着互联网技术的不断发展、移动智能终端的不断升级，人们的生活方式发生着革命性的变化，通过智能终端足不出户进行各项理财交易将会是更多人的选择，人数和规模都会越来越大。在这个过程中，平台的技术安全水平就成为一个极其重要的问题。在当前，我们就可以发现生活中互联网安全事件频发，钓鱼网站、盗取密码、盗用账户、黑客攻击、网络漏洞、后台操作失误等事件均时有发生，安全问题已经是线上交易的一个重要问题。我们看到，很多互联网理财产品网站针对互联网平台技术的安全方面都做了预防措施，如采用了银行级加密、VeriSign SSL 加密等技术和手段。但是随着互联网上金融应用的广泛、网络技术的发展，网络攻击技术也在同时发展，互联网的安全问题将是不容懈怠的问题。

(三)流动性风险

虽然货币市场基金是基金里发挥最稳定的一个门类，但是如果大量赎回，仍然面临风险。更何况目前很多理财门户像余额宝、百度百赚、零钱宝、活期宝等更是推出了"随用随取"的 T＋0 赎回模式，这就对理财资产的流动性提出了更高的要求，为此，管理机构甚至需要自行垫资才能满足这一要求。与此同时，流动性风险在以下两种情况下显得更为突出。其一是市场震荡。如当前市场浮盈后，出现市场震荡，导致收益下跌，于是就会出现大量的集中赎回，从而对流动性产生了很高的要求，流动性风险由此滋生。其二是消费周期影响。这种情况主要是针对像余额宝、易付宝等具备账户支付和余额两种相贯通功能的理财账户。由于理财账户同时可以进行实时的线上交易支付，所以容易受到商家打折促销等消费周期的影响。在遭遇像"双十一"这样的销售旺季时，就会出现一轮的集中赎回，也对流动性行成了严峻的考验。但是这种消费周期依托于大数据等信息的分析积累，已经可以为管理结构本身做出预测，由此一定程度上缓解了不可知的赎回风险。

二、互联网理财产品的风险防范

(一)完善网络信息技术风险防控

由于互联网金融的特点,互联网理财产品的信息安全风险主要来自于计算机系统故障、硬件破坏及外部的网络攻击、计算机病毒等因素。网络技术具有很强的专业性,很多金融机构的网络技术问题很大程度上依赖外部市场的技术服务,虽然这种方式可以提高金融机构的效率,但也存在可能出现的网络技术支持风险。因此,我们应加强网络信息技术的更新,重视互联网信息安全软件的开发,大力促进具有核心自主知识产权的信息技术的研发,以加强和巩固互联网金融系统的基础建设,提高互联网信息的安全防御能力。同时,对投资者做好信息安全风险警示和教育,提高投资者的安全防范意识。只有如此,才能较好地防范和减少网络金融信息安全风险和投资风险。

(二)加强流动性风险管理

经营互联网理财业务的相关货币基金管理公司要加强资金流动性控制,结合互联网理财业务的特点,加强对货币的流动性控制和满足投资者赎回时的流动性控制,以及对资金动向的预判能力,制定切实可行的举措做好相应风险的防范。互联网理财业务企业可透过控制债券回购期限和分散投资等方式以增强资产流动性,切实防控流动性风险。

(三)加强投资者的风险提示与风险意识培养

投资者应强化自身的风险意识,对于互联网公司宣传的产品,要有自己的判断力,对于过高收益的营销宣传要有正确的认识。投资者应加强对互联网理财产品的全面认识,仔细了解产品协议,明晰保障条款。此外,投资者应提升金融知识素养水平,认识到货币基金投资风险的存在,高收益并非一直维持。而对于互联网理财企业这一方来说,互联网企业要就理财产品向投资者如实告知投资风险,避免投资者形成只赚不赔的错误预期。当投资环境发生重大变化时,互联网理财企业要及时向投资者提出预警,并做好产品信息的公开。

(四)构建监管体系,加强法律监管

相关金融监管部门应加强对互联网理财业务的研究,将互联网理财业务纳入其监管范围,全面规范互联网理财业务。加强金融监管部门之间、金融监管部门与地方政府和其他相关部门之间的制度协调和协作,减少监管真空,共同促进互联网理财的法律监管。此外,加强规范互联网理财行业准入资格与退出机制,互联网理财平台应自觉接受互联网金融协会的相应约束,完善互联网理财业务的消费者权益保护体制。随着互联网理财业务的发展,投资者的规模变得更为庞大,相关监管部门应切实加强和完善消费者权益保护制度的建设,在互联网理财产品消费者利益受到损失时进行偿付,化解部分风险。

第六章　互联网金融与商业银行业务

　　互联网金融（ITFIN）的飞速发展，使其业务范围进一步拓展。互联网企业已经开始向金融业全面布局，影响着我国现行的金融体系，作为业务最为广泛的银行业首当其冲。互联网金融对商业银行的影响具有两面性，一方面，互联网金融的发展在一定程度上促进了银行业的创新，加快了银行业改革的步伐；另一方面，互联网金融的发展及盛行抢夺了银行业的客户群体和改变了银行业务的经营模式，最直接的例证便是余额宝等"宝宝"类理财产品将部分活期存款从银行体系中剥离出来。

　　互联网金融通过提供特色化的服务，开发贴近大众需求的金融理财类产品，拥有了大量的客户群体。与此同时，商业银行的一些金融功能逐渐被弱化，银联支付市场占比从 2013 年的 61.6％，到 2015 年第三季度下降到 47.1％，下降了 30.8％。另外，从 2015 年 16 家上市商业银行中期年报上看，总共实现净利润 7086 亿元，同比增长速度为 2.58％，与去年同期增速 10.66％ 相比，增长速度严重下降，普遍出现了利润增长乏力的情况。另外，上市商业银行也出现活期存款流失严重，不良贷款率大幅度的增加等情况。

　　面对互联网金融的冲击和银行整体发展形势趋于平缓，商业银行纷纷进行变革与创新，以期找到新的利润增长点。平安银行推出针对小企业的综合服务平台"橙 e 网""口袋银行"等，宁波银行的"汇通商城"电商平台和依靠交税情况的税务贷，浦发银行的电子客票等。此外，商业银行与互联网金融企业之间合作进一步紧密，阿里金融实施"助推计划"和邮政储蓄银行等银行展开合作,以打造线上实现服务的先进化和线下网点智能化的发展。

互联网金融加速商业银行的经营模式的改革,加快了商业银行电子化的速度,迫使商业银行更新技术,并与商业银行在支付类、融资类等业务上形成一定程度的竞争。相应地,互联网金融与商业银行在优势业务上也具有一定的互补性,商业银行风险客户群体基础好、互联网金融企业技术或者拥有电子商务优势,故两者相互之间逐步加强了合作。基于互联网金融对商业银行的资产负债表上业务的影响状况进一步的研究,进而分析互联网金融对商业银行盈利能力方面的影响将更具有现实和理论意义。

第一节 互联网金融对商业银行业务的影响

商业银行的业务主要有三类,即资产业务、负债业务和中间业务。负债业务包括吸收存款、借款等,主要是指商业银行资金来源的业务;资产业务主要是指商业银行将吸收的资金从事放贷、投资等业务;中间业务是指那些不构成商业银行资产负债表列示的,但会影响非利息收入的业务,如支付清算、账户管理、代理及委托等业务。

互联网金融的业务已经渗透到金融行业的方方面面,并已初具规模。其融资模式、余额宝类理财产品和第三方支付分别与商业银行资产、负债和中间业务服务对象具有某种程度的重合,对商业银行的三类业务造成了不同程度的影响。

一、商业银行各项贷款业务错位竞争

长久以来,我国的商业银行将服务对象定位于"二八定律"中20％的优质客户,对于数量众多的小微企业,一方面因小微企业往往规模小、信用体系不完备、缺少担保人等问题，另一方面因对小微企业贷款具有审核周期长，成本高等问题，使得小微企业融资难的问题一直得不到有效解决。互联网金融则将服务对象主要定位于这些常被忽略的 80％ 的长尾客户，通过运用积累的信息，运用大数据、云计算等互联网技术进行数据的分析、挖掘，很好地解决了商业银行无法向小微企业提供所需贷款的问题，支持了小微企业的发展，与商业银行在资产端形成错位竞争。

此外，根据银监会的数据来看，截至 2015 年年底，全国银行业类的金融机构对小微企业贷款（含小微企业和个体工商户贷款）余额 23.46 万亿元，占到全部贷款余额比例的 23.90％，共有 1322.6 万户小微企业获得贷款。但这与小微企业创造了 60％ 的国内生产总值，近 50％ 的税收和 75％ 的就业贡献相比，可见在我国小微企业的资金缺口依旧很大。互联网金融的发展与实践为解决这些难题提供了新的思路。以蚂蚁金服为例，目前它已经形成了闭环式的信用生态系统，截止到 2015 年 6 月，蚂蚁小贷累计投放贷款 4500 亿元，累计服务超过 170 万家小微企业，客户的实际资金使用成本为 6.7％，不良贷款率控制在 1％ 左右。

二、商业银行各项存款业务分流

根据中国人民银行公布的数据显示，从 2013 年 6 月起，银行存款的增速开始出现了严重的下滑，截止到 2014 年 8 月，全国性大型银行存款总额为 70.76 万亿元，较 6 月份中报时减少了 0.83 亿万元，下降幅度达到了 1.18％，其中活期存款少了 0.42 亿元，定期存款略有下降，相对影响较小。与此同时，货币基金市场正在快速发展，以余额宝为例，2013 年 6 月底余额宝资金规模是 66 个亿，到 2014 年 9 月其规模已经上升为 5349 亿元，增长速度极快。在一定程度上分流了商业银行存款特别是活期存款。

进一步分析,互联网金融能够分流商业银行存款的原因体现为,首先,余额宝等货币基金类产品没有设置进入门槛,同时兼有理财和便捷支付双重优势,极大地激起了消费者购买的热情。其次,电子商务快速发展,网上消费活动的增多,增加了消费者对余额宝的依赖。最后,余额宝类产品展现出安全性,增强了消费者的信心。

三、商业银行结算类业务的影响

传统银行支付结算业务是依托账户与网点体系开展资金转移。其弱点是缺乏网点渠道优势,即使依赖大量的建设受理渠道与网点,由于其昂贵的成本和缺乏结合网络的优势,也不能在短时间内获得大量目标客户的需要。基于互联网的第三方支付企业,互联网突破了地域和时间的限制,而其边际成本的优势在于,第三方支付企业在零门槛或者免费的方式获得客户对第三方支付企业金融服务对银行结算业务的影响主要有以下几方面。

(一)网络优势的冲击

以支付宝、财付通这两家第三方支付公司为例,每个具有联网功能的电脑上都有支付宝网点,每个有联网功能的手机上有财付通的网点。这些服务到个人的"网点"的确立不需要任何费用。相关的 APP 下载也是免费的,同时虚拟账户的注册开户是免费的,个人使用消费、转账也都是免费的。那么他们的利润从何而来?沉淀资金的资本运作收入与流量资金的结算收入。阿里集团从支付宝获取的资金又通过淘宝商户流量贷和小贷公司模式放出。财付通对外报价的商户微信支付手续费为 0.6%。第三方支付企业的盈利模式本质上与银行一致,只是规模上要比单一银行乃至整个银行业大得多。反观银行业,这几年在虚拟渠道建设中进度落后、各自为政。大多数银行状态是只能受理自行卡的网银,没有跨行受理工具。手机渠道更是一个网银渠道的翻版,根本没有体现手机终端与身份相关联的功能。这种虚拟渠道与传统网点渠道,每千人客户覆盖付出成本,虚拟渠道要远低于传统渠道。例如,余额宝的规模突破 5000 亿元,用户数超过 8100 万,其所需要投入的仅是百台服务器,即使按目前最贵的服务器购买,成本也不超过 2000 万元。但如果用银行传统网点来覆盖,即便每个网点仅投购置与装修费用 300 万元,按照每 5 万客户一个网点计算,便需要投入 48.6 亿元。虚拟渠道仅仅是传统网点成本的 0.4%。这里还未将网点需要的人力费用纳入考量范围。

(二)客户认证方式的冲击

从获取客户的层级与能力上,虚拟渠道和实体渠道所承载的客群并不同。虚拟渠道承载着需要简单、方便、有一定程度自助操作能力和风险承受能力的客户。而实体渠道展现了需要安全、信赖感、缺乏网络能力与风险承受能力低的客户群。因此,第三方支付公司的支付工具从不是 100% 安全,但却是 300% 的方便。第三方支付企业开设虚拟账户,有的都不用验证客户身份信息,使用 E-mail 就可开户并收付款项。客户可以在线完成开户,无需亲自前往网点。这种差异在监管上是风险控制承受能力的差异。第三方支付这种野蛮的业务开展方式,对于零售银行的冲击是众多客户在第三方支付工具简单的诱惑与银行工具复杂的排挤下,不停流向第三方的怀抱,致使银行账户成为予取予求的资金池,支付结算功能不断被边缘化。

(三)商户应用体验的冲击

若说方便、便宜是第三方支付工具的优势,那其无限的商户应用体验就是第三方支付工具对银行支付工具的制胜法宝。数据告诉我们,支付宝的交易流量 80% 来自淘宝和天猫这两家商户应用平台的支持。而财付通超过 90% 的交易流量来自于 QQ 与微信。没有大量的小商户商品与应用的聚合力量,支付宝等第三方工具很难在支付层次上聚合众多个人用户。而客户应用内容则是银行支付工具最缺乏的资源。一张银行卡除能使享受到一些特定的权益、特惠商户外,很难用其自身魅力(卡面设计、材质、银行品牌甚至是信用额度)吸引个体客户蜂拥来开户办卡。在没有银联之前,一个银行的卡是否具有吸引力主要通过其收单受理实力的强弱表现。在后银联时代,银行卡(包括信用卡)等卡基支付工具产品魅力已经和其行有多少 POS 机与 ATM 无关,而是要看该银行卡可以应用多少生活场景提供给它的客户。但现状是,银行支付结算工具的客户生活服务产品设计理念却是非常缺乏的。客户对银行支付产品的黏性低,但第三方支付工具提供了大量的小商户商品应用、提供了完善的生活产品应用服务,在互联网的世界里面几乎已经可以完美地让客户丢开银行卡。

四、商业银行银行卡业务的影响

互联网金融,尤其是移动互联网金融的发展,使得银行卡的介质形态与使用形式面临挑战;第三方支付机构等新的市场主体不断涌入银行卡市场,以商业银行为主导的市场格局被打破;各类支付模式和受理终端不断涌现,收单服务进一步普及。

互联网金融对于用银行卡业务的影响目前还并不显著,但随着互联网金融的发展与冲击,传统银行也已进入了备战状态。2012 年"双十一",支付宝交易总额超过 191 亿元,总笔数超过一亿笔。同时,支付宝、快钱等推出了"信用支付"业务,分流银行信用卡用户是对商业银行的又一次重击。拥有最大发卡量的工行信用卡仅为 4000 多万,其活跃用户不足 40%,但信用支付一开始就拥有 8000 多万活跃个人用户。以人人贷、宜信为代表的 P2P 网络借贷平台,已达到 2000 余家,比较活跃的有几百家,实现了小额资金投资理财愿望与小额借款者融资困境的直接匹配,成为互联网直接融资的雏形。信用支付本质上相当于银行先贷款给支付宝(贷款风险由支付宝和担保公司自行评估和承担),然后支付宝根据用户消费记录发放信用贷款,由支付宝和银行共享手续费。

在传统消费金融领域，银行信用卡业务覆盖面最广，最贴近消费者的日常需求。"信用支付"业务可能会在一定程度上替代消费者对信用卡的需求，对信用卡业务形成冲击。但从可能的业务规模分析，商诚担保注册资本金为 3 亿元，按照国内担保公司最大担保额度不能超过资本金 10 倍计算，商诚担保能提供的担保额度约为 30 亿元。以 30 天的信用支付期限计算，理想状态下其一年所能提供的担保额度在 360 亿元左右。相较 2012 年淘宝的万亿成交额和银行信用卡 10 万亿元的交易金额，360 亿元的额度还较小。而且与信用支付业务相比，银行信用卡的优势在于：能够提供大额透支资金，如支持客户分期购买汽车或者装修；银联卡的网络覆盖面非常广泛，信用卡的消费场景更多；银行在风险控制方面也有更丰富的经验等。短期内信用支付对信用卡业务影响有限。但长远来看，阿里金融通过"信用支付"模式，利用互联网技术提高"发卡"效率和风险掌控能力，解决了小额消费信贷的难题，这一创新极可能改变业务模式乃至重建业务体系，银行需提前做好应对准备。

五、商业银行管理性中间业务的影响

从互联网金融大量的第三方支付交易额，到互联网金融推出的基金、理财产品的火爆情况，我们可以看到互联网金融从最初的抢占银行代缴电话费、水电费业务，到目前的抢占银行的基金代销、保险代销业务、个人理财业务，互联网金融对商业银行步步紧逼，大幅度压缩了基于银行支付而衍生的中间业务的利润空间。

2013 年，互联网金融对我国商业银行影响最大的事件莫过于余额宝的推出。余额宝是支付宝与天弘基金共同推出的货币市场基金，具有收益率比活期存款高、风险小等特点，其推出给我国商业银行活期存款业务带来了巨大冲击。余额宝的推出是互联网金融涉足基金代销业务的经典案例。余额宝模式大大拓宽了基金销售渠道,减少了基金公司对商业银行代销的依赖,进一步分流商业银行基金代销业务。根据证监会公布的数据,2011 年新基金发行 203 只、募资规模 2555 亿元;2012 年新基金发行达 255 只、募资总量达到 6400 亿元,创历史新高。但多数银行基金代销收入却出现了下滑。根据相关银行上市报表,2012 年上半年农行实现代销基金收入 3.37 亿元。而 2011 年上半年实现代理基金业务收入 6.62 亿元,同比下滑 50%;招商银行 2012 年上半年实现代理基金业务收入 5.42 亿元,与 2011 年上半年 6.65 亿元相比,同比下降 18.5%。导致这一结果的直接原因就是第三方机构抢占了银行代销基金的市场。由于余额宝是货币基金,只会影响到商业银行货币基金的代销,而其他的股票类等基金影响甚微。余额宝开启了第三方支付平台直销基金的先河。

随着基金行业资产管理规模的不断扩大,基金已经成为第三方支付企业业务"新蓝海",多家支付公司对这一市场跃跃欲试。截至目前,汇付天下、通联支付、银联电子、易宝支付、支付宝、财付通、快钱七家机构已经通过证监会的审批,获得基金第三方支付牌照,成为基金公司的直销渠道。经历一段时间的发展,基金第三方支付机构已经积累了一定的用户,比如汇付天下"天天盈"平台已经拥有超过 150 万的用户、支持 46 家基金公司、32 家银行、800 余只基金产品;银联电子的"银联通"合作基金公司已达 57 家,支持基金产品近 900 种、银行近 20 家,累计用户超过 100 万。基金第三方支付飞速发展,使得传统银行代销渠道将一步步被蚕食。

互联网金融对商业银行中间业务的冲击主要是基于第三方业务的飞速发展,2011 年至今,中国人民银行共发放 269 家第三方支付企业的业务许可证书,互联网企业正式涉足金融支付业务,截至 2015 年第三季度,互联网支付业务交易规模达到 30747.9 亿元,其市场份额也进一步增加到占整体支付份额的 52.4%,进一步挤占了商业银行的支付市场,互联网巨头们正在借用在境外电子商务发展的优势,逐步将电子业务与境外的消费结合到一起,进一步拓展了业务发展的范围。例如,阿里巴巴在2015年积极筹划的对印度的投资以及支付宝业务等发展到韩国,此外,腾讯的微信支付也实现了将人民币直接转化为美元、日元、欧元等八种货币对外直接支付。

加上第三方销售平台能够提供基金等理财产品的销售,相较于银行行业具有较低手续费和中介费,一定程度上影响了商业银行代理销售相关的业务。主要冲击了传统商业银行的非利息收入,包括银行卡现有的手续费收入、理财产品的管理费收入和银行代理产品的手续费收入等。但目前,互联网支付主要集中在零售支付领域,但对外币支付、票据支付、金融市场资金清算和银行与金融机构间的资金清算难以涉及。

互联网金融对商业银行的全部业务类型均有一定程度的影响。在前面分析的基础上,进一步从商业银行盈利指标出发定量的分析这些冲击最终对商业银行盈利能力的影响程度是本书也是之后章节研究的重点。

六、互联网金融改变了商业银行的经营模式

互联网金融的出现,打破了金融市场上长久以来的平静和平衡,激发了人们对于金融服务快捷性、高效性以及收益性的追求。商业银行传统上主要是依靠设立物理网点来扩充经营规模、依靠人工来提供金融服务,其理财产品主要是针对特定的客户群体并设置有一定的门槛,而互联网技术主要用于协助银行办理存贷业务。互联网金融的出现打破了商业银行这一传统的经营模式。从市场角度上看,互联网金融的迅猛发展,逐渐承担起了资产配置功能、融通资金功能、支付清算功能和信息提供功能等金融功能,一定程度上加剧了金融市场的竞争,迫使银行在传统的经营模式上做出相应的调整。从客户角度看,伴随着网络长大的青年一代成为消费主力,更倾向于方便、快捷和个性化服务和体验,客

户偏好的改变倒逼商业银行经营模式上的改变。与此同时,商业银行也在积极进行业务模式调整,仅就 2012 年,商业银行大数据金融市场投资了 1.22 亿元,同比增长了 9.7%,到 2015 年年底,商业银行已建立直销银行、手机银行、电话银行等。对部分商业银行的业务进行整理列举,见表 6-1 商业银行应用互联网技术对业务进行全面的布局改造,开发出类似甚至更优于互联网金融产品的一系列理财产品,商业银行电子化程度的进一步提高,能更好地应对互联网金融发展带来的影响。

表 6-1　互联网金融对商业银行经营模式的影响

银行名称	事件
工商银行	"融 e 购"商场,个人网上银行、手机银行和微信银行等
建设银行	2012 年,推出"善融商务",可提供租买房中介信息及大额分期付款的综合网上购物
中国银行	2012,推出"银通商城",提供大额分期付款的网上购物;2013 年,与京东商城合作推出中银京东商城信用卡,除人民币结算,存款有息,存贷一体,且申请即可成为京东金牌会员
交通银行	2012 年,推出"交博汇",提供传统银行金融业务及大额分期付款的综合网上购物;与阿里巴巴合作推出"交通银行淘宝旗舰店",有客户经理提供一揽子计划
宁波银行	2013 年,推出"汇通商城",成为首个将资源开放给所有银联卡
平安银行	"橙 e 网"打造中小企业线上业务
浦发银行	2013 年,推出"零售信贷",扶持小微企业和执行差别化住房信贷政策;建立私人银行,以资产管理和顾问咨询为特色;开发电子银行和个人理财业务等
华夏银行	2013 年,推出"平台金融"电商业务,实施针对小微企业的"龙舟计划",打造"龙盈理财""华夏龙网"等业务品牌

第二节　互联网金融对商业银行盈利能力的影响

一、商业银行盈利能力分析

(一)商业银行盈利能力衡量

能力一词最早出现在菲利普·萨尔尼科(1957)对领导行为的社会分析中,将能力比喻成一种特殊物质,且有助于将组织做到最好,该解析将抽象的能力形象化了,并指出评价的标准是通过判断对企业的影响状况的好或坏。乔治(1972)在《产业组织》中用知识、经营和技能来表示能力,并通过这三个方面对能力加以界定,即有助于提高资本增值效率,发生较低的交易成本和具有较强的生产技能。迄今为止,关于盈利能力,国外学者有的将其定义为将筹资来的资金进行投资获取利润的大小,这主要是从股东角度出发来进行判定的。还有的认为是从所有资产产生的效益为出发点来进行论述的,即企业将所有的资产进行投资所能带来的收益。总之,简单地讲,盈利能力是指企业在生产经营时期内获取利润的能力,该能力有助于保持和提高企业的竞争力。值得注意的是,盈利能力与盈利水平略有区别,主要在于前者是经营业绩的指标,也是绝对指标;后者是企业获利水平的高低,是一个量的概念,属于相对指标。

从商业银行经营的业务来看,商业银行是一种特殊企业,具体表现为:满足企业的范畴,利润最大化是其经营目标之一;特殊性在于主要经营的是货币这一特殊商品,商业银行一般通过存贷利差维持经营和规模的扩充。货币市场相对的流动性和不稳定性更大,所以,在考虑商业银行的盈利能力时,首先应考虑风险因素,应该是控制风险下的盈利能力;其次,商业银行盈利能力的判别需要在满足证监会规定下展开。如银监会规定银行流动性比率要大于等于 25%,单一最大客户贷款比例不大于 10%,存贷比不大于 75% 等等。

(二)商业银行盈利能力的判断指标

盈利能力是指企业在一定时期内获取利润的能力,现代学科一般都将利润最大化作为企业经营中的主要目标,那么对于"经营立世"的商业银行也不例外。利润也是判断其经营情况好坏的主要标准,但因为银行相互之间规模不同,仅仅从利润的绝对数量上并不能很好地判断银行盈利能力的高低,需要通过选取一些静态财务指标比较加以判断商业银行的盈利能力。

对于商业银行而言,衡量盈利性的指标主要有平均总资产收益率、加权平均资产收益率、净息差、成本收入比、手续费及佣金净收入占营业收入的比等。

(1)平均总资产收益率,是指企业运用总资产获取净收益的能力,平均总资产收益率=净利润/期初及期末总资产平均余额×100%。该指标反映了平均资产产生收益的能力。

(2)加权平均资产收益率,反映的是企业运用平均资本获取收益的能力,是对净资产运用的效率。加权平均净资产收益率=归属于母公司股东的净利润/归属于母公司股东的权益加权平均余额×100%。

(3)净息差,主要反映的是银行用生息资产获取净利息收入的能力,其影响因素包括生息资产的规模和平均收益率;净息差=净利息收入/生息资产平均值×100%。

(4)成本收入比,是指银行经营的总成本与整个营业收入的比例,反映了经营消耗与收入之间的比值关系,是衡量银行盈利水平和成本水平的综合性指标,该指标越低,表示商业银行对成本的控制管理能力越强,获利越多;成本收入比=营业及管理费用/营业收入×100%。

（5）不良贷款率，该指标反映了银行的资产质量，生息资产是银行利润的主要来源，不良贷款率越低，表明银行生息性资产越多，银行的利润相对也就越高，该指标也是判断银行风险高低的重要指标，不良贷款率＝不良贷款额/总贷款额×100％。

除了上面叙述的定量性指标，分析商业银行盈利能力还有一些定性指标，如经验战略、风险管理和社会责任等。其中银行的战略管理是银行制订的长期能有助于其生存并实现有助于获得卓越绩效的行动计划。战略管理是企业发展中制定的总体目标，指明了银行的发展方向，对其能否获得持续的盈利至关重要；风险管理主要是指银行在对经营活动中的不确定因素，有没有实施事前预防的措施或者办法，对风险的预知和把握情况决定着银行的生死存亡。社会责任是指银行在追求利益之外，对应当承担的对社会及公众责任与义务的履行情况，勇于承担社会责任有利于提升其形象和品牌、信誉优势，增强竞争力，实现可持续发展。

基于前面的分析可知，互联网金融主要是通过影响商业银行的资产端进而影响到利息收入、中间业务的非利息收入和负债端的融资成本来最终影响到银行利润项的。互联网金融对银行利润的具体影响情形大致可以概括为如图 6-1 所示。

二、互联网金融对商业银行利息收入的影响

（一）对利息收入的影响机制分析

商业银行的生息资产主要有客户贷款（包括企业贷款和个人贷款）、债券投资、存放中央银行、存拆放同业，付息负债主要有客户存款、同业存拆入、对央行负债及其他借入资金。互联网金融对利息收入的影响主要体现在两个方面：一是 P2P 网贷、众筹和供应链金融等融资渠道分流了商业银行的部分客户贷款；二是2013 年 7 月从我国放宽了贷款利率管制以来，贷款利率实现了全

面的市场化,在此大背景下,深圳前海微众银行和阿里网络银行等民营纯网上银行的兴起,将进一步加剧银行之间的竞争,有利于促进贷款利率的下调,使其更趋近于市场水平。

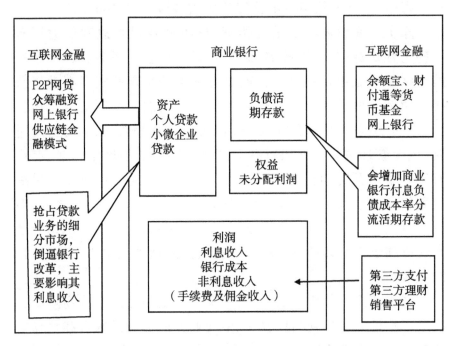

图 6-1　互联网金融对商业银行影响业务对比

(二)对利息收入的影响状况分析

P2P 网贷和供应链金融目前将服务对象主要定位于个人或小微企业,因其贷款审核流程相对简单、时间短、操作简便等特点,对商业银行零售贷款业务造成了一定的影响。

贷款规模的变化会进一步影响到商业银行的利息收入,并最终对商业银行的盈利能力产生一定的影响。

利息收入是商业银行营业收入最主要的组成部分,通过对 16 家上市银行自 2010—2014 年的五年间的同比增长率取平均值可知,从 2012 年之后商业银行利息收入总体增长速度开始下降,到 2013 年达到最低为 16.16%,到 2014 年又逐步回升,这与互联网金融飞速发展与商业银行积极应对在时间上是吻合的。2012 年互联网金融开始兴起,2013 年取得了飞跃式的发展,各种互联网金融模式如雨后春笋般地迅速壮大起来,而同一时间,商业银行一方面积极地与互联网金融企业展开合作,另一方面加大了在互联网技术上的投资,通过开发网上商城、网上直销银行、手机银行等网上业务以及具有针对性的网上理财产品提高了应对电子覆盖率。从平均净息差来看,2012—2014 年净息差逐年下降,从2012 年的 2.74％下降到 2014 年的 2.51％,平均年下降了 11.5个基点,从净息差来看对商业银行盈利能力呈现出了逐年下降的趋势。

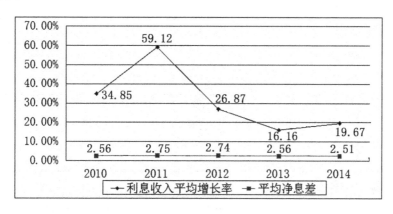

图 6-2　商业银行利息收入增长率及净息差同比增速

商业银行利息收入的影响因素较多,如经济的发展状况、中央银行实施的利率政策和通货膨胀率等。目前,我国已经进入了推行利率市场化的攻坚阶段,其发展生存环境竞争更加激烈。为了更好地分析互联网金融对商业银行的影响,我们从商业银行的贷款总额和个人及小微贷款同比增长率入手进一步地进行分析。如表 6-2 所示,2012—2014 年 16 家商业贷款总额的平均增长幅度为 0.24％,其中兴业银行的贷款总额增幅最大,增加了 5％,平安银行贷款总额下降幅度最大达到了 6.46％;个人存款总额的平均增长率则是下降了 2.18％,特别是光大银行,个人存款下降了20.98％,个人存款流失极其严重;五大国有银行的贷款总额增长率上升了 0.12％,小微企业贷款平均增长率下降了 1.39％,低于平均值,一定程度上表明国有银行发展相对稳定,应对互联网金融影响的能力相对较强。

表 6-2　2012—2014 年商业银行存款同比增长率平均增幅

商业银行	贷款总额(%)	小微贷款存款(%)
平安银行	−6.46	9.42
宁波银行	0.72	−1.17
浦发银行	−0.43	0.30
华夏银行	−0.47	0.06
民生银行	0.03	1.19
招商银行	0.45	−2.83
南京银行	3.40	4.97
兴业银行	5.00	−1.01
北京银行	−0.08	−0.73
农业银行	0.87	−0.41
交通银行	−0.57	−0.68
工商银行	0.20	−1.50
光大银行	0.79	−20.98
建设银行	0.29	−1.98
中国银行	−0.17	−2.40
中信银行	0.03	1.07
平均值	0.24	−2.18

数据来源:由银行半年度报告和国泰安数据库整理。

三、互联网金融对商业银行非利息收入的影响

(一)对非利息收入的影响机制分析

商业银行的非利息收入主要包括手续费及佣金收入,咨询业务收入,银行卡费收入,办理转账结算业务等,是商业银行营业收

入中重要的组成部分。第三方支付平台能够独立地进行结算业务,而非仅仅作为连接客户与银行之间的服务平台,加上进一步向线下业务的拓展,逐渐抢占了银行业在支付领域的市场份额,进而影响到商业银行的中间业务收入。

对商业银行非利息收入的影响概括为:首先,第三方支付企业通过提供支付结算业务,与商业银行在支付层面展开竞争。其次,"支付+理财"类货币理财产品会影响到商业银行理财业务和代销业务的手续费收入。

当客户转向在第三方支付平台进行支付时,会直接减少商业银行的手续费收入。传统模式下,普通支付都是通过银联进行的,通过给客户安装 POS 机,收单行能够从每笔银行卡交易中收取交易额 1%~2% 的手续费,对于该笔收入是按照 2∶1∶7 的比例进行分配的,即收单行留下其中的 20%,银联收取 10%,发卡行获得 70%。加上收单行和发卡行往往又是同一家银行,银行便获得手续费收入的 90%。但若支付在第三方平台进行时,银行的收入将会大幅度的减少,这主要是第三方支付收费率较低。以支付宝为例,使用电脑转账时,按照每笔转账额的 0.15%~0.2% 收取手续费且每笔收取的费用不超过 25 元,发行卡只能取得该笔费用的 70%,也就是 0.11%~0.14% 的收取费收入,且每笔收入不会超过 17.5 元。

表6-3　第三方支付平台对商业银行手续费的影响

支付类型	商业银行模式	银行手续费收入	第三方支付
普通支付	银联支付	银行获得支付金额的 0.7%~1.8%	网上支付时获得交易额的 0.11%~0.14%,用手机时免收
	网上银行	0.05%~0.9% 或 1~50 元每笔交易费用	网上时获得 0.11%~0.14%,手机时免收
	手机银行	免收手续费	网上获得 0.11%~0.14%,手机免收

支付类型	商业银行模式	银行手续费收入	第三方支付
转账汇款（含信用卡还款）	网上银行/柜台	0.05%~0.9%或1~50元每笔交易费用（有的银行低于5000元免手续费）	网上获得0.07%~0.28%，手机免收
	手机银行	免收手续费	网上获得0.07%~0.28%，手机免收
公共事业费代扣代缴	网上银行/柜台	向公共事业单位收取1~3元/笔代扣代缴费	银行获得0.07%~0.21%手续费

数据来源：国泰君安证券所数据整理所得。

客户转向第三方销售平台买保险、基金等理财类产品，造成银行相应业务量一定程度的减少，从而减少了银行代销此类产品的收入，同时也减少了银行代理业务的手续费收入。一般而言，银行代销获得基金代销费率0.5%~1%，保险代销费率为2%~3%，但在第三方平台直销中获得0.2%~0.5%的手续费收入。故银行网上直销支付结算收入的增加并不能抵消代销手续收入的下降。此外，余额宝类货币基金产品也在一定程度上分流了银行的理财基金，减少了银行的理财收入。

(二)对非利息收入的影响状况分析

基于上市商业银行2014年年报的数据，选取16家上市银行，对互联网金融对商业银行非利息收入的影响进行情景分析。见表6-4，2014年，16家上市银行中，估计会受到互联网金融影响的手续费及佣金收入占总的手续费及佣金收入比重均值是60.01%，其中宁波银行最高，达到87.87%，招商银行最低33.02%，说明宁波银行中间业务中与第三方支付等互联网金融业务重合度较高，更容易受到互联网金融的冲击，应该主动采取措施,推进中间业务的网络化和结构的多样性;受影响的手续费收入占营业收入的比重介于南京银行 6.02% 至光大银行 20.13% 之间,其均值为 12.89%,可见中间业务是商业银行重要的收入来源之一,但就占的比重来看,中间业务仍具有很大的上升空间,商业银行应该给予足够的重视。

表 6-4　受影响的手续费及佣金与营业收入净利润的基本情况

单位:百万元;%

商业银行	净手续费及佣金收入	手续费及佣金收入	占总手续费及佣金的比重	营业收入	占营业收入比重	净利润	营业收入对净利润的贡献度
平安银行	13238	19706	67.18	73407	18.03	19802	135.49
宁波银行	2696.65	3069	87.87	15356	17.56	5634	125.32
浦发银行	13068	22321	58.54	123181	10.61	47026	155.23
华夏银行	5871	8681	67.63	54885	10.69	17981	133.96
民生银行	24257	42293	57.35	135469	17.91	44546	320.08
招商银行	24117	48543	49.68	165863	14.54	56049	301.44
南京银行	962.62	1953.9	46.34	15991.5	6.02	5656.2	211.75
兴业银行	13396	28412	47.15	124898	10.73	47530	98.48
北京银行	2416	5171	46.72	36878	6.55	15623	125.81
农业银行	66461	87883	75.62	520858	12.76	179510	143.18
交通银行	14658	32914	44.53	177401	8.26	65850	138.18
工商银行	40837	72512	56.32	298607	13.68	138477	95.96
光大银行	15807	20445	77.31	78531	20.13	28928	249.08
建设银行	68259	112238	60.82	570470	11.97	228247	199.34
中国银行	56355	98538	57.19	456331	12.35	177198	145.12
中信银行	16324	26972	60.52	124716	13.09	41454	441.19

数据来源:上市银行 A 股年报数据计算整理所得。营业收入对净利润的贡献度=营业收入增长率/净利润增长率。

在表 6-4 数据分析的基础上,假设商业银行受互联网金融影响的中间业务有 10%~100% 被互联网金融所取代,进行相应的情景分析。并假设在替代的过程中对净利润的影响是呈线性变化的,将前面计算出的营业收入对净利润的贡献度作为固定的常量,来粗略的估计当相关的中间业务被取代时,对净利润的影响情况。分析可知,商业银行有10%的受影响业务被互联网金融替代时,上市银行的净利润会减少0.74%;在极端情况下,商业银行所有受影响的业务都被互联网金融取代时,其净利润会减少7.4%。就单家商业银行而言,若受互联网金融影响的中间业务被替代时,南京银行净利润受冲击最小,宁波银行受冲击最大,如果受互联网金融影响的中间业务全部被取代,利润将减少14%。

在前面对净利润影响的基础上,进一步分析对商业银行盈利能力的影响。选取平均总资产收益率作为判断盈利能力的指标,已知它和净利润的关系为:平均总资产收益率=净利润/期初及期末总资产平均余额×100%,中间业务并不影响期初、期末总资产的余额,故平均总资产收益率与净利润之间呈线性关系,即当利润下降2.21%时,平均总资产收益率也下降2.21%,见表6-5。

表6-5 互联网金融对商业银行盈利影响的情景分析

商业银行	对手续费收入的影响(%)			对营业收入的影响(%)			对净利润的影响(%)		
	10%	20%	30%	10%	20%	30%	10%	20%	30%
平安银行	−6.72	−13.44	−20.16	−1.80	−3.60	−5.40	−1.33	−2.66	−3.99
宁波银行	−8.79	−17.58	−26.37	−1.76	−3.52	−5.28	−1.40	−2.80	−4.20
浦发银行	−5.85	−11.70	−17.55	−1.06	−2.12	−3.18	−0.68	−1.36	−2.04
华夏银行	−6.76	−13.52	−20.28	−1.07	−2.14	−3.21	−0.79	−1.58	−2.37
民生银行	−5.74	−11.48	−17.22	−1.79	−3.58	−5.37	−0.60	−1.20	−1.80
招商银行	−4.97	−9.94	−14.91	−1.45	−2.90	−4.35	−0.48	−0.96	−1.44
南京银行	−4.63	−9.26	−13.89	−0.60	−1.20	−1.80	−0.28	−0.56	−0.84
兴业银行	−4.72	−9.44	−14.16	−1.07	−2.14	−3.21	−1.09	−2.18	−3.27
北京银行	−4.67	−9.34	−14.01	−0.66	−1.32	−1.98	−0.52	−1.04	−1.56
农业银行	−7.56	−15.12	−22.68	−1.28	−2.56	−3.84	−0.89	−1.78	−2.67

商业银行	对手续费收入的影响（%）			对营业收入的影响（%）			对净利润的影响（%）		
	10%	20%	30%	10%	20%	30%	10%	20%	30%
交通银行	−4.45	−8.90	−13.35	−0.83	−1.66	−2.49	−0.59	−1.18	−1.77
工商银行	−6.02	−12.04	−18.06	−1.34	−2.68	−4.02	−0.58	−1.16	−1.74
光大银行	−7.73	−15.46	−23.19	−2.01	−4.02	−6.03	−0.81	−1.62	−2.43
建设银行	−6.08	−12.16	−18.24	−1.19	−2.38	−3.57	−0.60	−1.20	−1.80
中国银行	−5.72	−11.44	−17.16	−1.24	−2.48	−3.72	−0.85	−1.70	−2.55
中信银行	−6.05	−12.10	−18.15	−1.31	−2.62	−3.93	−0.30	−0.60	−0.90
均值	−6.03	−12.06	−18.09	−1.28	−2.56	−3.84	−0.74	−1.47	−2.21

具体来看,对于这些受影响的业务,互联网金融的影响方面还是有限的,以支付类业务为例,目前第三方支付平台从事的主要是小额批量支付业务,对于大额实时支付系统业务、境内外币支付系统业务、同城清算和网上支付跨行清算系统业务较少涉及,根据中国人民银行公布的《2015 年第三季度支付体系运行总体情况》报告,小额批量支付系统处理业务的金额是 6.64 万亿元,同比增长了 15.6%,占支付比重的 0.77%。此外,商业银行从 2013 年至今,经过 2 年多的建设发展,已基本实现了建立网上直销银行、手机银行,网络平台已经发展得相当完善,对互联网金融的影响具有一定的抗击能力。

四、互联网金融对商业银行成本的影响

(一)对成本的影响机制分析

存款一直是商业银行资金的主要来源,是商业银行进行投资理财经营的基础。互联网金融主要通过两种渠道影响商业银行的存款业务。

(1)余额宝等"宝宝"类货币基金产品,分流了银行大量的活期存款,而其中的大部分又通过协议、大额订单等方式重新回到银行。虽然在数量上看,银行存款的余额变化不大,但银行获得这笔钱的成本则大不相同,主要是银行的活期利率较低,大致为0.35%,但协议存款的利率较高,以一月期协议存款为例,其利率大致为5%~8%,无形中就加大了银行的融资成本,影响到银行的利润。

(2)互联网金融的发展迫使商业银行进行改革。互联网金融特别是在第三方支付上发展的强势劲头,并由线上支付转为线上线下并举的发展,对商业银行的银联业务造成最为直接的冲击,为应对商业银行开始加大互联网技术方面的科研投入,到2015年年底,所有的上市商业银行已经完成将业务发展到网上银行和手机银行。

(二)对成本的影响状况分析

由前面的分析可知,互联网金融在一定程度上分流了银行存款特别是活期存款业务,加大了银行的融资成本。以余额宝为例,2015年第一季度余额宝账户余额7117.24亿元,占市场份额的61.9%;相比2013年年底的1853亿元增长了284.1%。余额宝中沉淀的资金大多用于对国债、协议存款、大额存单等投资。按照余额宝2015年第一季度的账户余额和比例,大致推算出互联网金融中"宝宝"类货币基金的总值为1.15万亿元,假定这部分钱全部以协议存款的方式流向银行,且这部分金额全部是从银行活期存款分流所得。2013年年底银行一月期协议存款曾突破7%,鉴于2014年、2015年人民银行多次下调基准利率。假设从余额宝类基金产品中取得资金的平均成本是5%,目前中国人民银行公布的活期存款基准利率是0.35%,假定其他的付息负债成本平均为2%,已知2014年金融机构的本外币存款余额为117.4亿万元,可推知货币基金的占比接近1%,则我们有如下估算。

上述的1.15万亿元全部为银行的活期存款时,根据资金来源,商业银行的融资成本为:2%×99%+0.35%×1%=1.98%；当余额宝类货币基金总值达到1.15万亿元时,商业银行的融资成本为2%×99%+5%×1%=2.03%,因此,在这种极限假设情况下,商业银行的付息负债成本率上升了0.05%,存款余额为117.4万亿元时,成本将增加587亿元,当然这只是一种极限下的情况估计。但从这组数据中可以清晰地看到在互联网金融影响下,银行若不尽快的实施变革,将会受到严重的冲击。

但与此同时我们也应该看到,自2013年余额宝的上线引燃了货币基金在中国发展的浪潮,各类"宝宝"类产品纷纷被推出,如2014年年初,腾讯与华夏基金合作推出了微信理财通,百度理财平台的百度百发。与此同时,商业银行也开始推出自己的货币基金类理财产品,如平安银行与金融机构合作推出了平安盈,中国民生银行直销银行与基金公司合作开发的民生如意宝等。同时,我国利率市场化进程已经到了最后攻坚阶段,存款利率上限已经全部放开,余额宝等理财产品的七日年化收益率也从2013年的7%左右,到2016年下降到了2.6%,曾经的高收益优势已经不复存在。所以短期来看,余额宝通过加大银行的负债成本而影响商业银行的盈利,导致商业银行平均总资产收益率的下降；但从长远来看,对商业银行的影响程度将会弱化。

第三节　商业银行应对互联网金融影响的策略

互联网金融的出现与发展与商业银行的资产、负债与中间业务均有不同程度的竞争,打破了在我国商业银行是唯一吸纳储蓄的地位。但通过书中前面章节定性与定量相结合的方式分析可知,互联网金融虽然发展迅速,但对商业银行实质性业务的冲击作用还是有限的。虽然如此,商业银行却还是需要给予互联网金融足够的重视,因为互联网金融的出现引发了全民理财的热情,并开始重视金融服务的便捷性、收益性和高效性的体验,将迫使商业银行改革传统的金融模式。商业银行在应对这一形式改革的进程中,应该分清楚与互联网金融之间的关系,两者之间不仅仅存在竞争,在优势资源上具有一定的互补性,特别是对大数据的掌握上更是需要分享,寻求合作实现共赢。

一、与利息收入相关的对策

影响到商业银行利息收入的主要是互联网金融的融资业务,在该领域中,商业银行的初始定位的客户群体并不相同,但长久来看,两者在该领域展开竞争将是发展的必然趋势。从互联网金融来看,类似 P2P 网贷的高收益吸引了大量的投资者,当网贷平台上的投资大于需求时,那么要求收益最低的投资者能够成功将款项贷给需求者,其最终的结果是 P2P 网贷的贷款利率和收益利率均会下降,最后接近于一般的市场价格,这一改变将会吸引银行的部分客户在 P2P 网贷上完成贷款。P2P 网贷平台上的综合收益率从 2013 年的 21.25% 下降为 2015 年的 13.29% 就很好地说明了这一情况。从商业银行的角度来看,我国小微企业数量众多,其中存在的潜在优质客户也不在少数,互联网技术的运用,有助于商业银行开展针对小微企业的业务。2013 年初,工商银行推出的"融 e 购"电子商务平台,并相继推出了直接消费的小额消费贷款"逸贷"以及针对小微企业"短频急"融资需求的线上循环贷款产品"网贷通"等。

(1)商业银行改革创新应该更加注重市场和客户导向。伴随着互联网金融的发展,纯网上银行的兴起以及利率市场化,商业银行面临更加激烈的竞争环境。美国也曾经经历了类似于我国当前的情形,但互联网金融引发的影响却不如我国这么强烈,主要原因就在于,在美国是商业银行引导了业务的互联网化,两者更多的是融合;在我国是互联网金融发展倒逼商业银行变革,其过程也更为激烈。但我们应该看到,商业银行不管是从资源、专业性、技术还是信用上都优于互联网金融企业,其应用互联网技术开发新产品的进程却落后于互联网金融企业,根本原因在于服务与产品不能更好地贴近客户需求,凭借对社交网络、物联网等生成的用户信息、偏好、行为和消费习惯等数据进行挖掘分析,开发适合客户需求的金融产品,并通过信贷理财产品创新,夯实原有的客户基础;同时与互联网金融企业合作,开发潜在的细分市场。

（2）加强与互联网企业、电子商务平台的合作。行业不同,其掌握的资源和专业性上也具有一定的差别。商业银行在传统业务中积累了一套比较系统的风险处理方法,但随着业务电子化发展,其面临更多的技术性风险、操作性风险等,故商业银行应加强与互联网企业之间的合作,严把风险管理;此外,商业银行在进行放贷客户选择时,因其掌握的客户信息主要是客户记录或者是在本行交易中的一些信息,在应用这些信息数据进行挖掘和分析来评价放贷人的情况时,具有一定的片面性,所以应加强与电子商务平台等的合作,收集积累更多的数据资源。

二、与非利息收入相关的对策

目前来看,互联网金融主要通过第三方支付业务来影响商业银行的中间业务收入。商业银行差不多在 2000 年左右就出现了网上支付业务,但因其往往具有相互间接口不兼容,安装程序相对比较麻烦,收益较低甚至为零等特征,使用推广的速度较慢。相比而言,第三方支付具有安装便捷、使用方便,创新力强,很快就吸引汇聚了大量的用户,且相对而言客户黏性较强。

表 6-6　商业银行与互联网金融在中间业务上的竞争形势

	商业银行	第三方支付
资金结算周期	网上银行、手机银行的运营,结算周期显著加快	2 个小时可完成支付
客户资源	用户范围广	用户范围窄
创新能力	一般	较强,具有针对性
公信力	较强	较弱

随着中国经济增长速度的进一步放缓,经济结构调整中更多行业供需关系的变化,市场利率化及竞争进一步加剧,银行整体盈利增速开始下降。相对于美国、日本、英国等发达国家,分利息收入占总收入的比重在40%,我国的相对较低大概20%,非利息收入有望在银行利润增长中发挥更加关键的作用。应对策略有如下三条。

(一)大力发展支付清算业务

我国商业银行主要依赖借贷利差获取利润,但随着市场化进程的推进,借贷利差将进一步缩减,金融脱媒将进一步加速,加上互联网金融的发展,对金融市场的进一步抢占,商业银行将面临更加激烈的竞争环境。在此背景下,支付清算业务却表现出了良好的发展前景,互联网金融在第三方支付及货币基金理财产品上的成功试水,表明我国在支付业务等中间业务上具有巨大的发展潜力,商业银行应该根据企业自身的情况,具有针对性的开拓支付业务市场,抢夺潜在客户,建立自己的客户关系网,增加客户黏性。对于在"一带一路"沿线上设置有金融机构的,利用其作为对外发展金融业务的优势,大力发展海外的支付业务。

(二)丰富理财产品的类型,开发互联网销售平台

丰富理财产品的类型首先表现在根据客户对理财需求的不同,设计出中、低、高等的不同进入门槛的理财产品,让有理财需求的人不因财富的高低不同而获得不同的金融服务类别;其次,将理财产品的收益性也划分出中低高不同的层次,供不同偏好的客户进行选择;最后,应夯实银行在代理销售金融产品的地位,开发互联网销售平台,达到线上线下相结合、人工协助操作与网上自助完成相结合。

(三)开通一体化的银行卡服务业务

银行卡业务是商业银行的重要基础部分,商业银行可以根据

不同的需要,将银行卡开通全程一体化的服务,包括可以根据支付口令银行卡储存金额自动转入货币资金理财业务或自动设计每月的水电费等日常缴费业务。

三、与银行成本相关的对策

在这里谈论的银行成本主要是指与负债相关的利息支出,银行因其特殊性,是属于高负债经营的企业。从前面章节的分析可知,余额宝等"宝宝"类理财产品因具有支付和收益双重优势会引起商业银行存款特别是活期存款在一定程度上搬家,而这笔款项多又会以协议存款或者大额订单的方式流回银行,在周转的过程中提升了商业银行的融资成本。商业银行应采取的应对策略有以下两种。

(一)开发特色理财产品,重视客户体验

商业银行中积累大量的客户资源,应对其信息数据进行深度的挖掘分析,划分清客户的类别,记录客户以往理财中所表现的偏好等,针对性的设计提供相应的产品,如若客户中有一部分是学生群体较多,那么可以向他们推出类似余额宝的即集支付与收益一体的银行卡,并将其作为潜在发展客户重点备案,尽量培养发展该类客户群体黏性。

(二)加大技术投入,建立综合理财网销平台

互联网金融在一定程度上激发了全民理财的热情,这无疑会为商业银行带来新的发展契机,将传统的依靠规模扩张、人员的宣传模式转向技术性投入和综合理财网销平台的建设,逐步推进足不出户就能享受到安全便捷的理财服务。此外,根据国海证券研报显示消费性贷款在我国将会有很大的发展前景,根据数据显示,我国 2014 年消费贷款规模达到 15.4 万亿元,并有望在 2019年炒股 37 万亿元,其未来的平均增速将保持 20％左右,故商业银

行应抓住市场先机,开发具有针对性消费性贷款,培养客户黏性。

四、银行加大以互联网为基础的金融创新

在互联网金融高速发展的大背景下,在商业银行的中间管理以及实际的应用中仍然存在很多的问题,商业银行在发展中,不能够只在乎商业银行的中间业务的发展,而忽视了对问题的解决,否则只会在发展道路上出现更多更大的阻力。必须在发展过程中加大对出现问题的重视力度,尽快的根据实际情况研究出解决方案,提出合理化建议。目前,商业银行的中间业务存在一些问题,例如对于互联网技术的应用不全面,与互联网技术的结合度不够以及专业性人才缺乏等问题,势必会成为银行发展的绊脚石,因此银行应该建立在中间业务产品的基础上,大力推广互联网技术的应用,加强对中间业务的信息化建设,不断完善相关的支付方式和风险控制,顺应时代发展的需要。

(一)支付结算层面

在支付结算方面,第三方支付与商业银行的博弈并非是零和博弈,在相互竞争的同时,还有合作共赢。第三方支付所有的账户和清算交易最终还是要通过银行,其侵蚀的只是支付清算市场的前端市场。因此,商业银行应加强与支付机构之间的合作,银行可以利用双方在产品服务定位上的差异来为银行带来更多额外的客户源,同时积极引进大数据、移动、云计算等先进技术的支持,使得支付机构有效改善银行客户的支付体验,间接增加银行存款总量。同时支付机构借助银行较为全面的金融服务平台,其也可以根据自身优势开展更多增值业务。商业银行与支付机构的合作也将为更多原先受到忽视的中小微企业带来更完善、更安全的金融支付服务,创建出良性循环的金融生态环境。

目前,部分银行已经开始搭上互联网的快车,和腾讯、新浪、阿里等合作,推出一系列的产品。中信银行、招商银行、建设银行

等商业银行相继开通了网上银行、手机银行以及微博、微信客户端,可在移动终端上进行移动支付,随时随地的享受互联网金融带来的便利。

(二)银证合作层面

商业银行在利用互联网的信息技术与组织模式下,还应加强与证券公司的合作,银行可以和证券相互营销,共享营销网络和客户资源。银行有广泛的客户基础和分支网络,可以利用现有网点来促进证券业务的发展。

审视我国现阶段的银证合作方式,大多还是只停留在表面层次上,要从根本上实现中国金融体系的升级,全面提升中国金融体系的竞争力,需要深入推进银证合作,积极创新,进行深层次的内部组织和股权合作,发挥规模效应和协同效应。

(1)采用金融控股公司模式进行组织与股权合作将是我国银证合作的现实选择。混业经营制度运作的前提条件是,银行本身具备较强的风险意识和有效的内控约束机制,金融监管体系完善高效,法律框架健全。经济发达国家金融业实行混业经营,正是基于这些基本条件已经达到。虽然目前我国尚不具备混业经营的条件,但是各种各样的尝试已在进行,混业经营已经崭露头角,过渡时期的方针应该是建立金融控股公司。与此同时,实施相应的有限制的全能银行制监管模式。

(2)通过资本市场的平台,推进商业银行信贷资产的证券化。银证合作,应考虑寻找一个新的资本市场的连接点,在这个连接点上如果资产证券化能够有所突破,银证合作的范围将会更加广泛,对资本市场的发育和商业银行的改革也会更有利。

(三)银保合作层面

1. 积极开展银保合作产品的多样性创新

金融创新特别是金融产品的创新是不同金融机构相互合作

的保证。银行和保险公司有着不同的经营方式和运行机制,没有适合银行特点的保险产品,就无法有效发挥银行的优势。银保合作的产品应该既形式简单、操作方便、适于柜台销售,又与银行传统业务相联系。这样不但可以对银行业务消费者更具吸引力,还可以调动银行进行代理的积极性。在业务创新过程中,银行和保险公司应组成业务开发项目组,对市场进行细分和定位,根据不同需求层次的客户群设计相应的保险产品,制定相应的营销策略。依据当前的市场需求,设计出集方便性、保障性、储蓄性、投资性于一体的保险产品,满足客户对全套金融服务的需求,增强产品的核心竞争能力。既要有短期产品又要重视长期产品的开发,并以新的销售模式支持银行理财功能的实现,让保险产品融入银行的服务产品系列中去。

2. 开展深层次合作,建立长期的战略伙伴关系

我国的银保合作现在还处于浅层次合作阶段,鉴于我国目前分业经营、分业管理的法律约束,从长远来看,"一对一"的长期战略伙伴关系应是最佳的合作模式。在此模式下,双方关系不再建立在短期利益上,更关注为客户提供亲和便利、专业的服务。这样才能有效地避免双方在代理手续费上进行博弈,减少短期随意性,维持银保市场的正常运行秩序,达到"双赢"。银行必须对保险公司的企业文化、技术水平,产品创新能力、客户服务能力、银行保险的经验等方面进行充分考察和筛选,否则,很难保证银保合作的长期性和稳定性。同时,保险公司也要树立全新的市场经营理念,积极开展银行保险业务,谨慎地选择合作伙伴,摆脱银保合作中的被动局面,通过合作内容上的深化,建立与银行之间长远的战略伙伴关系。以市场机制为基础,通过建立双方的资本纽带,进行银保资源的整合,逐步实现由简单的兼业代理向"长期合作战略联盟"过渡。

3. 加强银行保险的专职人员培训及客户经理队伍建设

一方面,利用保险公司在培训上的行业优势,重点培训银行

网点的主管和临柜员工。培训的重点要由业务培训为主转到以灌输营销理念为主,努力提高银行临柜人员的市场竞争意识与服务意识,增强他们对银行保险的认同感。银行应考虑为银行职员制定一个良好的激励制度,将保险销售指标纳入业绩考核体系中,切实激励员工代理保险业务的积极性。另一方面,积极搞好客户经理队伍建设。

4. 构建联结银保双方的信息网络平台

运用现代网络技术,实现银行与保险公司的联网,是开展银行保险的基础工作。银行保险的发展迫切要求开发出适合银行保险需求的业务处理系统,为业务发展提供良好的技术服务平台。由于保险产品需要核保,信息的输送和反馈相当重要,银保双方必须实现联网才能提高业务能力和业务质量。银保双方还应通力合作,建立共同的客户数据库,实现客户资源共享。充分利用银行现有的网络技术优势,打通银行与保险业的网络通道,努力使银行与保险公司具有同等的服务水平,使客户能一次获得包括银行、保险在内的全方位金融服务;并使客户可以便捷地进行包括保险投资在内的各种金融投资活动,便利客户利用银行、保险信息平台进行投资选择和投资资金的快速转移。此外,还应重视对信息网络系统的安全维护工作,定时定期对银保业务的信息网络系统进行检查,要及时发现问题,并快速解决,保证其正常运作。

5. 强化银保合作业务的监管

银行与保险公司通过相互合作,必然会以各种方式突破分业经营的限制,给银行业与保险业的明确界定和行业监管增加了难度。目前由人民银行、证监会、保监会建立的监管联席会议制度可以说适应了金融业务交叉发展的需要,既能使各监管部门独立地对本行业进行监管,又能使监管部门之间保持信息及时、充分地交流,尽早发现问题。监管当局应根据银保合作的既成事实制定一些有利的方案措施,争取出台更多的关于银行保险合作方面的成文政策。

(四)网络银行层面

从目前的发展趋势看来,网络银行在未来一段时间仍将是商业银行电子渠道的主要模式,而且是银行与互联网金融企业竞争的关键领域,因此,提高网络银行的基础服务能力显得格外重要。银行可以从以下三方面提高网络银行这一重要的服务平台。

(1)充分重视客户体验,具体体现在提高基础服务的可用性和简化业务流程,借助互联网技术进步来改进界面展现,提高用户操作的友好性。客户资源是银行业务的一切根本。互联网技术突破了时间与空间的限制,改变了客户的消费习惯和消费结构,催生了新的产品和服务需求,传统的以账户为中心的金融服务已无法满足客户日益增加的多样化、个性化需求。银行应该顺应时代潮流,加快转型,充分利用互联网技术和银行经营管理经验,打造智慧银行,重塑业务流程,高效配置资源,敏锐洞察引领客户需求,不断提升客户体验,为客户提供随时、随地、随心的金融服务。

(2)扩大商业银行在线服务范围,加快传统线下业务向线上转移,逐步推进中后台业务流程的改造,进一步支持更多重点业务和常用功能的线上办理,全面提高银行的在线服务功能。目前,工行、农行、中行、建行、招行、民生、兴业、华夏等近十家银行都在网络银行领域有所涉足,并各有特色。"银行系电商"的兴起既是银行对金融技术脱媒的一种应对,又是银行对互联网金融的一种探索——在深入分析消费者行为及企业需求的前提下,银行通过金融创新服务,搭建线上线下一体化的营销平台,将银行线上业务与客户的线下消费以及实体商户三者紧密结合,建立互利多赢的电子商圈营销体系,建设综合平台系统和网络软环境,拓宽服务内容、丰富服务手段。

(3)把网络银行打造成在线营销的综合服务平台,充分利用网络数据来分析客户消费投资行为从而展开精准的营销服务,进而提高客户服务质量和推进服务创新。

第七章 互联网金融监管：风险防范与策略

互联网金融是利用互联网技术和信息通信技术形成的新型金融业务模式,这种金融业务模式为人们的生活带来了很多便利。因为互联网金融出现时间较短,还处于初级发展阶段,而且随着互联网技术和信息技术的发展,互联网金融也在不断发展,目前我国对其行业监管还不完善。对于互联网金融的监管,我国相关监管部门出台了一些相关的法律法规和指导办法,但仍然不够完备,需要进一步加强监管,促进行业的健康发展。

第一节 我国互联网金融的监管

互联网金融发展迅猛,虽然出现的时间不长,但已经发展出众多业态。我国金融监管部门对于互联网金融的监管一直很重视,也根据其发展阶段实施了不同的对应政策。虽然关于互联网金融的监管仍存在一些疑问和争议,但监管部门持续努力地完善和改进监管政策,争取建立符合我国国情的监管体系。

一、互联网金融监管政策

随着互联网金融的高速发展,我国政府部门对互联网金融也越来越重视。2014年年初,中央银行发布了《关于手机支付业务发展的指导意见》《支付机构网络支付业务管理办法》以及《中国人民银行支付结算司关于暂停支付宝公司线下条码（二维码）支付等业务意见的函》等指令。互联网金融开始发展以来，相关管理部门致力于建立和完善互联网金融管理体系，也发布了一系列关于互联网金融的监管政策。互联网金融监管政策如表 7-1 所示。

表 7-1　互联网金融监管政策

发布时间	发布机构	行业类别	政策名称	主要内容
2000.3.30	证监会	金融网销	《网上证券委托暂行管理办法》	网上委托系统中有关数据安全、身份识别等关键技术产品，要通过国家权威机构的安全性测评；要求开展网上委托业务的证券公司提供固定的互联网站点作为入口网站，必须向投资者提供一个稳定的入口网站
2000.4.29	证监会	金融网销	《证券公司网上委托业务核准程序》	规范了开展网上委托业务的核准程序
2001.6.29	中国人民银行	互联网银行	《网络银行业务管理暂行办法》	规定了商业银行开展网络银行业务的规则
2005.10.26	中国人民银行	电子支付	《电子支付指引（第一号）》	界定电子支付的概念、类型和业务原则；统一电子支付业务申请的条件和程序；规范电子支付指令的发起和接收；强调电子支付风险的防范与控制；明确电子支付业务差错处理的原则和要求
2006.1.26	银监会	互联网银行	《电子银行业务管理办法》	电子银行业务包括利用计算机和互联网开展的银行业务，利用电话等声讯设备和电信网络开展的银行业务，利用移动电话和无线网络开展的银行业务，以及其他利用电子服务设备和网络，由客户通过自助服务方式完成金融交易的银行业务

发布时间	发布机构	行业类别	政策名称	主要内容
2008.5.4	银监会、中国人民银行	P2P	《关于小额贷款公司试点的指导意见》	明确了国家对小额贷款的正面肯定和政策支持
2008.9.28	国税总局	虚拟货币	《关于个人通过网络买卖虚拟货币取得收入征收个人所得税问题的批复》	明确了虚拟货币的税务处理，即个人通过网络收购玩家的虚拟货币，加多价钱后再向他人卖取得的收入，属于个人所得税应税所得，应按照"财产转让所得"项目计算缴纳个人所得税
2010.1.18	中国人民银行	互联网银行	《网上银行系统信息安全通用规范（试行）》	涉及网上银行系统的技术、管理和业务运作三个方面，分为基本要求和增强要求两个层次，基本要求为最低安全要求，增强要求为三年内应达到的安全要求
2010.6.14	中国人民银行	第三方支付	《非金融机构支付服务管理办法》	全面给出从事支付服务的非金融机构资质要求
2010.12.1	中国人民银行	第三方支付	《非金融机构支付服务管理办法实施细则》	对高级管理人员、支付业务设施进行了界定；对反洗钱措施指明了具体包括内容
2011.4.15	保监会	互联网保险	《互联网保险业务监管规定（征求意见稿）》	规定保险公司、保险专业中介机构从业人员不得以个人名义通过互联网站销售保险产品。保险公司、保险专业中介机构不得委托保险兼业代理机构开展互联网保险业务
2011.6.16	中国人民银行	第三方支付	《非金融机构支付服务业务系统检测认证管理规定》	非金融机构的支付业务处理系统、网络通信系统以及容纳上述系统的专用机房需符合技术标准和安全性检测认证

续表

发布时间	发布机构	行业类别	政策名称	主要内容
2011.8.23	银监会	P2P	《关于人人贷风险提示的通知》	要求银行业金融机构务必建立与人人贷中介公司之间的"防火墙";严防中介公司帮助放款人从银行获取资金后用于民间借贷,防止民间借贷风险向银行体系蔓延
2011.9.20	保监会	互联网保险	关于印发《保险代理、经纪公司互联网保险业务监管办法(试行)》的通知	促进保险代理、经纪公司互联网保险业务的规范健康有序发展,切实保护投保人、被保险人和受益人的合法权益
2011.11.4	银监会	第三方支付	《网上银行安全风险管理指引(征求意见稿)》	要求商业银行对于由第三方机构完成安全认证的网上支付业务,应在双方的合作协议中增加先行赔付条款,约定第三方支付机构应在银行开立风险准备金账户,用于先行赔付客户因外部欺诈等产生的资金损失;第三方支付机构缴存的风险准备金,不能低于客户备付金日均余额的10%
2012.5.16	保监会	互联网保险	《关于提示互联网保险业务风险的公告》	除保险公司、保险代理公司和保险经纪公司以外,其他单位和个人不得擅自开展互联网保险业务
2012.12.26	国务院	互联网征信	《征信业管理条例》	对个人征信业务实行严格管理;将建立以公民身份证号码和组织机构代码为基础的统一社会信用代码制度

续表

发布时间	发布机构	行业类别	政策名称	主要内容
2013.3.16	证监会	供应链金融	《证券投资基金销售机构通过第三方电子商务平台开展业务管理暂行规定》	规定第三方电子商务平台和基金销售机构的备案要求、服务责任、信息展示、投资人权益保护、第三方电子商务平台经营者责任、账户管理、投资人资料及交易信息的安全保密、违规行为处罚等内容
2013.3.19	支付清算协会	第三方支付	《支付机构互联网支付业务风险防范指引》	引导成员单位提高互联网支付业务风险防范意识,保护成员单位及消费者的合法权益,促进互联网支付业务的健康发展
2013.12.3	中国人民银行、工信部、银监会、证监会、保监会	虚拟货币	《关于防范比特币风险的通知》	规定比特币的性质、法律地位以及使用范围
2014.3.13	中国人民银行支付结算司	第三方支付	《关于暂停支付宝公司线下条码(二维码)支付业务意见的函》	紧急叫停了虚拟信用卡和二维码支付
2014.4.15	保监会	互联网保险	《关于规范人身保险公司经营互联网保险有关问题的通知(征求意见稿)》	互联网保险的销售可以突破保险公司分支机构的区域限制
2014.12.10	保监会	互联网保险	《互联网保险业务监管暂行办法(征求意见稿)》	明确互联网保险业务的管理机构以及业务描述方式等

发布时间	发布机构	行业类别	政策名称	主要内容
2014.12.18	证券业协会	众筹	《私募股权众筹融资管理办法（试行）（征求意见稿）》	对股权众筹的备案登记和确认、平台准入、发行方式及范围、投资者范围等内容做了明确规定
2015.7.18	央行	互联网金融	《关于促进互联网金融健康发展的指导意见》（银发〔2015〕221号，以下简称《指导意见》）	提出了一系列鼓励创新、支持互联网金融稳步发展的政策措施，积极鼓励互联网金融平台、产品和服务创新，鼓励从业机构相互合作
2015.7.27	央行	互联网保险	《互联网保险业务监管暂行办法》	从互联网保险定义、经营主体、经营规则及经营方式等多方面对互联网保险业务进行了规范
2015.7.31	央行	第三方支付	《非银行支付机构网络支付业务管理办法（征求意见稿）》	支付机构回归支付结算角色，促进行业健康发展
2015.8.6	最高人民法院	P2P	《最高人民法院关于审理民间借贷案件适用法律若干问题的规定》	对民间借贷行为及主体范围、受理与管辖进行了规定

随着互联网金融的发展，政府部门会具有针对性地出台更多的相关法律法规和政策，互联网金融格局也会发生一定变化，在开展互联网金融相关业务时应该注意规避政策风险。对于国家相关监管部门来说，互联网金融的高速发展会为它们进行监督管理带来全新的挑战，在保证科学合理的监管下，鼓励互联网金融的创新和发展。为了保证互联网金融市场的健康稳定发展，监管

部门应该出台和贯彻执行相关政策法规,规范互联网金融市场。近年来,互联网金融监管越来越受到国家政府部门的重视,也有相关法律法规和政策相继出台。2014 年 7 月,中央银行就《促进互联网金融健康发展》进行征求意见,2015 年 7 月《指导意见》正式发布,它本着"依法监管、适度监管、分类监管、协同监管、创新监管"的原则,明确互联网金融主要业态的监管职责和业务范围。关于互联网金融的监管,可以分为三个方面。

(一)建立监管制度

建立互联网金融监管制度包括很多方面,要建立全面系统的监管制度才可以达到监管目的。其中包括,建立网站备案制,严格规定互联网金融企业的注册资金;建立信息披露制度,加大信息的透明度,及时有效地进行风险提示;建立合格投资者制度,严格进行投资者信息审查。建立科学合理的互联网金融监管制度,可以更好地保证网络信息安全,维护消费者的合法权益,对通过互联网金融进行的违法犯罪行为进行预防和治理,同时还可以加强行业自律和信用基础设施的建设。建立监管制度是促进互联网金融行业健康平稳发展的基础,也可以激励互联网金融行业积极创新。

(二)实施分类监管

互联网金融包括很多内容,进行重点监管的有五大类,互联网支付、P2P 网络借贷、众筹、互联网基金销售和互联网保险,对于不同领域的业务应该进行分类监管以便达到更好的效果。按照目前的现行方法,中央银对互联网支付进行监管,银监会对P2P 网络借贷进行监管,证监会对众筹和互联网基金销售进行监管,保监会对互联网保险进行监管。可以看出,目前的互联网金融监管是由不同管理部门负责的,分类监管可以使监管更有序地进行。

(三)成立互联网金融协会

互联网金融协会的主要任务是对互联网金融行业进行自律管理,协助建设良好的行业环境。互联网金融协会组织和引导协会会员积极贯彻国家出台的互联网金融相关的政策方针,帮助政府出台的法律法规和政策方针能顺利执行;制定并组织协会成员签订行业自律公约,建立公平公正的行业氛围;协调协会、协会会员与国家相关部门之间的关系,发挥纽带作用;进行行业调查和分析,制定互联网金融行业标准和规范,进行风险预测和预警;提供互联网金融相关的教育培训项目,帮助行业从业人员素质提高等。互联网金融协会对我国互联网金融发展有很大作用,它可以帮助树立科学的行业规范,促进行业自律,对政府监管不到的地方进行填补。

二、关于互联网金融监管的争议

(一)需要对互联网金融的监管进行区别对待

1. 对互联网金融的监管不进行区别对待

该观点的支持者认为,互联网金融只是依托互联网进行的金融活动,其创新只在于金融交易的技术、渠道、方式以及服务主体等方面,但核心的功能与传统金融行业没有区别,同样是以资金融通、发现价格、支付清算、风险管理等业务为主,虽然互联网金融有一些创新点,但根本还属于金融体系范畴。所以,没必要对互联网金融进行区别对待,按照传统的金融监管原则和制度就可以完成对互联网金融的监管。互联网金融的涵盖范围很广,并涉及大量公众利益,所以必须按照统一金融监管的基本原则和要求对其进行严格的监管以免不良事件发生,从而引发更大的负面效应。

2. 对互联网金融的监管进行区别对待

还有一些人认为应该对互联网金融的监管进行区别对待,支持这种观点的理由主要有两个。

第一,互联网金融的创新与传统金融的创新在思路和路径上有所不同,所以不能当作是传统金融的创新,而这种新型的创新就为管理部门进行监管带来了难度。例如,支付宝与天弘基金合作推出的余额宝,就是一款互联网金融产品,余额宝既具有货币的流动性,也具有金融产品的收益功能。可以看出,余额宝打破了货币与金融产品的界限,是一款全新的互联网金融产品,具有明显不同于传统金融产品的特质,传统的金融监管不能满足网络金融的监管要求。

第二,互联网金融与传统金融的思维与特征也有所不同。互联网金融具有互联网思维,即"开放、平等、协助、分享",其典型特征主要是以互联网为基础的新型金融,例如,以大数据、云计算、社会网络和搜索引擎为基础的客户信息挖掘和信用风险管理;通过第三方支付平台进行的资金转移等。互联网金融不同以往的新思维和新特征为金融管理部门带来新的挑战,传统的金融监管不能适应互联网金融,这就要求全新的监管思维与监管手段。

(二)针对互联网金融监管的方式选择

1. 应该实行互联网金融功能监管

互联网金融作为一种依托于互联网的全新金融形式,具有传统金融没有的特征。互联网金融模糊了金融机构与非金融机构的界限,一些互联网金融产品也打破了银行、保险、基金等行业的界限,产生了金融跨界、混业经营的特点。此观点支持者认为按照现状进行考虑,依旧按照分业监管进行互联网金融管理,可能会造成监管重叠或是不足,还可能发生监管套利的现象。所以,对互联网金融应该实行功能监管,对于互联网金融来说,金融功能比机构更稳定。

2. 不应该实行互联网金融功能监管

还有一些人认为在现行的分业监管框架下进行功能监管并不合理,因为这种方法缺乏可行性。分业监管要求机构进行多头监管,这会扰乱监管程序,不利于监管的有序进行,并且机构监管标准不统一更使得监管不能顺利开展,同时这种监管模式会增加监理机构间的沟通成本。

三、互联网金融的监管原则

为了保证互联网金融健康发展,应该建立互联网金融监管基本框架,根据框架下的监管原则进行科学合理的监管。关于互联网金融的监管原则,就下面几条进行分析。

(一)原则性监管与规则性监管相结合

原则性监管是指监管部门对监管对象以引导为主进行的监管,这种监管模式一般不会强制性的对监管对象的业务内容和程序进行过多介入和干涉,是一种以引导为主的监管模式;规则性监管是指监管部门按照相关法律法规对监管对象进行强制性管理,监管部门会对监管对象业务内容和程序进行详细的规定和管理,并用强制手段要求监管对象按要求执行。

在进行互联网金融监管时,应该采用原则性监管与规则性监管相结合的模式。首先明确监管目标,在此基础上进行原则性监管,为行业创新与发展提供自由空间,同时对互联网金融机构进行约束和引导,以保证消费者的合法权益。对于风险较高的业态和交易,应该制定相应的法律法规和监管规则,实行规则性监管,保证互联网金融市场的健康、规范发展。将原则性监管与规则性监管进行有机结合,有利于平衡互联网金融市场发展与风险控制,促进行业可持续发展。

(二)互联网金融企业与金融监管机构之间应保持良好、顺畅的沟通

互联网金融企业应该积极与监管机构沟通,对业务模式、产品特征、风险识别等问题进行交流以达成共识,尤其是相关法律法规和政策方针没有明确规定的方面,一定要及时进行沟通交流。同时,充分有效的沟通可以帮助监管部门深入了解互联网金融企业的运营模式和风险管理,以此为根据设计科学合理的监管规则,促进监管要求与行业内部风险控制要求的一致性,以提升监管效率。

(三)严厉打击互联网金融违法犯罪行为

随着互联网金融的快速发展,在为行业提供良好的发展空间的同时也要进行到位的管理。目前一些互联网金融企业在实际运用中基本不涉及网络数据的采集和分析,只是打着互联网的旗号开展非法金融业务,例如,一些 P2P 网贷公司以网络平台的名义进行筹资,将这些资金私自支配或挪用。对于这种非法行为,管理机构必须进行严厉打击,为互联网金融的发展创造一个健康的环境,促进互联网金融行业的健康有序发展。

(四)加强信息披露,强化市场约束

互联网金融企业应该将自身的各项情况和信息告知客户和股东等人员,让相关人员了解其经营、财务、风险和管理方面的信息,尽量做到信息对称。进行有效的信息披露可以为多方带来便利。第一,对于互联网金融行业来说,有效的信息披露可以提高行业运行透明度,帮助人们对互联网金融行业充分了解并进行有效的风险评估,从而通过市场进行行业监控。第二,对于投资者与消费者来说,企业进行信息披露有助于他们了解企业的各项情况,增加他们对企业的信任度,帮助企业建立可持续发展基础。第三,对于相关监管部门来说,企业进行有效信息披露可以帮助他们更好地掌握企业的各项信息,从而进行有效的风险控制,使

监管部门根据互联网金融行业的发展现状制定科学合理的监管措施,促进行业的健康发展。

互联网金融行业加强信息披露需要行业自律作为基础,以此建立起科学系统的信息披露体系,各细分行业就信息披露的内容与指标达成一致意见。目前,提高互联网金融行业的透明度,关键在于财务与风险相关信息的披露。

(五)全范围的数据监测与分析

获取充足全面的数据和信息可以帮助监管部门更好地了解行业情况,以此为基础进行有效的风险控制,避免监管漏洞。同时,全民的数据监测与分析可以帮助互联网金融行业进行有效的风险识别,并根据实际情况进行风险控制。全面的数据监测和分析也为监管部门进行有效监管提供了数据基础,监管部门根据相关数据进行监测和分析,制定科学系统的技术标准,并保证在监控的过程中进行持续的改进和完善,以适应行业风险。

(六)关注和防范系统性风险

互联网金融的发展提高了资源配置效率,推进了实体经济的可持续发展等,有助于降低系统性风险。但同时,互联网金融行业的发展也带来了一些麻烦,准入标准低导致大量非金融机构涌入互联网金融市场,这就使金融机构的特许权价值降低,从而加大了系统性风险。互联网金融是依托互联网技术展开的,互联网技术为行业带来了传统金融不能比拟的快捷,但同时也为其带来了一定的互联网风险,使相关风险减速积累,加强了形成系统性风险的可能性。为了防范和降低系统性风险的发生,相关互联网金融监管机构应该时刻警惕风险,及时发现风险隐患并及时处理。

(七)加强监管协调

互联网金融是比较综合性的新型金融行业,横跨多个行业和市场,参与金融业务的人员众多,对该行业进行有效的风险控制必须进行科学合理的监管协调。第一,通过现行的金融监管机制进行监管协调,协调各行业各部门之间的运营和风险等方面的信息数据的沟通共享,为协调监管打下基础。第二,制定和完善相关法律法规,坚决打击一切与互联网金融相关的违法犯罪行为,积极沟通司法部门与互联网金融监管部门之间的联系,对互联网金融行业进行合作治理。第三,加强互联网金融监管部门与地方政府的合作关系,协力保证金融环境稳定,避免区域性金融风险和系统性金融风险。

(八)防止监管套利,注重监管的一致性

监管套利是指金融机构选择按照相对宽松的标准进行营业,利用监管标准的差异获取超额收益。

例如,互联网金融企业与传统金融企业都会提供支付、放贷等服务,若监管部门对他们的监管标准不统一,就会引起不公平竞争的现象。为了避免类似这种不公平的现象发生,金融监管部门应该建立统一的监管标准,对互联网金融与传统金融进行统一、公平的监管。为此,金融监管部门应该建立具有一致性的监管机制,即相同业务的监管统一与线上线下的监管统一。也就是说,只要从事的业务相同,就要保证互联网金融企业与传统金融企业受到同等的监管;互联网金融企业的线上业务与线下业务也要接受同样的金融监管。只有保证了行业监管的一致性,才能保证行业环境的稳定。

(九)实行动态比例监管

可以将金融监管分为四个层次,即市场自律、注册、监督、审慎监管。除此以外,法律具有监督与约束的作用,所以法律本身也可当作一种监管。凡是有违法行为的都由司法机关进行处理。

金融监管部门应该按照科学的监管机制定期对互联网金融企业的运营和产品进行风险监测,根据数据和信息的分析结果对

其进行合理的监管,按照不同的风险水平实施不同范围、方法和强度的金融监管,为分类监管做基础。对市场影响小、风险水平低的互联网金融企业,采取市场自律、注册等监管方式;对市场影响大、风险水平高的互联网金融企业进行严格的监管、监控。通过这种分层次的管理方式进行具有针对性的监管,建立科学系统的监管体系。在这个过程中,监管部门的定期检测评估是必不可少的环节,它也是监管部门进行灵活调整的关键。

(十)强化行业自律

行业自律很大程度上是推进互联网金融发展的关键要素,其作用范围和空间大,监管效果也比较明显,而且行业自律强调企业的自觉性和主动性,自觉主动地改变一向比强制性的被动改变效果更好。为了互联网金融行业的健康发展,就应该充分发挥行业自律的效用,尤其是行业中的领头羊企业应该带头进行自我约束,并制定科学合理的自律标准和自我约束机制,以自身的带头作用影响其他企业进行行业自律。行业自律要求企业树立正确的经营理念,对行业风险有全面的认识,并能根据现实情况进行合理的风险控制,其中包括客户资金和信息安全风险、技术风险、洗钱风险、流动性及兑付风险、法律风险等,旨在通过自律建立良好的行业发展氛围。

(十一)体现适当的风险容忍度

互联网金融行业是一个新兴行业,相较传统金融行业它还处于发展初期,同时也代表着金融行业发展的新方向,即"普惠金融"与"民主金融"。金融监管部门对互联网金融行业进行监管不应力度过大,应该采取适时适度的监管政策,为行业的发展和创新预留一些空间,力度过大的监管可能会压抑产业的发展。为了为互联网金融行业创造良好的发展环境,金融监管部门应按照现状制定松弛有度的监管制度,保证对重大风险的严格监控,同时谨防过度监管,以积极鼓励互联网金融行业的创新和发展为原则,进行科学监管,帮助互联网金融行业更好地推动社会经济发展。

(十二)加强消费者教育和消费者保护

金融监管中一项重要的任务就是保障消费者的合法权益,这也是互联网金融的监管重点。互联网金融目前处于高速发展阶段,越来越多的消费者开始接受互联网金融业务,但互联网金融与传统金融有不同之处,也存在一些新型的金融风险,应该引导消费者全面地了解互联网金融及其风险,并提高相应的防范意识。金融监管部门要制定相关的法律法规与制度维护消费者的合法权益,推进建立安全的互联网金融消费环境。

金融监管部门当前对消费者保护的重点在于客户信息的安全保证,保护消费者个人信息的安全,依法加大对侵害消费者各类权益行为的监管和打击力度。目前,消费者面临一些互联网金融交易风险,例如,交易欺诈、资金被盗、个人信息安全得不到保障等问题,监管部门应该有针对性地进行风险管理,及时有效地帮助消费者维护合法利益,采取一系列强制性手段维护消费者的交易安全。

可以看出,互联网金融这个新兴的金融业态为金融监管带来了新的挑战,但同时也为金融监管的创新和发展提供了机会。我国的金融监管部门应该把握机会,利用互联网金融进行新型监管手段和制度的探索,为今后建立新型金融监管机制打下基础,让金融监管更好地服务于互联网金融,服务于社会经济的发展。

第二节　互联网金融的风险分析

我国互联网金融处于起步阶段,存在很多问题有待解决,在互联网金融发展的过程中也可以发现其存在的各种风险。及时发现行业存在的各项风险,并建立和完善有效的风险控制和处理制度,有助于互联网金融的健康发展。

一、我国互联网金融监管现状及挑战

当前我国的互联网金融业务主要由各金融监管部门根据法定权限进行相应的监管,工商部门负责工商登记,信息产业管理部门负责网站 ICP 许可、备案,但其中仍有一部分业务未明确具体的监管部门,关于互联网金融行业还没有一套系统、具体的指导意见。国务院办公厅出台的《关于加强影子银行监管有关问题的通知》将互联网金融归于影子银行范畴,明确由央行牵头制定监管办法并进行监管协调。

(一)互联网支付的监管现状及挑战

随着互联网技术的发展,互联网支付成了备受欢迎的新兴支付方式,目前已有很多互联网金融机构提供互联网支付业务(一些互联网支付方式如图 7-1 所示)。按照相关规定,互联网支付业务由中国人民银行进行监管。中国人民银行对第三方支付制定了相应的规章制度,《非金融机构支付服务管理办法》及其实施细则明确了非金融机构从事支付业务的行政许可制度,关于业务开展、制度建设和监督管理也进行了明确规定;《支付机构客户备付金存管办法》对支付机构客户备付金的存放、归集、使用和划转等行为及其监督管理进行了规定;《银行卡收单业务管理办法》对收单业务进行了相关规定,规范了收单业务;《支付机构反洗钱和反恐怖融资管理办法》规定了支付机构的反洗钱、反恐怖融资义务等。

在这个阶段,我国互联网支付监管存在的挑战主要有以下几个方面。

1. 要求专门的管理办法

随着互联网支付的发展和普及,我国已经针对互联网支付制定了一系列相关的法律规范,但针对性并不明显,缺少专门的互联网支付管理办法。互联网支付管理涉及很多方面,其中包括账户管理、业务管理、商户管理和安全风险管理等,监管机构应该针对每个环节进行有针对性的规范和管理。

图 7-1　几种互联网支付方式

2. 要求分业监管

目前互联网支付已经渗透到人们生活中的方方面面,不仅包括购物、充值缴费、网络转账等支付行为,还涉及基金理财、保险信贷等领域。目前的互联网支付涉及各个行业和领域,具有明显的跨界经营特征,这就要求监管机构根据这种性质制定更有效的监管体制,要求监管部门进行分业监管。

3. 违规行为纠正处理

互联网支付属于新兴支付方式,监管部门为了鼓励行业的发展与创新对其管理比较松弛,一些违规行为也并未及时纠正,这就为现在监管机构进行违规行为纠正处理增添了阻碍。监管部门对互联网支付机构进行违规行为纠正时,会导致支付机构产生消极情绪,认为监管机构是有意打压,不利于行业的发展和创新,这使得监管部门处于被动地位。《非金融机构支付服务管理办法》中规定,我国支付机构间的资金转移不可以通过支付机构进行,必须要通过银行业金融机构进行,关于这一规定很多互联网支付机构并没有按照规定履行,但监管机构对其进行纠正管理时,就可能被认为这一行为是偏袒银行业金融机构的。监管机构对互联网支付机构进行违规行为纠正是为了规范行业,使行业可以健康持续的发展,但前期的松弛政策带来的纠正障碍不可避免,这也是监管机构对目前互联网支付进行监管的挑战之一。但只有使第三方支付机构回归最初设定的业务框架范围才能保证行业的健康稳定发展。

(二)P2P 网络借贷的监管现状及挑战

目前,我国并没有专门针对 P2P 网络借贷行业的法律法规和管理办法,也没有明确的监管部门。P2P 网络借贷行业没有标准的准入门槛和行业标准,业务开展也无需审批,关于业务的经营范围、风险防控、市场淘汰机制等也无明确规定,这就导致 P2P 行业市场混乱,没有一个良好的发展环境,不能健康发展。P2P 的业务活动主要受《合同法》《担保法》《民法通则》及最高人民法院的相关司法解释等民事法律调整;借贷利率按照相关规定不可以超过国家规定的同期银行贷款利率的四倍。银监会发布的《关于人人贷有关风险提示的通知》中提到,关于 P2P 平台可能存在的风险,银行金融机构应该及时全面地进行风险防范与监测,并建立防火墙,以防止风险发生。2013 年 6 月,人民银行发布《支付机构风险提示》,文件中要求商业银行和支付机构应该采取有效的手段和措施防止信用卡透支资金进行 P2P 网络借贷,要加大力度对 P2P 平台进行管理。由此可以看出,监管机构强调对 P2P 网络借贷的风险防范,却没有针对 P2P 网络借贷本身进行具体的规范,这种监管方式存在很大的缺陷和漏洞。P2P 网络借贷平台的运营模式如图 7-2 所示。

目前,P2P 网络借贷监管存在的主要挑战有以下几个方面。

1. 法律定位和监管部门不明确

目前,监管机构只针对 P2P 网络借贷出台了一些相关的文件,但并没有具体的法律法规和管理办法出台,这就导致 P2P 网络借贷并没有明确的法律定位,监管机构不能根据明文规定进行相应的管理。同时,P2P网络借贷没有明确的监管部门,监管部门间的职责分工不清晰,无法进行有效的行业监管。

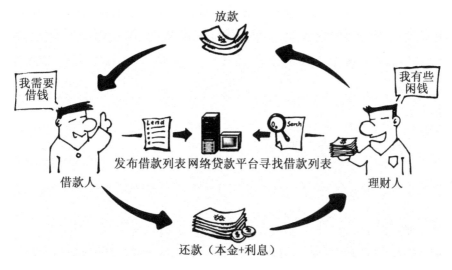

图 7-2　P2P 网络借贷平台的运营模式

2. 沉淀资金存在风险

P2P网络借贷平台存在大量的沉淀资金,由于网络平台的特性,这些沉淀资金面临着一系列的风险,包括挪用风险、洗钱风险和流动性风险,这些资金风险难以治理,为金融监管部门进行监管带来了挑战,影响互联网金融的稳定性。

3. 要求监管部门进行监管研究

P2P网络借贷一直缺少具有针对性与系统性的监管,也没有明确的监管部门和监管办法,这就使得我国对P2P网络借贷监管进行科学合理的研究。为了以后更好地对P2P网络借贷平台进行监管,规范P2P网络借贷行业,监管部门应该针对行业进行深入的监管研究,其中研究重点主要包括以下三个方面。

第一,明确P2P网络借贷的定位,明确P2P网络借贷属于信息中介,还是属于借贷中介。

第二,明确 P2P 网络借贷的机构性质和业务范畴。明确其在机构和业务上是否应该纳入传统金融监管的框架,明确是否应该针对 P2P 网络借贷发放金融牌照。

第三,明确 P2P 网络借贷的监管部门。应该明确 P2P 网络借贷是由中央监管部门进行监管,还是由地方监管部门进行监管,再或者是由地方监管部门按照中央监管部门出台的相关指导意见进行监管。只有明确了监管部门,才能保证监管可以有效地执行。

(三)其他业态的监管现状及挑战

1. 众筹融资

众筹是一种群众筹资,发起人通过网络平台向大众进行筹资,群众如果对众筹项目感兴趣就可以进行投资,并按照约定在众筹成功后获取回报,这是一种搭建在互联网平台上的全新的筹资方式。目前,我国的众筹融资还处于起步阶段,开展众筹的平台也并不多,但目前这种新型的互联网融资方式已经开始普及推广。但我国目前并没有针对众筹融资设立专门的法律法规和管理办法,这种新型融资方式需要监管部门进行规范。

2. 网络保险

网络保险是依托于互联网进行的互联网金融业务,目前,保监会发布了《保险代理、经纪公司互联网保险业务管理办法(试行)》,针对网络保险业务的资格条件、运营管理和信息披露进行了规定。同时,保监会为了进一步完善对网络保险的监管,也在积极制定《网络保险业务管理办法》。

3. 互联网基金

2013 年 3 月,证监会颁布的《证券投资基金销售机构通过第三方电子商务平台开展业务管理暂行规定》中规定,电子商务平台在向证监会进行备案的前提下，可以为互联网基金销售提供辅助服务。2012年底修订的《证券投资基金法》也明确要求从事公募基金销售支付的第三方支付机构到证监会注册或备案。

对于我国目前众筹融资、网络保险和基于互联网的基金销售，金融监管部门面临着一系列挑战，为了促进这些业态的健康发展，监管部门应该采取相应措施。

第一，对于众筹融资，应该建立系统的全面的相关法律规范，监管部门应该明确行业的监管方法，颁发具体的指导意见，帮助众筹融资可以在健康的环境中发展和创新。众筹带有私募的性质，具有一定的私募风险，监管部门应该明确相关法律规范，避免有个人或组织通过这种方式非法吸收公众存款或是非法集资，造成人们财产的损失。

第二，对于网络保险和基于互联网的基金销售，监管部门的主要任务是明确非金融机构的互联网公司与保险公司和基金公司在合作中的职责，帮助这些机构正确地进行定位，帮助他们可以科学合理地进行业务合作。同时，金融监管部门还要保障消费者的合法权益，保证消费者的私人信息安全，并促进行业可以在健康积极的氛围中成长和发展，致力于营造良好的金融市场环境。

（四）互联网金融混业模式带来的新挑战

1. 互联网金融企业容易形成金融控股集团模式

互联网金融企业具有跨行业性，导致这些企业容易形成金融控股集团模式。互联网金融企业最初只提供消费支付业务，随后开通转账汇款、小额信贷、现金管理、资产管理、基金和保险代销、信用卡还款等银行业业务，这些企业依托自有的电子商务平台，通过第三方支付系统开展万网金融业务，这种内部组织结构显现出金融控股趋势。对于目前我国金融监管部门来说，这种金融控股集团模式的运营方式，为它们进行行业监管带来了一定的困难。

2. 互联网金融企业跨行业经营性质难以监管

互联网金融的业务存在大量混业经营,其中一些金融业务甚至超出了金融范围。"余额宝"是一种余额增值服务,它涉及第三方支付、货币基金和协议存款,针对这项服务,央行、证监会和银监会要同时进行监管。"娱乐宝"是阿里巴巴推出的新型的增值服务,在该平台购买保险就可以获得相应的娱乐权益,这项服务涉及投险、信托、文化产业,该服务由保监会、银监会和文化部同时进行监管。一些P2P网络借贷平台提供债权转让服务;一些第三方支付平台提供虚拟信用支付服务;还有现在十分流行的移动支付服务,这些产品服务都存在明显的跨行业性,需要多个监管部门同时进行协调监管,为监管部门进行有效监管带来了挑战。

互联网金融跨业、混业经营为金融监管部门的工作带来了挑战,一旦互联网金融服务或产品出现问题,则需要多个监管部门协作处理,这就涉及各部门之间的协调监管。对目前我国的金融监管现状来说,各监管部门之间的协作关系有待加强,只有监管部门间无障碍的共同监管,才能有效地对互联网金融进行合理监管。

二、互联网金融存在的问题与风险

互联网金融出现的时间并不长,目前还处于发展初期,但在市场经济中,只要有经济活动就会存在风险,互联网金融也不例外。互联网金融对很多行业都有影响,为了维持市场经济的稳定,监管部门应该全面了解互联网金融,并深入探讨互联网金融行业存在的各项风险,应该有针对性地进行风险控制,科学合理地进行风险防范与处理,推动互联网金融健康稳定的发展。我国的互联网金融发展时间比较短,相关监管部门并没有发布明确的法律法规和指导办法,一些业务也没有明确具体的监管部门,而近年来我国的互联网金融发展迅猛,经营者致力于开发业务却忽视风险,这就导致目前的互联网金融具有较大的潜在风险。

(一)监管不足

传统金融根据不同行业有明确的金融监管机构进行监管,包括银监会、证监会、保监会等,但互联网金融发展时间较短,一些业态还没有明确具体的监管部门。互联网金融在刚开始出现并发展时,规模小影响小,政府及监管部门对其面临的风险一直是关注状态,却没有出台具有针对性的法律法规和指导办法,这就导致互联网金融长期处于缺乏监管的状态,也就促使互联网金融行业出现了违规违法经营的现象。例如,P2P网络借贷就属于没有明确监管部门,存在监管不足的现象。央行表示P2P网络借贷不归属于它的监管范围;银监会表示P2P网络借贷不属于银行行业,也不是银行的合作机构或派生机构,同时也并不与银行发生直接关系,所以无法进行监管限制。P2P网络借贷没有准入门槛,没有行业标准,也没有具体的监管机构和监管规则,开展P2P网络借贷的成本很低,这就导致大批经营者涌入网络借贷市场,而其中不乏一些抱有不良想法的人想从中获利,从而引起了市场混乱,使消费者受损的事件时有发生。这种监管部门不明确,没有相关法律法规和指导办法约束的现状十分不可取,为了保证行业健康发展必须采取相应措施。

互联网第三方支付近年来发展势头迅猛,据统计数据显示,我国的互联网支付交易规模持续增长,2016年第二季度交易规模已达4.65万亿元(如图7-3所示)。随着第三方平台交易规模的不断扩大,其存在的风险也逐步加大,因为对第三方支付平台的监管不足,使得大量交易额背后隐藏着洗钱风险。2007年3月,中国人民银行发表的《金融机构大额交易和可疑交易报告管理办法》正式实施,其中规定,金融机构需要在大额交易发生的5个工作日内向中国反洗钱监测分析中心提供电子交易报告,在可疑交易发生的 10 个工作日内向中国反洗钱监测分析中心提供电子交易报告,该报告可以由金融机构总部或者其指定的机构进行报送。监管部门对第三方支付机构的审核不到位,也没有针对性的管理措施,对其业务也缺少监督管理,银行也无法获取商户与用户的详细信息,使得银行不能追踪和监控通过第三方支付机构进行的资金转账的来源、用途等,这种被动的状态使第三方支付平台处于监管不足的状态,这也为不法分子利用这种漏洞实施犯罪提供了条件,这种情况下银行无法对不法分子进行的洗钱、欺诈等行为进行有效的监控,导致不能及时对这些对用户利益造成损害的行为进行有效预警。

图 7-3　2015Q2—2016Q2 中国互联网支付市场交易规模

(二)法律定位不明

目前,我国的互联网金融还处于初级发展阶段,其法律定位并不明确,这就导致互联网金融行业可能出现越界、触碰政策和法律底线的问题,甚至可能构成"非法吸收公众存款"或"非法集资"的违法犯罪行为。以 P2P 网络借贷为例,没有专门针对该行业设立的法律法规和行业规范,使 P2P 网络借贷市场出现混乱的状态,一些企业以小额贷款公司、财务公司、投资咨询公司等形式成立,从事着 P2P 网络借贷的业务。没有明确的法律定位,使一些互联网金融企业开展的业务游走于法律边缘，甚至有人利用互联网金融的法律定位不明确进行非法吸收公众存款、非法集资等活动。

(三)内部风险控制不力

一般企业都会有内部风险控制机制，通过内部风险控制企业可以对风险进行防范和处理，降低了风险发生的概率，即使风险发生也可以将损失降到最低。互联网金融企业属于新兴企业，一些企业管理者缺乏风险抑制，企业内部没有内部风险控制机制，或者风险控制机制不健全，为企业带来了较大的潜在风险。目前，极少一部分的互联网 P2P 网络借贷企业有风险控制团队，这一现状导致了该行业风险频发，行业环境极不稳定。

很多互联网金融企业并没有将平台资金委托第三方进行管理，而是将平台内的大量沉淀资金与经营者自有资金混在一起进行管理，用户的资金得不到安全保障。因为这种松懈的管理模式，近年来互联网金融企业经营者私自挪用平台内资金的事件时有发生，甚至有经营者携款逃跑。这种缺乏外部监管的经营模式存在很大的安全漏洞，用户的合法权益得不到保障。

资金配置是金融机构的功能，金融机构资产与负债往往都会面临不同程度的期限错配，银行等传统金融机构会通过同业拆借或金融市场交易的方式解决这个问题。互联网金融面临的期限错配问题更为严重，但这些企业一般不能通过传统金融机构采用的方法解决问题，也就是说，一旦发生期限错配问题，企业只能用自有资金弥补资金缺口，这种行为就可能导致流动性风险的发生。

互联网金融行业持续升温，一些经营者看中其带来的利益开始一味地进行业务拓展，只关注互联网金融业务带来的高收益，却忽视其中潜在的各项风险，一再降低风险控制程度，导致互联网金融行业处于高风险下，许多恶性事件接连发生。

(四)风险应对机制缺失

风险的及时有效应对也是风险控制重要的一个环节,金融风险发生后,如果企业没有有效的应对机制将会导致严重的后果,甚至会波及其他企业和行业。传统的金融机构有一套较为健全的内外部风险应对机制,能够在风险发生后迅速反应,降低损失,但很多互联网金融企业并没有完善的风险应对机制,风险一旦发生便会引起较为严重的后果。

很多互联网金融企业缺乏完善的内部风险控制和应对机制,风险发生后无法及时做出反应,导致风险造成的损害比较大。对于商业银行来说,发生风险后可以从央行获得相应的政策保护,降低风险损失,但互联网金融企业不享受央行的保护待遇,这就使互联网金融企业因风险受损更大。

(五)"大数据"风险分析依然存在风险

互联网金融是依托于互联网信息技术的新型金融模式,其信息处理和风险评估也通过互联网进行,这就大大降低了信息的不对称性。互联网技术为信息的储存和传播提供了技术支持,人们的个人信息和行为都通过网络进行记录,想要得到信息可以通过互联网进行搜索和核实。在此前提下进行信用分析就比传统模式更加高效,既保证了分析的效率也保证了有效性。通过云计算技术,供需双方的信息可以被搜索引擎组织标准化,形成有效的信息序列,通过这些信息序列可以对个人进行信用评价,效率高且成本低。

目前大数据分析技术越来越先进,互联网金融机构通过技术手段可以获取大量用户数据并进行有效分析,这种方式虽然相较传统的信息收集和分析降低了信息不对称性,但即使是先进的科学技术也不能完全消除信息的不对称。并没有一种技术或是机构能够完全地掌握一个人的全部信息,所以不可以完全依仗大数据风险分析的结果,因为大数据分析本身也存在风险。

(六)其他问题与风险

互联网金融通过互联网平台开展金融业务,相较于传统金融机构采用的通信网络,TCP/IP 协议自身的安全性就面临较大非议,这就加大了互联网金融面临的技术风险。关于 TCP/IP 协议,目前的密钥管理与加密技术并不完善,计算机病毒和黑客都是对互联网金融形成风险的因素,严重威胁了用户的资金安全。互联网金融随着互联网技术的发展而发展,互联网金融企业对互联网信息技术、计算机系统以及相关计算机软件有着高度的依赖性,互联网金融企业间也通过互联网相互连接,一旦一家企业受到网络攻击或是发生故障,就可能引起大范围的损害。相较于传统金融的技术风险危害,互联网金融的技术风险带来的危害要强烈很多,涉及范围广且速度快,是一种系统性风险,会导致重要的信息被破坏或丢失。

互联网金融企业掌握了大量客户信息,其中包括客户的身份信息、通信信息、银行卡信息等,这些信息都储存在这些企业建立在互联网上的信息平台上,但互联网金融企业对这些客户信息的保护却不及传统的金融机构,这就使客户信息面临被暴露的隐患,甚至一些企业通过兜售客户信息从中获利。同时,互联网金融企业为了开展业务,会收集和分析个人和企业的信息,而对信息的挖掘与分析程度并没有具体规定,导致这种信息收集没有道德底线限制,一些互联网金融企业的行为已经严重侵犯了个人隐私。

第三节　对策与建议:互联网监管的新发展

互联网金融仍处于高速发展阶段,如果监管部门的监管不能紧跟发展步伐将会导致行业混乱、无法健康发展。根据互联网金融的发展趋势,应该制定相应的监管制度,采取相应的监管措施。

一、互联网金融行业监管的五大趋势

(一)明确互联网金融的法律地位和监管主体

想要对互联网金融进行科学有效的管理,首先就要明确其法律定位以及监管主体。根据《指导意见》中提到的"依法监管、适度监管、分类监管、协同监管、创新监管"的原则,对互联网金融的主要业态进行职责分工,明确监管部门的监管责任,确定行业的业务边界。一行三会基本明确了互联网金融的监管思路,央行也出台了对其的监管制度,银监会、保监会与证监会也出台了相应的实施细则,对互联网金融的监管逐步走上正轨。

(二)实施行业准入制度,完善退出机制

相关政府和部门应该根据互联网金融的运营方式与特征,设立科学合理的行业准入制度,为行业设立进入门槛,可以通过设立审批或者备案制,设立资本金、风险控制能力、人员资格等准入条件,并按照行业细分设置差异化要求,提高行业门槛,帮助行业进行初步筛选。同时,互联网金融属于金融行业,涉及公众利益,应该建立实施负面清单制度,同时引入退出机制。

(三)成立互联网金融行业协会,发挥行业自律的作用

中国互联网金融协会由央行、银监会、证监会、保监会以及其他相关部门建立的互联网金融自律组织,旨在对互联网金融行业进行自律管理。中国互联网金融协会组织、引导和督促组织内成员按照国家相关规定开展金融活动,并制定组织成员签订自律公约,督促成员按照协议内容开展活动。该协会还负责调解成员间,成员、协会与政府部门间的关系。该协会的成员涵盖范围广泛,包括银行、证券、支付、互联网、P2P 等多个领域(中国互联网金融协会第一届理事单位行业分布如图 7-4 所示)。想要申请加

入该协会有一定的准入标准,准入门槛按照行业细分会有所
差别。

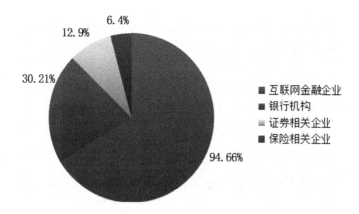

图 7-4　中国互联网金融协会第一届理事单位行业分布图(总:142 家)

(四)完善征信体系,增强互联网金融信息透明度

目前,我国互联网金融信息透明度比较低,这就导致了经营
商私自挪用用户资金,甚至携款逃跑的事件发生,为了建立良好
的互联网金融市场环境,应该建立征信管理系统,通过第三方建
立信用档案,明确征信部门的运作规则和定位。依据市场规则,
建立以政府为主体的发展模式,由中国人民银行进行行业监管,
征信中心及相关机构进行信息收集和加工,完善互联网金融的征
信体系,切实提高行业信息的透明度。

(五)注重消费者保护,维护金融市场稳定

消费者在互联网金融中属于弱势群体,也是风险的主要承载
体,金融监管部门应该切实采取相应措施保护消费者的合法权
益。一些国家已经针对互联网金融出台了相关的消费者保护法
律法规,我国也应该建立和完善对消费者的保护体制。金融发展
是为了促进市场经济,是服务于实体经济的,所以对消费者合法
权益的保护是必不可少的,也是维持金融市场稳定的重要环节。

二、规范与促进互联网金融业发展

(一)加强互联网金融企业内部风险控制

金融企业想要发展,就不能只开展无风险或低风险的业务,然而开展高风险的业务就需要较强的风险管理能力。传统的金融企业已经形成一套较为完备的风险管理体系,但互联网金融还处于起步阶段,还没有形成系统的风险管理体系,为了提高自身的竞争力,互联网金融企业必须提高自身的风险管理能力。

1. 保障资金安全

一些互联网金融企业的平台上存在大量客户的沉淀资金,例如,P2P网络借贷平台和第三方支付平台等,如何保障平台资金的安全是这些企业进行风险管理的基本要求。为了更好地保证客户资金的安全,互联网金融企业可以将客户资金交由第三方机构进行托管,或者企业进行财务管理时要格外注意,将客户资金与自有资金分开管理,制定严格的财务制度保障客户资金的安全。

2. 加强管理防范经营风险

互联网金融企业作为金融机构同样面临流动性风险和信用风险,由于互联网的特性,互联网金融企业可以更为高效地发现潜在客户,但同时经营风险也较传统金融高一些。金融行业是一种风险配置的行业,金融企业不能只追求利益而忽略风险,只有二者兼顾的发展才可能是长远的。为了防范流动性风险,应该关注资产负债配置;为了防范信用风险,应该充分了解客户信息。

3. 保障网络系统与客户信息安全

互联网金融企业依托于开放性强的互联网,相比传统金融企业的通信网络更易受到电脑和黑客的攻击。因此，互联网金融企业应该建设有效的网络安全体系，进行系统备份、提高加密技术、加强秘钥管理，通过一系列的手段保证企业网络安全。互联网金融企业网络平台上存在大量客户的真实信息，保证客户信息安全也是这些企业的工作重点之一。

4. 建立制度化的风险控制与处理机制

内部风险控制可以帮助金融企业进行风险的预警与防范，互联网金融企业应该建立科学有效的风险控制机制，同时还要建立风险处理机制，一旦发生风险，可以做到及时反应，并将风险损害降到最低。有效的风险控制与处理机制可以帮助企业进行风险防范与风险控制，发现问题及时纠正。互联网金融企业的管理者应该有充足的风险意识，同时应该向员工普及风险防范知识，积极主动地进行风险控制可以在企业内部形成良好的风控环境。

(二)适度监管

互联网金融属于新兴产业，目前还没有针对该行业制定完备的监管体制。关于互联网金融的相关法律法规和指导方法应该以鼓励行业发展为基准，在保证行业发展轨道的正确性上，按照不同发展阶段和行业细分进行差别监管。例如，对于第三方支付平台这种发展较早、规模较大的业态，可以实行较为严格的监管制度；对于一些刚开始发展、规模较小的业态，应该实行相对开放的监管政策，为其创新发展提供一定的空间。但不论哪种监管政策都应该保证安全底线，杜绝违反犯罪行为，采取适时适度的监管政策。

1. 构建有效的横向合作监管体系

互联网金融具有跨行业性，对其的监管也是由多个监管部门同时进行的，这就要求监管部门之间进行协调合作，明确部门职责分工，建立合理的监管机制。

第一,对于银行、证券、保险机构基于互联网开展的金融服务,监管部门应该按照业态的不同特征进行分类监管,同时应该建立法律法规和相关制度,全面系统地进行监管。

第二,对于互联网支付的监管,应该以人民银行作为监管主体,并与证监会、保监会一同建立系统性的监管制度。随着互联网支付的发展,其业务范围已不仅限于资金转移,衍生出基金、保险、理财等产品和服务,所以想要对其进行有效监管,就应该通过各相关监管部门之间的协力合作。

第三,对于 P2P 网络借贷和众筹融资的监管,目前还没有明确监管主体,没有明确具体的监管部门就不能进行有效的监管,这就会导致行业市场混乱,并对消费者造成损害。应该由一行三会积极参与监管,明确监管职责分工,促进行业的健康稳定发展。

2. 尽快出台相关法律法规

第一,建立和完善互联网金融相关法律法规和指导办法,明确监管职责和部门,加强对行业的监管和风险控制;第二,尽快完成和完善相关基本法,通过法律手段保证个人信息和资金的安全;第三,加快互联网金融技术部门规章和国家标准制定,互联网金融需要很多技术支持,为了对这些技术进行监管相关部门应该出台法律法规和政策办法,制定统一规范的技术标准;第四,对于一些新生的互联网金融业态,应该尽快明确法律地位,建立法律法规对其进行限制与监管,对企业经营进行合理监督。

3. 加强门槛准入和资金管理

目前一些新型互联网金融业态没有准入门槛、没有行业标准,导致市场混乱,不良事件频发,为了对进入行业的企业进行筛选,监管部门应该制定准入门槛。同时互联网金融的网络平台存在大量用户沉淀资金,对这些用户资金进行严格的管理十分重要,应该将这些资金交由第三方机构进行托管,或者自行建立严格的资金管理体制,坚决杜绝私自挪用资金、携款潜逃等事件的发生。

三、满足安全与便捷的双重诉求

互联网金融为人们带来了更为便捷的服务体验，用户可以通过互联网办理一些金融业务，并且这些业务范围还在不断扩大。但相较传统金融，互联网金融存在更大的安全隐患，一味地提高便捷性就会使安全性有一定程度的降低。如何解决便捷与安全的平衡，是互联网金融发展的关键。对于互联网金融用户来说，其便捷性为他们带来了更好的使用体验，但安全性一直是他们担心的重点。

互联网金融企业及相关机构为了平衡安全性与便捷性都在积极进行研究开发，想要促进行业更好的发展。例如，2014 年，阿里巴巴与中信银行合作推出国内首张虚拟信用卡，根据客户的信用度确定信用额度，相对传统的信用卡申请流程，这种虚拟信用卡申请流程简单快捷，用户只需要通过支付宝移动端就可以完成申请。相对到银行办理传统信用卡，虚拟信用卡的便捷性尤为明显。

相对于传统金融产品，互联网金融产品的便捷性为消费者带来了更多的便利是不争的事实。但消费者在购买金融服务和产品时，不仅仅关注便捷性，安全性也是重中之重。虚拟信用卡中的安全问题主要体现在两个方面，一是从金融层面考虑，二是从账号安全的层面考虑。

第一，从金融层面考虑安全问题。金融安全是指用户有无偿还能力，用户如果在没有偿还能力的前提下进行借贷，则会造成坏账等金融风险。对于传统信用卡的办理，银行会对申请者的情况进行切实调查印证，出现这种安全风险的可能性比较低。但虚拟信用卡的办理通过网络信用判定申请者的信用等级，对其真实情况和偿还能力的考察不够彻底，就会导致安全系数较低。

第二，从用户的账号安全层面考虑安全问题。虚拟信用卡的办理是通过支付宝账号进行的,但网络病毒等因素可能会对用户的账号安全形成威胁,这就导致虚拟信用卡的安全性降低。虚拟信用卡这种互联网金融产品是依托互联网开展服务的,而互联网本身就存在一些安全隐患,例如,网络病毒和黑客攻击等,所以用户在使用互联网金融产品时要注意网络安全,以免账号被盗等风险发生。

对于互联网金融来说,便捷性是其相对传统金融的绝对优势,也是其有力的竞争力。但仅保证便捷,无法保证安全,互联网金融便无法发展,消费者也不会舍弃安全性选择其产品和服务。所以,对于互联网金融来说,提高安全性是必然任务。

第八章　互联网金融的未来

从本书之前的论述可以看出,互联网金融是当前金融领域发展的一个重要分支。在我国,互联网金融已经从传统金融中分走了一杯羹。然而,互联网金融的问题也不少,e贷宝事件、裸条事件都造成了非常坏的社会影响。人们不禁要问,未来,互联网金融将会向何处去,将会有什么样的发展?

第一节　普惠金融:互联网金融的走向

从当前经济的发展来看,普惠金融已经成为经济发展的一个重要动力基础,是绝大多数国家都着重建设的一个重要金融支持体系。2005年,联合国正式提出普惠金融理念,并在这一理念的支持下构建了《玛雅宣言》(*Maya Declaration*),在国家层面构建普惠金融的支持体系。

与此同时,各国也积极构建适合本国的普惠金融体系。我国之前开展的普惠金融制度,主要偏向于小微企业贷款,对于个人的支持力度较小。在互联网金融技术的支持下,个人也能够融入普惠金融体系之中。因此,在未来的发展方向中,互联网金融的目标是建设一个包含全体国民在内的普惠金融制度。

一、普惠金融的概念

普惠金融在理论上是面向所有符合一定要求群体的类公共产品的金融服务体系。而在实践中,普惠金融受到很多因素的限制,不能完全面对所有的参与者。下面分开进行讲述。

(一)普惠金融的理论概念

在基本面上,官方将普惠金融定义成为金融体系发展的全社会共享。但是,各个国家在这方面的定义不一致。联合国在 2005 年给了一个基本的定义,普惠金融体系是能有效地、全方位地为社会所有阶层服务的金融体系。在 2015 年,中国人民银行行长周小川指出普惠金融是指能够为每一个人在有需要时提供及时、方便、有尊严、全面并且可持续地各种金融服务。从这些定义中可以看出,一种经济行为是否属于普惠金融界定起来非常困难。从作者的理解以及一些重要文件中对此的表述来看,理论上的普惠金融体系应包含以下基本元素。

1. 全面性

普惠金融体系的第一个元素首先应是"普"。所有具备一定资格的、资质的自然人或者法人都能够得到普惠金融体系的支持。在一个国家的范围内,这种自然人或者法人就应该是指符合该国法律规定的自然人或者法人,包括本国的和外国的。享受普惠金融服务的个体应该能够在存、贷、取、汇、保险等方面都得到现有金融制度的支持。对于现有金融体系不了解的个体也应该能够得到金融知识方面的教育。

2. 合理性

所谓合理性包括两个方面,一个是价格,另一个则是尊严。这一点落实在了普惠金融体系的"惠"上。所谓"惠",应是指一种实惠。普惠金融体系是涉及所有国民的一种金融制度,具有一定的公共服务性,也就是说这是金融制度方面的公共产品。站在这个角度上看,普惠金融体系首先应是价格合理的,一方面能够照顾到前来办理金融事务的个体,使他们能够接受;另一方面则要能够照顾到金融机构的成本,使得这个体系能够持续下去。承办普惠金融体系的机构大多是商业的。作为一种商业存在,金融机构首先要能够盈利。而兼顾到公共性,这种盈利应该是微利,仅仅是维持这一制度的运行即可。其次,普惠金融体系的制度应该是有尊严的。作为一种公共服务性的商业活动,参与人应该在满足条件的情况下有尊严地参与到普惠金融体系之中。

3. 安全性

普惠金融体系应该是能够保障参与人基本利益,保证他们的权益不受侵害。所谓参与人主要是指两个方面,一是参与的金融机构,另一个则是普通群众。保障安全性,首先应建立一套有效的法律制度,确立金融市场准入和普惠金融机构资质两个方面的准则。在依法治国的前提下,普惠金融体系也应纳入这一框架。其次,应建立有效的监管制度,对于普惠金融机构的安全保障策略进行及时性检查,以确定他们应对金融行为风险的能力。最后,确定一个公平的仲裁和诉讼制度,保障金融机构和普通个体在发生纠纷时能够按照确定的规则予以解决。

4. 及时性

及时性主要是指金融机构在处理普惠金融体系中的经济行为方面的效率。普惠金融体系所涉及的是全体具备资质的自然人和法人,有大量的信息和业务活动需要通过制度进行处理。传统金融机构在这一方面是难以满足要求的。他们必须通过技术革新才能实现。从现有的技术中,通过大数据技术可以实现,这一点将会在本章的第三节提到。这里为了避免重复,不再赘述。及时性对于普通个体来说,其意义在于自身的经济活动能够通过普惠金融体系迅速得到支持,避免因为制度上的问题,对自身的生产效率造成阻碍。对于社会经济体系来说,则能够不断提升金融对社会经济发展的支持效率。

5. 便利性

便利性有与及时性所重合的意思。为了区别,这里将便利性定义为低成本性。也就是说,普惠金融体系要能够为参与人的金融活动降低成本。通常来说,这些成本包括时间成本、皮鞋成本、交易成本。时间成本是指个人获得一定金融服务所需要耗费的时间。皮鞋成本是指个体为了获得一定金融服务而来往于各个部门所要耗费的成本。交易成本则是指个体为了获得一定金融服务而向金融机构支付的除了正常标价之外的隐形费用。在具有公共服务性质的普惠金融体系下,金融机构为了保障自己的安全,常常会设定一定的门槛,限定具备特定资质的客户所能享受的金融服务。这就潜在地形成一种代理关系。为了降低这些成本,普惠金融体系在宏观设计上必须要融入信息技术,利用信息技术提升普惠金融体系的信息透明度。

(二)实践中的普惠金融

在实践上,普惠金融的概念没有那么理想化。实际上,普惠金融体系是在不断发展着的。对于低收入者、残障人士、微型企业等"长尾群体",普惠金融制度难以实现完全覆盖。一方面,这些群体达到法律层面上的要求尚且有一定的距离,他们不具备足够的收入水平能够保证自己所享有金融服务的全面性。另一方面,这些群体仍旧受一定的文化观念限制,自愿排斥在普惠金融体系之外。从以上两点可以看出,普惠金融体系远远不能做到对所有居民和法人的完全覆盖。他们或是自愿或是非自愿地被排斥在普惠金融体系之外,如表8-1所示。其中的因素主要有两点,分别是法律的和社会的。为了保障普惠金融体系的合理性、安全性、及时性和便利性,法律政策在制定的时候往往会对普惠金融体系进行严格的要求,以保障普惠金融系统能够平稳地运行,真正实现普惠金融体系对社会经济发展的支持。法律不仅要限定进入普惠金融体系企业的资质,还会限定能够享受服务的自然人和法人的资格。何种金融服务需要具备何种资质都必须在法律上有所明确,在具体操作的时候才能够有法可依,避免因为金融机构对特定人士没有提供及时服务而产生歧视。有些金融服务,尽管法律没有完全规定,然而具体的金融机构也会设定特定标准,为自己提供风险保障。社会的因素则是非常复杂的。企业是一个黑匣子,对于提供普惠金融服务的金融机构来说也不例外。他们在提供金融服务的时候,通常会受到社会上通常已经存在的金融体系的影响。一个是影子银行,另一个则是民间借贷。影子银行由于法律制度的原因,他们规避了监管层的监管。现有的P2P和众筹就是这类机构,因为没有明确的法律或者机构去监管他们。但是他们对于其他正规金融机构的影响却是非常实在的。影子银行具有一定的市场性,他们根据市场上资金的存量和需求确定金融服务的价格。这类服务的价格通常是高于正规金融机构的,但是,却设定了一个伪市场价格。这个价格影响到了正规金融机构。正规金融机构针对特定人群的综合服务价格往往是与之相近的。在实践中,民间借贷也发挥着类似这样的功能,去影响正规金融机构。在这两类金融活动的影响下,正规金融机构的普惠金融服务在实践中会产生偏离,其中的几个基本要素难以具备。

表8-1 自愿被排斥和非自愿被排斥的人群

自愿被排斥者		非自愿被排斥者		
原因	代表性群体	原因	特征	代表性群体
不需要	思维另类抵制金融者	自身禀赋	收入低	农民
宗教束缚	受宗教精神影响的人群		财富少	小微企业
			能力弱	残疾人
			居住偏远	老少边穷地区
		外部	市场不完善	信息不对称
			法治环境差	合同执行差
		环境	导向性政策	宏观金融政策

二、普惠金融与互联网

从前文所述,互联网是推进普惠金融发展的一个重要信息技术。一方面,互联网缓解了普惠金融制度的信息不对称现象。人们通过互联网搜索就能够获得与普惠金融相关的各种制度规定。金融机构也能够通过互联网技术获得关于特定个体的信用特征和偿还能力。另一方面,互联网技术则帮助普惠金融推进其覆盖程度的发展,降低普惠金融的成本,真正实现普惠。

(一)互联网技术与信息不对称

互联网技术在普惠金融中的一个重要应用就是缓解信息不对称的程度。金融经济是一种信息经济。对于普通个体来说,他们掌握关于金融机构的信息,便可以了解到与金融服务方面相关的价格、制度、相关责任人等重要信息。在了解这些方面信息以后,个体能够主动进行比较,选择适当的金融机构,以降低自己获得金融服务的成本。金融服务价格是最为直接的影响因素。之后则是制度对成本的影响。相关制度往往设定了个体获得特定服务所需要的各种条件。个体为了获得特定的金融服务便不得不做出相关方面的工作。制度简便的金融机构所要花费的成本相对较低,而制度繁杂的成本相对较高。相关责任人则是影响个体判断的最后一个重要因素,其通常代表了金融机构的信誉,而其信誉如何往往决定个体是否在这里办理金融服务。对于金融机构来说,他们可以通过互联网技术将自己的信息公布于最为广泛的人群,积极占领市场。不仅如此,在借助大数据技术以后,他们还可以获取与特定个体相关的产品需求信息、信用信息、偿还能力信息等,帮助金融机构做出适当的决策。互联网技术还能够帮助金融机构实现服务自动化,降低人力成本,从而降低金融服务的价格。关于信用信息、偿还能力信息等,在第三节大数据与互联网金融部分还会具体阐述。

(二)互联网技术与普惠金融的覆盖

互联网技术是最能够将普通人群凝聚起来的一种信息技术。当前我国互联网的覆盖范围很广。在 CNNIC 发布的《第 37 次中国互联网络发展状况统计报告》中提到,截至 2015 年 12 月,我国网民规模达 6.88 亿,全年共计新增网民 3951 万人。互联网普及率为 50.3%,较 2014 年底提升了 2.4 个百分点。中国网民规模和互联网普及率如图 8-1 所示。

数据来源: CNNIC 中国互联网络发展状况统计调查。 2015.12

图 8-1 中国网民规模和互联网普及率

在中国互联网发展过程中,新网民的不断增长,让互联网与经济社会深度融合的基础更加坚实。调查结果显示,2015 年新网民最主要的上网设备是手机,使用率为 71.5%,较 2014 年底提升了 7.4 个百分点。2015 年新增加的网民群体中,低龄(19 岁以下)、学生群体的占比分别为 46.1%、46.4%,这部分人群对互联网的使用目的主要是娱乐、沟通,便携易用的智能手机较好地满足了他们的需求。新网民对台式电脑的使用率为 39.2%,较 2014 年有所下降。新网民互联网接入设备使用情况如图 8-2 所示。

从这些论述中可以看出,借助互联网技术是普惠金融能够实现最大范围覆盖的一个捷径。鉴于互联网技术如此广泛的覆盖面,与互联网结合以后,普惠金融制度的推广成本能够大大降低,也能够降低人们对普惠金融制度的情绪抵制。互联网具有一种精神和文化,分享和尝试是其中的一个重要内容。在这种精神的作用下,人们乐于点开链接,积极尝试这种新的东西,最终被这种东西所接受。

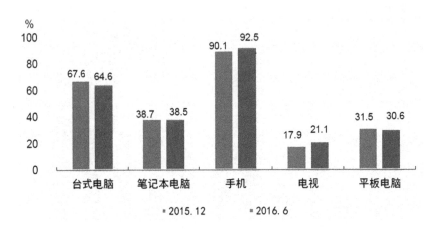

图 8-2 新网民互联网接入设备使用情况

对于互联网技术中的弊,普惠金融制度在建设之中也是要防范的。对于经济来说,普惠金融的发展状态影响到其安全与稳定。基于此,借助于互联网发展之后,更要注意互联网对普惠金融的影响。互联网技术中,有很多因素影响到普惠金融制度的安全,例如,互联网病毒、互联网制度的信息泄露等。这些因素对于普惠金融的安全性来说就是莫大的威胁。

三、互联网金融与普惠金融

(一)互联网金融与普惠金融结合的原因分析

互联网金融与普惠金融在形式上具有一定的相似性,在本质和规模上也非常接近。互联网精神不排斥来自任何地域的居民,所有具有一台网络设备的个人都能够在互联网上发布和浏览信息。这一点可以从我国近些年来互联网的发展速度看出来。在互联网上,浏览和发布信息的个体则是平等的。而互联网金融为了方便用户的使用则尽量使本网站的结构尽量简洁,非专业的民众能够尽快参与其中,获取金融服务。与普惠金融相比,借助于互联网精神所发展的互联网金融明显在全面性、及时性和便利性上得到满足。

互联网金融是一种影子银行,推动着普惠金融的发展。在我国,现有互联网金融机构所参考的大多是合同法、公司法这类法律,专门的银行类法律则没有被纳入监管的范围之内。作为一种影子银行,互联网金融实际上在推进着普惠金融的发展。首先,互联网金融的发展挤占了传统金融机构的生存空间。在 2016 年第二季度,互联网金融机构的交易规模达到 93400 亿元,环比增长率为 51%[①],以余额宝为代表的"宝宝"类理财产品总规模则为 1.63 万亿元[②]。在 2015 年,北京银行的资产规模则是 1.62 万亿[③]。这实际上说明"宝宝"类产品的总体规模已经相当于一家中等规模股份制银行。其越是发展,就越容易挤占银行的蛋糕,同银行展开竞争。因此,对于银行这类传统金融机构来说,必须要在不同的框架下不断创新,对互联网金融机制的竞争展开有效回应。在高端群体中已经有所开发的前提下,持续开发针对普通群众的普惠金融体系则是银行和互联网金融体系之间竞争的焦点。其次,互联网金融技术上的能力促进了金融机构实现技术革新,走向有益于普惠金融发展的方向。与传统金融机构相比,互联网金融体系的优势在于技术,在于覆盖面。互联网金融的技术相对来说较为先进。他们积极应用大技术进行风险规避,并且建立一定的催收制度,保障款项能够及时到账。而传统金融机构所使用的技术仍旧是传统的人工模式,相对来说效率较低,较为落后。在竞争的过程中,互联网金融更容易吸引客户。传统

---

①　2016 中国互联网金融市场数据监测报告[DB/OL]. 搜狐财经:http://business. sohu. com/20161004/n469604872. shtml.

②　收益持续下行"宝宝"类产品规模缩水[DB/OL]. 东方财富网:http://finance. eastmoney. com/news/1365,20161107681352766. html.

③　北京银行 2016 校园招聘[DB/OL]. 应届毕业生:http://www. yjbys. com/mingqi/jobshow34586. html.

金融机构必须在这方面有所完善,提高自己的技术水平,从而不断吸引客户。传统金融机构的技术提升之后,面临的结果就是普惠金融体系的推进。最后,互联网金融的服务效率较高,迫使传统金融机构不断提升自己的服务水平。互联网金融机构借助于信息技术在客户服务方面也要高于传统金融机构。借助于现代的社交媒体,互联网金融机构的客户数量大量衍生,典型的就是支付宝与微信。支付宝本身是一种支付平台,但是融合了多种功能于这个平台之中,实现了客户的大范围推广。而微信则是一种社交手段,借助于腾讯固有的客户群体,迅速衍生了大量客户。支付宝理财和微信理财功能对于客户来说不仅方便,而且盈利性和安全性都能够得到一定程度的保障。支付宝理财和微信理财将理财功能和购物功能链接在一起,客户可以用它轻松实现购物和理财。

(二)互联网金融与普惠金融结合的发展方向

从本书之前的阐述可以看出,互联网金融的发展实际上还是存在着局限的,一些偏远地区互联网金融发展仍旧较为落后。而这些地区正是需要普惠金融的地方。结合我国社会的发展实际以及互联网金融的特色,本书认为互联网金融与普惠金融的结合需要在以下几个方面展开工作。

第一,当前互联网金融的价格过高,超过了民众对这类金融产品的承受能力。从一些主要互联网理财平台来看,以贷款为例,民众的资金获得价格普遍超过了8%,有的甚至超过12%。对于需要资金扶持自身发展的民众来说,如果没有能够保障自身客观盈利的项目,他们不可能承担得起这类产品的价格。普惠金融对他们来说有可能就是一个发展的陷阱。

第二,当前互联网金融的发展需要在安全性上得到保障。安全性始终是威胁互联网金融发展的一个重要问题。只有安全性能够得到保障互联网金融才能够得到突破性的发展。从安全性的角度考虑,当前互联网金融发展需要制度上的监管。最近我国出现的一些大的互联网金融平台破产的案件,本质上就是制度没有得到保障。这些平台躲过了监管机构的监管。e贷宝的案件,700多亿元资金究竟去了哪里?只有平台自己清楚。而这明显是另外一种信息不对称现象。用户无法从制度上明确自己的钱究竟是否是安全的。互联网金融平台要保障信息的安全性,避免客户信息泄露事件的发生。对于互联网金融平台来说,信息就是一切。一旦发生大规模的信息泄露事件,那么对于这个互联网金融平台来说将是不可估量的事情。互联网金融平台要有一个完善的风险评估系统,针对自身所处的环境进行实时性地风险评估。

第三,互联网金融需要进一步拓宽自己的广泛性。从普惠金融体系的发展来看,互联网金融的广泛性程度仍旧是不够的,没有实现全国性覆盖。针对这一问题,互联网金融必须要进一步开展金融创新,同传统金融机构合作,将互联网＋金融的理念推向全国。

第四,互联网金融可以与当前的新零售结合,在便利性上进一步突破,实现全国无货币交易。在新零售概念提出以后,我国当前的支付体系仍旧有进一步发展的空间。"零售"就意味着"支付"。采取何种支付手段,以实现买方与卖方利益的最大化是当前互联网金融体系发展必须要考虑的一个重要问题。就支付宝和微信支付的发展来看,这两种支付手段已经能够融合大部分的零售场景。人们可以借助这两种支付手段实现大部分货物的购买和支付。然而,随着新零售的发展,这一点仍旧是有一定缺陷的,需要进一步发展。

第二节 移动互联网金融的特色与发展

移动互联网当前已经成为互联网金融发展的一个重要方面。随着4G技术的普及,移动互联网金融已经发展成为我国互联网金融的一个重要组成部分。从我国移动互联网金融的发展现状来看,我国移动互联网金融正呈现出以下这些发展特征。

一、移动互联网金融的特色

(一)移动化

与 PC 端互联网金融相比,移动互联网金融的一个重要特色就是可以移动。人们不必受电脑的拘束,可以随时随地获取金融服务。通过移动端的互联网金融应用窗口,在有手机信号的地方,人们就能够得到与 PC 端和柜台相似的一种金融服务。这就极大程度上方便了人们的金融投资与借贷。通过 APP,人们就可以完成股票买卖、移动支付、保险购买等一系列金融活动。移动化以后,金融就在人们身边,方便人们随时抓住机会。

(二)社交化

社交化也是移动互联网金融吸引人的一个重要特色。前文提到,一些很重要的移动互联网金融平台本身就是一个社交工具。人们因为相互的交往才能互相认识,才进行相互借贷与投资。随着手机使用的实名制,移动互联网金融将会逐步转向使命使用。在这个背景下,移动互联网金融能够方便用户之间的沟通,可以使得客户的金融投资活动变得更加轻松愉悦。有效沟通还有一些其他的优势,例如,使金融投资活动变得更加有效率,使得产品推广更加容易。如果人们有一定需求,还可以融入更多的功能。

(三)平台化

社交化带来的一个重要结果就是使得 APP 成为一个平台,融入更多的金融产品,满足人们多种多样的需求。通过移动互联网数据的挖掘,人们对于金融产品的需求能够得到不断发现。对于运营商来说,他们在发现这些需求以后,一个很重要的任务就是推出更多的产品满足这些需求。在这之后,人们就能够看到移动互联网金融 APP 原来单一化的产品变得更加丰富,形成一个产品矩阵,满足不同人群对金融产品的需求。

平台化的作用不仅仅在于发现和满足人们对金融产品的需求,还能够形成一个金融社群。在社交化和平台化之后,人们能够发现彼此之间对不同金融产品的偏好。这就容易使他们产生共同的兴趣点。围绕这些兴趣点,就容易产生一个群体,并且不断壮大,实现金融产品的社群营销。

对于移动互联网的运营商来说,平台也是他们能够不断发展的基础。自从淘宝平台发展起来以后,很多互联网运营商都开始注意到平台在产品运营上的优势。

(四)开放化

移动互联网金融要不断发展,就要坚持开放的原则。对于移动互联网金融来说,不仅要将 P2P、众筹这类新型的金融模式融入进来,还要将传统的金融企业融入进来,实现移动互联网金融产品的不断丰富。对于个别企业来说,开放有助于他们不断整合资源,打造一个产品生态系统。社交化和平台化对移动互联网金融提出了产品丰富的要求。对于一个企业来说,如果创造一个完全崭新的系统对于他们来说基本上是不可能的。即便是可能,对于客户来说,其体验也会存在明显的差异,造成客户流失。因此,企业必须要以开放的态度,整合外部资源,满足客户的需求。外部企业在客户需求满足上具有丰富的经验,与平台企业联手能够创新地推动移动互联网金融的发展。支付宝微信这类移动互联网金融平台的成功就是通过开放性地资源整合实现的。但是对于平台来说,进行资源整合必须要注意选择优质的合作伙伴为自己的客户服务。否则,会降低客户对新产品的满意程度,从而产生客户流失。

(五)产业化

移动互联网金融具有广阔的市场前景。新零售概念的发展,就与移动互联网金融有密切的关系。未来,移动互联网金融一定会形成一个庞大的产业,实现产业化发展。当前,我国移动互联网金融还处于起步阶段,只有少数商家在这方面取得了不错的成绩,很多企业仍旧在移动互联网金融方面非常落后。随着越来越多企业的进入,以及人们对互联网金融的需求,移动互联网金融必将推出越来越多的产品,满足不同层次人群的需求。

二、移动互联网金融的发展趋势

(一)规模化发展加速

从上文的论述中可以看出,我国移动互联网用户已经占到互联网用户的92.5%。随着智能终端的进一步渗透,我国移动互联网的用户比例将会进一步上升。高速移动互联网终端的发展为互联网金融的发展奠定了重要的基础条件。

表8-2说明了移动互联网金融产生的类型及其使用率。

表8-2　移动互联网金融相关应用的类型及其情况

应用	2016.6		2015.12		
	用户规模（万人）	网民使用率(%)	用户规模（万人）	网民使用率(%)	半年增长率(%)
手机网上支付	42445	64.7	35771	57.7	18.7
手机网上购物	40070	61.0	33967	54.8	18.0
手机网上银行	30459	46.4	27675	44.6	10.1
手机网上炒股或炒基金	4815	7.3	4293	6.9	12.1

从表8-2可以看出,移动互联网金融在飞速发展,不用多久移动互联网金融将会成为互联网金融的一个主要构成部分。

(二)市场竞争主体多元化衍生泛金融生态圈

从以上论述可以看出,移动互联网金融的发展已经初具规模。这一规模不仅与传统银行、投资保险为代表的金融行业企业在移动端的发展有关,同时也出现了电信运营商(中国电信的翼支付)、互联网企业(腾讯)、电子商务公司、支付公司等也有参与。市场竞争主体呈现出多元化趋势。而随着这些公司的发展,移动互联网金融将会呈现出以金融为主的"生态圈"。从当前互联网金融的发展来看,移动互联网金融的市场竞争主体有四类,分别是传统金融企业、互联网企业、互联网金融服务企业、电信运营商。传统金融企业在线下、PC、移动端都有渠道布局。互联网企业则主要布局支付和电子商务平台(两者紧密联系构成销售与应用闭环)。互联网金融服务企业则主要包括陆金所、人人贷、众安保险等纯线上金融企业。这类企业基于长尾需求提供 P2P 和小额融资产品。电信运营商现阶段缺乏对移动互联网金融的有效布局,主要提供一些零星的产品。借助手机实名制的推进,电信运营商一旦完成其移动互联网金融布局,将会成为一个不可忽视的参与者。各类竞争主体在移动互联网产业链上有不同的分工和优势,在竞争中呈现出交叉合作的态势。这将进一步衍生参与主体及合作形式多样化的泛金融生态圈。

(三)遵循"端—服务—产品"的发展路径

1. 移动端的开发与运营

以手机银行、手机钱包为代表的 APP 应用及移动端页面形成了移动互联网金融的端口。这是形成移动互联网金融"端口"的保障,对于汲取移动化、碎片化、便捷化金融服务来说具有重要的作用。当前各参与方大多已经完成"端口"的建设并且已经实现功能的迁移和运营。部分参与方在建设端口的同时,也借助微信公众号等渠道同第三方合作。

2. 基于移动端的服务改进

从端口出发,移动互联网金融下一阶段的核心是服务。随着参与方的增多,端口的功能逐渐开始完善,也逐渐可以实现从查询到产品购买、业务办理的全过程支持。从"端"到服务的演进中,主要有三个阶段:补充、功能迁移、一体化整合。

在补充阶段,移动端的功能明显弱于 PC 端以及线下渠道,仅仅是金融服务的补充渠道,各大银行的手机银行也只提供简单的查询和转账功能。

在功能迁移阶段,移动端开始承载主要业务办理方的需求,实现 PC 端功能的转移。在这个阶段,移动端的功能开始增加,已经将查询、转账、理财、投资、外汇、银证业务等容纳进来。客户可以通过移动端实现大部分服务的享用。

在一体化整合阶段,移动 APP 应用和 PC 端都明显受限,必须进行有效整合。一般来说,整合有三条路径,分别是基于细分用户的需求,实现移动端与 PC 端业务功能的重新划分;通过不同 APP 承担不同产品的业务功能;通过第三方资源整合,借助非自有渠道实现金融产品销售与业务办理。多端口的资源整合将是移动互联网金融发展的新趋势。

3. 移动互联网金融产品创新

随着移动端口的建设与服务的完善,基于移动互联网的创新性金融产品将会呈现出爆炸性的增长态势。平安银行推出手机专享的试点性金融产品,虽然仍是传统短期理财产品但是并不具有收益优势,其销售速度已经反映出互联网的巨大能量。借助端口与服务的大量粉丝群体,新产品在推广上并不存在太大难度。只要产品具备金融互联网发展的一些必备特质,将会在粉丝群体中有大范围的推广。

第三节　大数据与互联网金融

大数据是当前信息科技发展的一个热点,对于我国社会建设来说将会发挥巨大的作用。从本质上看,大数据是信息的挖掘,目标是要发现大量信息背后隐藏的规律,将之作用于社会各项事业之中,推动其向前继续发展。

一、大数据的概念

(一)大数据的定义

大数据是由最先经历信息爆炸的学科,如天文学和基因学创造出来的。如今这个概念已经应用到了几乎所有人类致力于发展的领域中。大数据经过这么多年的发展并没有一个确切的定义,只是需要从大量的信息中经过处理发现出一种规律,能够用来指导人们的生活与学习。大数据最早在一个开源项目中展开应用,目的是为了表示网络搜索引起的批量处理和分析数据。

在公开发布 Map Reduce 和 Google File System(GFS)之后,谷歌公司就向外界明确大数据不仅是一个量的概念,还是一个效率的概念。在当前的通信分析领域,大数据是一项较为前沿的技术,其概念包含有数据仓库、数据分析、数据安全、数据挖掘等。大数据的商业价值已经成为信息行业竞争的焦点。大数据包括各类互联网信息,人们的各项互联网活动都可以成为大数据分析的一个对象。另外,交通工具、生产设备、工业器材等传感器传播的各类数据也会成为大数据的研究对象。人们通过海量的数据,随时随地进行测量,不间断地对信息数据进行分析。利用新的处理模式,大数据具有更强的决策力和洞察力,实现流程的优化和数据的匹配处理。总之,大数据技术是通过对海量数据进行统计分析处理,从中获取人们行为活动规律的各类信息。大数据的价值在于快速处理各类数据,因为只有快速才能产生实际效用。

随着网络设备的快速发展,大数据技术能够实现多个企业跨行业融合,创造出难以想象的经济价值,实现最大限度的社会效益。利用大数据各行各业都可以实现自身业务的较大程度增值和效益,表现出前所未有的社会能力,而并非仅仅是数据本身。所以,大数据可以定义为在合理时间内采集大规模数据,经过处理以后帮助大量使用者采取更为有效决策的数据分析处理过程。

今天的大数据技术已经成为人们创造价值的又一个新工具。大数据已经成为人们获得新知识、创造新价值的一个重要源泉,还为人们改变各种关系服务提供了帮助。

(二)大数据的本质

从人类的认识历史中,人们已经发现人类信息的处理能力是推动人类社会不断向前发展的根本动力。人类历史上经过四次信息革命。第一次革命是创造语言,为人类社会信息的提升提供更大程度的便利。人类通过语言建立了相互关联的世界。语言为人类社会的发展创造了方便,对人们表达、传播认识带来了极大的便利。人们正是在语言的基础上,将对于世界的认识一代又一代传承下来。人类第二次信息传播是创造文字以及随之而来的造纸与印刷技术。文字与印刷实现了人类历史上超远距离和时空上的思想传递。在印刷载体的帮助下,文字已经突破了时间和空间的限制,能够进行跨越几百年时空的传播。第三次是发明电信通信技术,实现了文字、声音、图像等方面的远距离即时传递。这一技术为下一代通信技术革新奠定了一定的基础。第四次电子计算机与互联网的创造是一次技术上的重大突破,将全部信息都归结为数据,在表达形式上也实现了数字化的跨越。在这种技术上,人们可以运用代码一次性处理大量的数据,实现数据的通信与处理的完美结合。信息的传递速度和处理速度在这一基础上实现了巨大的提高。人类掌握利用信息的能力在这一技术的帮助下也实现了巨大的提高。同时,人类社会的其他方面技术也在这一技术的基础上实现了跨越式的发展。大数据在本质上仍是这一代技术的展示,是现代信息理论与电子技术结合而成的一种新应用,对于信息的准确性认识有所突破。

1948年信息论的首创者香农(C. E. Shannon)认为信息是不

确定性的消除、是肯定性的确认和确定性的增加,并提出了信息量的概念和信息熵的计算方法,为信息论的发展奠定了基础。

1956年英国学者阿希贝(Ashby)认为信息存在一定的变异度。信息在事物的传播中会因为事物本身的特质而产生新的信息复合,形成新的信息或者产生信息本身的偏差。1975年意大利学者G. Longo在《信息论:心得趋势与未决问题》指出信息是反映事物构成、关系和差别的东西,包含在事物的差异之中而不在事物的本身。从这两个学者的论述中可以看出,传统的信息技术只能负责传播信息,而无法筛选信息[①]。在大数据技术之下,人们能够通过现代信息技术屏蔽错误的和多余的信息,提高信息的传播效率,其实这种理解还有一定的片面性。大数据的功能还包括了信息的挖掘,也就是从一些无关的信息中创造出有用的信息为人们服务。因为信息本身就是经过加工的数据,而大数据则是对信息的再加工。

(三)大数据的分类

从来源进行划分,大数据可以划分为四类,分别是科研数据、互联网数据、感知数据和企业数据。

1. 科研数据

科研数据的存在早于大数据这个概念的提出,在多个领域都有所展现,分别是生物工程、天文或者粒子对撞。这些数据相对来说较为封闭,使用者也相对较少,多为高性能计算企业。很多大数据技术脱胎于HPC。

科研数据存在于具有极高计算速度而且具有性能优越的研究机构,包括生物工程研究以及粒子对撞及或天文望远镜,例如,在欧洲的国际核子研究中心的强子对撞机,该机器在满负荷状态下一秒钟就可以产生几PB的数据。

---

① 筛选信息是指过滤掉多余信息,屏蔽掉错误信息。

2. 互联网数据

互联网大数据是大数据研究的主流,最早源于社交媒体,研究者和使用者也大多是一些快速发展的国际互联网企业,例如,以搜索著称的百度与谷歌。互联网数据增长的动力规律可以用两个规律进行描述,分别是梅特卡夫定律(互联网企业的价值与用户数的平方成正比)和扎克伯格引用的信息分享理论。

对于一些大型互联网公司来说,他们的生态系统比较独特。他们一方面在不同程度上参与开源,另一方面则又建立属于自己的生态系统,甚至一部分硬件设计都越来越依靠自己。谷歌在这方面是先锋,其各项计划在搜索业务的基础上逐项展开。之后便是 Facebook 推出的开源电脑计划(Open Compute Project)。在我国也有阿里巴巴构建的大数据生态系统。这类大型互联网公司的客户每日产生大量的数据对于他们来说都是重要的资源。挖掘这些资源可以帮助他们更好地为客户服务。当然,这些资源也可以被他们当作产品进行商业活动。这类商业活动就为中小型的互联网公司提供了一定的生存空间。中小型互联网公司与大型互联网公司相比,自身拥有数据的体量和分析数据的能力都明显不足,但是他们的优势在于创意。他们能够更好地运用这些数据为客户服务。

3. 感知数据

在移动互联网时代以后,新的数据出现了,也就是感知数据。所谓感知数据是指移动互联网终端中的感受器,以及 GPS、GIS 设备等形成的关于人们日常生活的数据。人们使用移动设备结合 GPS 设备形成了大量的感知数据。随着移动互联网的普及,感知数据的体量正在以惊人的速度增长着,总量最终将会超过互联网数据。据 Teradata 的预测,2015 年感知数据的总量在 2015年就会超过社交媒体,并在未来的几年增长到社交媒体所诉的几十倍。

4. 企业数据

企业数据种类非常复杂,和其他数据之间也并非是完全不重复和不遗漏的划分。企业作为一个行为主体,同样可以产生科研数据、互联网数据、感知数据等。之所以将企业数据单独作为一个类型,是因为企业数据的出现可以更加完整的展示大数据。传统上,企业数据被认为是人产生的。人在企业数据产生过程中具有主观能动性。而在现代社会,企业数据已经包含人和机器。互联网终端和企业自有的互联网同样产生大规模的企业数据,展示企业运行的规律。企业数据可以划分为企业外部数据和企业内部数据。企业外部数据是指企业通过外接媒体产生的有关企业行为的媒体数据。企业内部数据是指企业内部运行过程中产生的各类结构化的和非结构化的数据,已经从简单的电邮和制度文档逐渐发展成为音频、视频、图片等方面的模拟信号。

在大数据划分的时候,实际上可以把感知数据和企业数据放在一起。因为这两类数据本身都是关于传统产业的。而且大数据技术也主要把传统产业作为目标市场。但是,对于一国经济发展来说,将企业数据单独进行分类有助于国家准确把握一国产业经济的运行状况,从而进行宏观调控。

也有一部分传统企业主动研发大数据,例如 Zara。Zara 是典型的制造业企业,上马大数据项目对于 Zara 来说能够帮助它提高客户服务的效率,从而提升产品销量。笔者认为对于企业来说,在大数据研发这方面,眼光要放长远,在企业内部和关联企业之间都进行大数据研究,以发现企业自身的缺陷,帮助企业提升管理效率。

总之,大数据的分类并不容易。不同的大数据研发企业在开展工作的时候总是以自己的标准确定大数据的类型。例如,百度将大数据划分为搜索数据和公共网络数据两种类型,而阿里巴巴则依据大数据的商业价值将大数据划分为交易数据、社交数据、信用数据和移动数据,腾讯作为一家社交企业则主要生成社交数据。但是不论何种分类,大数据的作用对于每一家大数据研发企业来说,其作用都十分明显,本质上是要通过人们产生的各类数据分析结果,为人们提供更为周到的服务。通过大数据,企业可以发现人们在潜意识以及通常的想法和行为,对这些行为进行价值分析,就可以发现各种政治治理、文化活动、社会行为、商业发展以及身体健康等方面的各种信息,进而帮助人们采取正确的决策。

(四)大数据的技术

大数据技术包括大数据科学、大数据工程以及大数据应用三个方面。大数据科学是指在大数据网络的快速发展和运营过程中寻找规律,验证大数据的价值和具体应用。大数据工程指通过规划建设大数据采集、分类、挖掘的系统,对人们的行为规律进行合理化探索。大数据应用是指应用大数据工程挖掘出来的各种规律,并将其应用在社会实践之中。

大数据科学、大数据工程、大数据应用,都需要对大量数据进行处理,需要搭建大量的并行处理数据库、分布式文件系统、数据挖掘电网、云计算平台、分布式数据库、互联网和可扩展的存储系统。而在当前大数据系统之中,生态圈主要有两种类型,分别是开源生态圈和商用生态圈两种。开源生态圈主要有 HadoopHDFs、HadoopMapReduce、HBase 等,商用生态圈则主要有一体机数据库、数据仓库和数据集市等。但是不管是何种类型的生态圈,这些非结构化的数据处理起来都要花费大量的时间和精力,需要一系列设备持续高效地进行工作。

大数据技术的发展源于军事需求。在第二次世界大战期间,英国情报部门就研发了能够处理大规模数据的机器。在"二战"结束以后,美国更是致力于运用数字化设备处理大量的情报信息。计算机和互联网的出现给这方面带来了更大程度的便利,这种技术也开始有了长足的发展。大数据技术的应用首先要提到反恐。在"9·11"事件问题上,美国政府则积极使用大数据挖掘技术识别各种可疑人员。通过筛选相关信息记录之后，建立网络信息的共享网络，相当于建立了一套反恐信息网络。在反恐信息网络上，美国政府积极进行人员信息的数据挖掘工作，最终发现可疑人物。

在今天，互联网设备更新换代之后，大数据技术可以应用于民间，展开其商用功能。人们的互联网设备以及终端超级服务器的有机结合最终导致了大数据在教育、金融、医疗等多方面的广泛应用。

二、大数据的特征

(一)体量巨大，种类繁多

大数据技术在商业领域的应用应首先归功于互联网搜索、电子商务交易和网络社交三个方面。人们在这三个方面的活动提供了巨量的数据来源。随着人类社会科学技术的不断发展，人类在不同的社会领域产生的数据将越来越容易被采集到。人类社会的数据采集量已经达到了前所未有的程度，并且呈现出迅猛发展的势头。

从上文的论述中可以看出，人们收集的数据已经超越传统的互联网领域，逐渐从过去的计算机互联网发展到移动互联网、物联网等领域。所收集的数据也不仅仅会包括社交数据、交易数据，还会包括一些医疗数据、科研数据等。越来越多的非结构化数据将会融入大数据系统之中，增速可以保持在 20％ 左右。

(二)开放公开，容易获得

采集大数据的目的在于进行分析。已经有越来越多的商业组织和政府机构认识到大数据采集的目的，开始向社会开放数据存储系统，以推动大数据的应用。美国政府在这方面走在世界的前列。美国政府主动向外界提供开放数据源 data.gov，并且积极搜寻海量的数据填充到 data.gov 中,图 8-3 是美国政府开放数据名录。开放数据事件的策划者昆德拉还主持了开放数据应用大赛,鼓励开发者对公共数据进行挖掘。这一举动更是推动了开放数据在社会上的影响。在美国政府开放数据的影响下,世界上其他组织也开始开放他们收集到的数据。目前世界上至少已经有几十个政府和组织承诺开放数据。尽管开放数据还存在很多问题,但是开放数据这一行为给数据挖掘带来了巨大的社会影响,同时也能够让人们更加容易地获得数据。

图 8-3 开放数据的主题目录

(三)重视社会预测

大数据分析的目的是为了实现规律预测。在大数据时代,人们争先希望通过大数据实现行业发展规律的预测。一个典型的案例就是美国 Netflix 公司推出的《纸牌屋》。这部电视剧通过采集其 3000 万用户的播放动作和注册用户的几百万次评级与搜索,来评价受众给予不同电视电影节目的观点,从而理解受众在导演、演员、题材、清洁、类型等方面的喜好。该公司的这一活动给视频行业带来了巨大的影响。人们已经认识到可以运用计算和逻辑分析的方式替代过去的生产方式。大数据分析的结果能够帮助生产商提前认识到人们的审美规律的发展。这个案例说明,大数据未来在社会科学领域将会有突破性的进展。

(四)重视发现而非实证

研究是一种系统性的工作,而实证研究则是在系统假设的前提下通过随机抽取,调查采集数据,对数据进行分析,进而证伪或者证实理论假设。实证研究同其他研究一样是一种连续性的且具有严密逻辑的思维。大数据同实证研究不同,重视数据发现,是一种新奇的知识创造过程。大数据通过针对巨量数据的分析,揭示出人们一系列活动中蕴含的规律。这个规律并不是预设的。任何人在规律出现之前都不能准确预测规律的具体内容。就好像是寻找宝藏一样,人们确切知道在这些数据之中蕴含着宝藏,但是有可能并不知道宝藏究竟是什么,既有可能是黄金,也有可能是钻石。大数据就是这样一个发现过程。这个过程也有可能只是因为好奇就发现一个特殊的规律。例如沃尔玛,这家超市在经过数据技术分析以后发现如果男人在周末买婴儿尿布的同时就会顺便买啤酒。在这个规律出现之前,任何人都没有注意到男人的这一个特征,只是在规律出现之后人们才意识到这个规律背后的合理性原因。因此,对于数据挖掘来讲,数据挖掘工作并不是要做一个刻板假设,而是要对全体数据进行采集以后,在快速分析的情形下对数据做出笼统的分析,得出一种随机的规律。

(五)非结构化数据的涌现

随着计算机技术水平的提升,越来越多的非结构化数据开始融入数据库之中。从上文的论述中可以看到,非结构化数据在大数据系统中占到了85%以上。对于非结构化数据的研究也是大数据挖掘工作的价值所在。社交媒体中存在的无数数据文本,导致有价值的数据隐藏在海量信息中,将这一部分信息融入大数据挖掘之中,人们可以看到大数据需求分析的重大价值。

三、大数据的金融应用

(一)信用评分及风险控制

一切数据皆为信用数据。很多来自 P2P 行业的创业者们在论坛上都不约而同地表达了同样的观点,即大数据可为信用评估所用。大数据在加强风险可控性、支持精细化管理方面助推了互联网金融,尤其是信贷服务的发展。

借助大数据市场已经能够在不依赖央行征信系统的情况下自发形成自己适用的征信系统。大公司可以通过数据挖掘,建立一套信用评级系统;小公司则能够通过信息分享获得第三方信用评级服务。因此,互联网金融的风控模式大致可以划分为两种类型,一种是与阿里巴巴相似的自有大数据风控,它们通过自身系统大量的电商交易以及支付数据产生的封闭信用评级系统;另一种则是众多中小互联网金融公司通过数据分享而构成的一个征信信息系统。互联网企业可以通过 P2P 网贷公司和一些线下公司采集动态的大数据,为相关企业提供重复借贷查询服务。随着进入这个系统的企业的增加,由大量动态数据构成的信用图谱也将会越来越清晰。

阿里巴巴的信息采集模式是将产生的实名用户信息链接在一起,还原用户的信息轨迹,从而对客户的信用做出基本的评价。同时,通过交叉检验技术,借助第三方确认客户信息的真实性,利用爬虫系统以突破地理距离的限制,更加全面地评价对方的风险,从而加强互联网金融服务的可审性和管理力度。这些数据在阿里巴巴的系统中最终会生成一个芝麻信用,解决陌生人之间的交往问题。

美国人提供了另外一种解决问题的方式。Lending Club 在为借款人提供贷款时,除了提到信用统计的这些数据以外,还会要求借款方提供一些与借款相关的信息,例如,借款的原因、借款的期望额度、借款人的教育背景和职业信息等。第三方还会提供借款人的邮件、电话、住址、计算机 IP 地址等。

互联网对这两种数据的要求已经不仅仅是一个静态分数那么简单。利用大数据进行信用评估主要是观察两个方面：一个是还款意愿；另一个则是还款能力。两者之间限于技术原因还不能实现完美协调。

（二）精准营销及客户体验

大数据对于互联网金融的另一个改变就是帮助互联网金融公司寻找一个合适的目标，实现精准营销。下面用一个案例对此进行说明。

【案例】

张女士是平安银行的信用卡客户。她的账单显示，最近她在采购孕妇用品。大数据推测她怀孕了。平安银行的移动 APP 向她推送孕妇所关注的业务。张女士在收到这些信息以后接受了。因此，大数据对她怀孕的信息进一步确认。通过大数据分析，张女士所浏览的网站和购买行为很少与汽车相关，因此平安银行系统推测她是无车一族，于是向她推送一款 10 期的汽车消费贷款。之后，张女士有回应，对此项也表示感兴趣。后来，该行向她推送妇幼保险产品，她的反应也很积极。在孕产阶段，为其推荐多元化金融产品。宝宝出生以后，为其家庭和子女推荐一整套网上金融服务。

远在地球另外一边的荷兰银行，向客户推送一个简单的广告图片。客户在看到简单的图片以后，就会在网站上做一个简单计算，但使用的是房贷计算器。银行系统在接收到客户的这一反馈以后，会将用户看到的广告转变成为房贷广告。这个房贷广告只是针对这一个客户的。这说明，通过这种技术银行能够实时向客户进行精准营销，只需要收集与客户相关的数据就可以。

这个案例看起来像是一个小故事，其实这是在大数据挖掘背景下实现的。平安银行通过多项数据分析,了解到张女士的潜在商机,进行有针对性的推送。荷兰银行的实时营销更是将大数据做到了极致,更加精准和迅速。

其实这个案例还表明,银行在大数据的帮助下变得越来越聪敏,服务也越来越迅速。在大数据的支持下,银行已经能够对销售的详细问题予以确定,如谁是购买者,怎么找到他们,如何让他们感兴趣,等等。大数据通过动态定向技术查看互联网用户近期的浏览网站和搜索过的关键词。通过浏览数据建立适当模型,进行产品的实时推荐。

因为精准营销的强大战斗力,不仅是平安银行,还有很多传统金融机构也在利用大数据进行精准营销。招商银行、工商银行、中国银行等都在利用大数据技术着重收集客户各个方面的信息,实现针对客户的精准服务。精准服务背后则是用户体验的有效改善。通过大数据,互联网能够对客户的需求进行分析,为客户提供产品使用和售后等方面的服务。许多互联网金融企业都已经意识到自身产品的营销策略影响到了企业的生存与发展。企业只有在激烈的市场竞争中占有一席之地,才能将信息精准推送给目标人群。因此,企业必须要通过内容的优化和用户体验的完善,才能适应竞争不断激烈的市场。这种环境的变化对于客户来说,也更加贴心完善。

(三)投资指导

大数据的功能远不止于信用评估和精准营销,在投资指导上,大数据也有一定的能力实现。下面用两个例子说明大数据在投资上所展现的魅力。

Thasos Group 是一家利用大数据技术进行投资的对冲基金公司。这个概念在华尔街之中已经传开。人们对 Thasos Group 的研究表明,Thasos Group 的收益率超过非高频交易之外的对冲基金收益平均水平。他们之所以能够实现,就是源于对大数据的利用。通过大数据,Thasos Group 能够准确判断美国消费者的行为,再经过一些合理推导,则可以判断出美国宏观经济运行的趋势,从而帮助投资人做出正确的决策。

也有其他一些金融公司利用大数据监测技术进行投资分析,然而却归于失败。其中的问题在于他们使用的社交网络上的客户追踪技术,通过这一技术实现对经济走势的判断。他们的数据来源是 Twitter 和 Facebook 等社交网络。但是,社交网络所提供的信息大多是非结构性的,定位之后的发展方向并不确定,因此最终的收益额很难确定。而 Thasos Group 的技术则专注于人们的微观活动、中观行业发展和宏观经济基本面,借此准确定位其要投资的公司或者行业。

大数据挖掘技术在投资方面改变的重点是投资方法。一旦有不一样的投资方法,投资者就会扑面而来,利用这种投资方法实现多样化投资。IBM 日本公司曾用大数据预测股价走势。他们首先从互联网系统中抓取一些与经济指标有明显关系的单词,然后结合其他方面的历史数据确定这些单词与股价的相关关系,最终得出预测结果。IBM 日本使用了美国"ISM 制造业采购经理人指数"作为对象进行了验证。这次验证他们首先假设受访者是处于一个信息公开的环境中,然后分别计算出一些重要关键词的数量,依据这些结果判断受访者受到了哪些新闻的影响以及所受影响的程度,之后将与"ISM 制造业采购经理人指数"相关的关键词数据进行综合分析,从而预测该指数的未来动态。这个实验在效率方面可圈可点,仅仅需要几个小时就可以完成。

(四)金融产品创新

大数据技术的运用有利于开发更多金融产品。大数据运用以后,可以给金融经理更加宽广的视野。首先,大数据对于风险评估以及信用评分已经做出了较大程度改变,给金融经理的工作带来了极大的方便。从前文的描述来看,大数据已经产生了很多实际的用途。在这些用途的基础上,金融经理完全可以发挥自身的主观能动性扩展金融对普通居民的服务。其次,大数据还方便金融经理对用户进行调查。通过对用户大数据的收集与整理,金融经理能够发现用户的实际需求。经过对这些实际需求的研究,金融经理就能够做到金融产品的创新。最后,大数据作为一项技术,其本身就是金融创新的一个组成部分。将大数据作为一个模块融入现有的金融产品之中,就能够衍生出许多不同种类的新产品。

在互联网金融爆发成长的时期,谁能够率先提出并完善一个适用于普通居民的金融产品,谁就抢得了金融市场发展的先机。在互联网金融大规模发展的今天,支付宝、微信支付就是支付行业的典型案例。之后出现的多种支付方式,在支付市场上均没有特别值得称赞的表现。基于大数据提供的分析与整合服务,大量新的金融产品已经开始涌现,并被市场所接受。

(五)大数据与保险

大数据与保险实际上是一个很大的话题,这里我们主要讨论大数据对保险业的影响。保险业是最早使用数据分析的一个行业。众所周知,保险的经营对象是风险,而风险把控是建立在大量的数据之上的。因此,大数据出现之后,保险业则能够建立在大数法则的基础上进一步发挥其作用。

在大数据时代,人们必须重新认识世界的复杂性。保险的传统经营方式必须要在新的技术环境下实现对风险的解释,以尽可能完善对风险的相关认识。以往的保险经营,人们是希望对多种因素的合理估计进行定价。例如车险,以往的定价模型中,除了有车价、品牌、出现次数等常用因子外,其他因子很少被提及,因此也很难进入定价系统之中。然而在大数据的环境下,司机性格、城市类型以及文化、气候等状况等都可以纳入车险的定价模型之中。从司机性格来看,越是暴躁的司机越是容易产生风险。而这可以通过对司机的社交网络数据采集分析,大数据能够精准实现对司机类型的划分。城市类型也是一样,大数据能够从大量的数据中归纳出不同类型的城市所产生的风险状况。大城市交通复杂,出现风险的可能性相对较大。通过大数据对车主行驶数据的采集,大数据能够获得过去1年内车主所行驶的主要城市类型,从而对车主购买的车险进行单独定价。文化和气候因素相对不容易理解。大数据能够进行简单的文化类型和气候状况划分,以识别车主所可能产生的不同风险。

不仅是车险,其他种类的保险也可以通过大数据的分析,将一些与风险相关的因素融入进来。经过大数法则的相应分析,从而为客户确定一个独特的保单。

总之,通过大数据的分析,大数据能够实现个性化保单的定制。通过信息的搜集,大数据能够了解到客户的相关风险偏好信息,向客户传达保险公司的目的,方便为客户的各种活动保驾护航。

不论是保险、银行还是与金融相关的领域,面对大数据的潮流,人们不能故步自封,而是要找到与大数据技术相结合的契机,利用数据的力量实现行业和自我的发展。因此,对于金融从业者来说,他们要积极关注大数据技术的发展,同专业的大数据合作伙伴展开合作,为企业的发展带来最大限度的效益。

四、大数据金融模式

从前文的分析可以看出,大数据不仅分析了结构化数据,还分析了大量的非结构化数据。两者的结合能够锁定消费者的消费习惯,准确预测客户的行为,使金融机构和金融服务平台在营销和风险控制方面能够做到有的放矢。业界认为,大数据金融的模式目前主要有平台金融和供应链金融两种模式。平台金融以阿里为代表,供应链金融则以京东为代表。

(一)阿里金融模式解析

平台金融模式是在电商平台的基础上形成的。平台拥有大量的网上交易信息,通过云计算和模型数据处理应用形成订单融资的模式。与传统的抵押贷款模式不同的是,阿里的平台金融主要是基于电商平台的交易数据,以及来自于其他网络的用户交易信息等大数据,之后通过特定的算法实时进行计算和分析,形成网络商户在电商平台中的累积信用数据。通过电商构建的网络信用评级体系和金融风险计算模型以及风险控制体系,实时向网络商户发放订单贷款或者信用贷款。阿里现在已经能够实现几分钟内支付贷款数额。

阿里小贷以"封闭流程+大数据"的方式展开金融服务,凭借电子化系统实现针对贷款人的信用状况检查,依据最终检查的结果决定是否发放无抵押信用贷款或者采用应收账款抵押贷款模式。这种模式的单笔金额通常控制在 5 万元以内,与现有的银行信贷形成了良好的互补。阿里小贷所使用的数据现在只是自己的,并且会对数据进行真伪识别,排除虚假信息。阿里通过自己的技术和团队,构建了多种模式的金融产品,为阿里的商户提供时时计算服务。阿里现有的平台已经能够满足这些方面的需求。

阿里组建或者投资了很多家公司。这些公司在业务上覆盖了客户的衣食住行各个方面数据的采集。依托阿里云技术,阿里能够做到资金和信息的封闭运行,实现风险因素的有效降低,真正做到 1 分钟放贷。

从数据来看,自 2013 年以来,阿里的信贷服务发展非常迅速,2013 年全年新增贷款接近 1000 亿元,服务于小微企业超过 70 万家,户均贷款余额不超过 4 万元,不良率低于 1%。阿里之所以能够有这样的发展,数据分析发挥了核心作用。阿里有上百个数据模型,覆盖贷前贷中与贷后,对于反欺诈、市场和信用等方面都有重要的支持作用。阿里云计算系统每天要处理约10TB的数据。这些数据分析的结果用于公司决策管理层日常的决策工作。

在信贷风险防范方面,阿里的技术中有完整的风险控制体系。阿里建立了多层次的风险预警和管理体系。具体地,在贷前、贷中和贷后,阿里建立了多层次的数据采集模型,并且采用了完善的分析手段。依据小微企业在阿里平台上的信用以及行为数据,阿里可以实现对企业的还款能力和还款意愿进行完善的评估。同时结合一些其他手段,提高企业违约的成本,达到有效控制企业贷款的目的。

(二)京东供应链金融

京东涉足金融服务始于 2012 年,后来逐渐发展成为京东不可或缺的一个组成部分。京东在金融领域的几个产品证明了京东在金融领域的野心。

供应链金融的核心是围绕京东现有的产品体系为上下游的原料供应商、制造商、分销商和零售商提供金融服务。京东通过充分整合供应链资源,将供应链中的企业和其他金融机构链接起来,并且通过自身所掌握的大数据库,为其他金融机构提供相应的信息和技术服务,实现京东的资源和其他金融机构的无缝链接,共同致力于京东商城的电商平台客户服务。在这个模式中,京东只是作为中介向金融机构提供相关信息,并不承担传统的融资风险和防范风险等。

一般性企业在同核心企业进行合作时,要承受来自两个方面的风险,一个是供货,另一个则是应收账款风险。资金是他们要承受的最大压力。这些企业往往会因为规模较小,资金也较为薄弱,难以获得银行贷款。而借助京东这种模式,小企业则可以快速和金融机构实现对接,满足自己在金融方面的需求。首先,和京东合作的供应商往往在信誉上能够得到保障,而且因为有流量基础,应收账款风险能够在一定程度上得到保障。结合现有的大数据技术,京东构建供应链金融模式就相对容易。其次,因为有大量的数据信息,金融机构能够快速审核申贷企业的账单信息和信用状况,对他们来说也能够保障他们获得信息的质量和效率,免除他们在应收账款风险方面的忧虑。最后,借助一定的大数据模型技术,以及企业提供的其他方面信息,金融机构能够对企业的未来发展状况进行合理预测,以决定是否向他们提供一定的贷款。

从现有的资料来看,未来京东金融会覆盖的更加全面,消费数据、物流数据和财务信息等都能够通过大数据进行全面分析。相应地,企业的风险状况也能够得到更为及时和全面的监控。

参考文献

[1]余来文,温著彬,边俊杰,石磊.互联网金融跨界、众筹与大数据的融合[M].北京:经济管理出版社,2015.

[2]陈勇,杨定平,宋智一.中国互联网金融研究报告(2015)[M].北京:中国经济出版社,2015.

[3]清科研究中心.互联网金融重塑金融生态[M].北京:机械工业出版社,2015.

[4]黄益平,王海明,沈艳,黄卓.互联网金融12讲[M].北京:中国人民大学出版社,2016.

[5]崔荣光.互联网金融大格局[M].北京:人民邮电出版社,2016.

[6]黄佑军,马毅,周启运.互联网金融模式探究及案例分析[M].广州:暨南大学出版社,2016.

[7]周雷,吴文英,徐峰,朱晓伟,郭文娟.互联网金融理论与应用[M].北京:人民邮电出版社,2016.

[8]高冬月.一本书读懂互联网金融[M].北京:北京时代华文书局,2015.

[9]陈宇.风吹江南之互联网金融[M].北京:东方出版社,2014.

[10]陈红梅.互联网借贷风险与大数据[M].北京:清华大学出版社,2015.

[11]姚文平.互联网金融[M].北京:中信出版社,2014.

[12]李耀东,李钧.互联网金融[M].北京:电子工业出版社,2014.

[13]坚鹏.互联网金融——信用撬动财富[M].北京:北京理工大学出版社,2014.

[14]新浪财经.互联网金融[M].北京:东方出版社,2014.

［15］帅青红.互联网金融［M］.大连：东北财经大学出版社有限责任公司,2016.

［16］罗党论.互联网金融［M］.北京：北京大学出版社,2016.

［17］［美］杰克逊著；徐彬,王晓译.支付战争：互联网金融创世纪［M］.北京：中信出版社,2015.

［18］胡世良.互联网金融模式与创新［M］.北京：人民邮电出版社,2015.

［19］曹国领,陈晓华.互联网金融风险控制［M］.北京：人民邮电出版社,2016.

［20］张健华.互联网金融监管研究［M］.北京：科学出版社,2016.

［21］谢平,邹传伟,刘海.互联网金融手册［M］.北京：中国人民大学出版社,2014.

［22］黄震,邓建鹏.互联网金融法律与风险控制［M］.北京：机械工业出版社,2014.

［23］郭勤贵.互联网金融商业模式与架构［M］.北京：机械工业出版社,2014.

［24］孙诚德.玩转互联网金融［M］.北京：北京联合出版公司,2015.

［25］庞引明.互联网金融与大数据分析［M］.北京：电子工业出版社,2016.

［26］武长海,徐晟.互联网金融监管基础理论研究［M］.北京：中国政法大学出版社,2016.

［27］单良,茆小林.互联网金融时代消费信贷平分建模与应用［M］.北京：电子工业出版社,2015.

［28］何晓宇,樊旻昊,胡丹云.互联网金融逻辑［M］.北京：中国铁道出版社,2016.

［29］左胜高,周天喜,李大伟.互联网金融法律风险与防控策略［M］.北京：法律出版社,2016.

［30］霍学文.新金融,新生态：互联网金融的框架分析与创新

思考[M].北京:中信出版社,2015.

[31]冯科,宋敏.互联网金融理论与实务[M].北京:清华大学出版社,2016.

[32]管清友,高伟刚.互联网金融——概念、要素与生态[M].杭州:浙江大学出版社,2016.

[33]肖壹.互联网＋:从互联网金融到个人投资理财[M].北京:中国华侨出版社,2016.

[34]盛佳.互联网金融第三浪:众筹崛起[M].北京:中国铁道出版社,2014.

[35]杨冬,文诚公.互联网金融风险与安全治理[M].北京:机械工业出版社,2016.

[36]余丰慧.互联网金融革命:中国金融的颠覆与重建[M].北京:中华工商联合出版社,2014.

[37]饶越.互联网金融的实际运行与监管体系催生[J].改革,2014(3).

[38]谢平,邹传伟.互联网金融模式研究[J].金融研究,2012(12).

[39]魏鹏.中国互联网金融的风险与监管研究[J].金融论坛,2014(7).

[40]张晶.互联网金融:新兴业态、潜在风险与应对之策[J].经济问题探索,2014(4).

[41]陈仲毅.互联网金融风险监管研究[D].云南财经大学硕士学位论文,2015.

[42]张小明.互联网金融的运作模式与发展策略研究[D].山西财经大学博士学位论文,2015.